CÓDIGO PENAL

CÓDIGO PENAL

Decreto-lei n. 2.848, de 7 de dezembro de 1940

Inclui a Lei de Execução Penal (Lei n. 7.210, de 11.07.1984)

10ª EDIÇÃO
revisada e atualizada

2025

manole
editora

ORGANIZAÇÃO Editoria Jurídica da Editora Manole
PRODUÇÃO EDITORIAL Sônia Midori Fujiyoshi
PROJETO GRÁFICO Departamento Editorial da Editora Manole
CAPA Ricardo Yoshiaki Nitta Rodrigues
IMAGEM DA CAPA Freepik

CIP-BRASIL. CATALOGAÇÃO NA PUBLICAÇÃO
SINDICATO NACIONAL DOS EDITORES DE LIVROS, RJ

C61
10. ed.

Código Penal: Decreto-lei n. 2.848, de 07 de dezembro de 1940 / [organização Editoria Jurídica da Editora Manole]. – 10. ed., rev. e atual. – Barueri [SP]: Manole, 2025.

Inclui índice
ISBN 9788520467893

1. Código penal – Brasil. 2. Direito penal – Brasil. I. Editoria Jurídica da Editora Manole

24-95361 CDU-343.2(81) (094.4)

Meri Gleice Rodrigues de Souza – Bibliotecária – CRB-7/6439

1ª edição – 2016; 2ª edição – 2017; 3ª edição – 2018; 4ª edição – 2019; 5ª edição – 2020; 6ª edição – 2021; 7ª edição – 2022; 8ª edição – 2023; 9ª edição – 2024; 10ª edição – 2025

Editora Manole Ltda.
Alameda Rio Negro, 967 – cj. 717 – Alphaville
06454-000 – Barueri – SP – Brasil
Fone: (11) 4196-6000
www.manole.com.br | http://atendimento.manole.com.br/

Impresso no Brasil
Printed in Brazil

SUMÁRIO

APRESENTAÇÃO

A EDITORA MANOLE, prosseguindo com suas publicações jurídicas, apresenta agora seu volume contendo exclusivamente o Código Penal (Decreto-lei n. 2.848, de 07.12.1940). As atualizações desta edição incluem as alterações dadas pelas Leis ns. 14.967, 14.994, 15.035, 15.123, 15.134, 15.159, 15.160, 15.163, 15.181 e 15.229 (CP) e Leis ns. 14.843 e 14.994 (LEP).

Esta edição está atualizada até o dia 03.10.2025, e o leitor poderá manter-se informado sobre as mudanças na legislação até 31.10.2025 no site **manoleeducacao.com.br/codigosmanole** (acesse pelo *QR code*).

Conheça também as outras publicações jurídicas em formato reduzido da EDITORA MANOLE:

Constituição Federal
Código Civil
Código de Processo Civil
Código de Processo Penal
CLT
Código de Defesa do Consumidor

EDITORIA JURÍDICA DA EDITORA MANOLE

LISTA DE ABREVIATURAS E SIGLAS

ADCT: Ato das Disposições Constitucionais Transitórias
ADI: ação direta de inconstitucionalidade
ADPF: arguição de descumprimento de preceito fundamental
c/c: combinado com
CC: Código Civil
CC/1916: Código Civil de 1916 (Lei n. 3.071/16)
CC/2002: Código Civil de 2002 (Lei n. 10.406/2002)
CCom: Código Comercial (Lei n. 556/1850)
CDC: Código de Defesa do Consumidor (Lei n. 8.078/90)
CE: Código Eleitoral (Lei n. 4.737/65)
CF: Constituição Federal
CJF: Conselho de Justiça Federal
CLT: Consolidação das Leis do Trabalho (DL n. 5.452/43)
CP: Código Penal (DL n. 2.848/40)
CPC: Código de Processo Civil
CPC/2015: Código de Processo Civil de 2015 (Lei n. 13.105/2015)
CPC/73: Código de Processo Civil de 1973 (Lei n. 5.869/73)
CPM: Código Penal Militar (DL n. 1.001/69)
CPP: Código de Processo Penal (DL n. 3.689/41)
CPPM: Código de Processo Penal Militar (DL n. 1.002/69)
CR: Constituição da República
CTB: Código de Trânsito Brasileiro (Lei n. 9.503/97)
CTN: Código Tributário Nacional (Lei n. 5.172/66)
DJ: *Diário da Justiça*
DJe: *Diário da Justiça eletrônico*
DL: decreto-lei
DOU: *Diário Oficial da União*
EAOAB: Estatuto da Advocacia e da OAB (Lei n. 8.906/94)
EC: emenda constitucional
ECA: Estatuto da Criança e do Adolescente (Lei n. 8.069/90)
ECR: emenda constitucional de revisão

IN: instrução normativa
JECC: Juizados Especiais Cíveis e Criminais
JEF: Juizado Especial Federal
LC: lei complementar
LCP: Lei das Contravenções Penais (DL n. 3.688/41)
LEP: Lei de Execução Penal (Lei n. 7.210/84)
LICP: Lei de Introdução ao Código Penal (DL n. 3.914/41)
LICPP: Lei de Introdução ao Código de Processo Penal (DL n. 3.931/41)
LINDB: Lei de introdução às normas do Direito Brasileiro (DL n. 4.657/42)
LRP: Lei de Registros Públicos (Lei n. 6.015/73)
MP n.: Medida Provisória n.
n.: número
OAB: Ordem dos Advogados do Brasil
Prov.: provimento
Res.: resolução
RISTF: Regimento Interno do Supremo Tribunal Federal
RISTJ: Regimento Interno do Superior Tribunal de Justiça
RITFR: Regimento Interno do Tribunal Federal de Recursos
RITST: Regimento Interno do Tribunal Superior do Trabalho
segs.: seguintes
STF: Supremo Tribunal Federal
STJ: Superior Tribunal de Justiça
STM: Superior Tribunal Militar
TFR: Tribunal Federal de Recursos
TJ: Tribunal de Justiça
TSE: Tribunal Superior Eleitoral
TST: Tribunal Superior do Trabalho

ÍNDICE SISTEMÁTICO DO CÓDIGO PENAL

PARTE GERAL

Título I
Da Aplicação da Lei Penal

Título II
Do Crime

Título III
Da Imputabilidade Penal

Título IV
Do Concurso de Pessoas

Título V
Das Penas

Título VI
Das Medidas de Segurança

Título VII
Da Ação Penal

Título VIII
Da Extinção da Punibilidade

PARTE ESPECIAL

Título I
Dos Crimes Contra a Pessoa

Título II
Dos Crimes Contra o Patrimônio

Título III
Dos Crimes Contra a Propriedade Imaterial

Título IV
Dos Crimes Contra a Organização do Trabalho

Título V
Dos Crimes Contra o Sentimento Religioso e Contra o Respeito aos Mortos

Título VI
Dos Crimes Contra a Dignidade Sexual

Título VII
Dos Crimes Contra a Família

DISPOSIÇÕES FINAIS

DECRETO-LEI N. 3.914, DE 09 DE DEZEMBRO DE 1941

Lei de Introdução ao Código Penal (Decreto-lei n. 2.848, de 07 de dezembro de 1940) e à Lei das Contravenções Penais (Decreto-lei n. 3.688, de 03 de outubro de 1941).

O PRESIDENTE DA REPÚBLICA, usando da atribuição que lhe confere o art. 180 da Constituição, decreta:

Art. 1º Considera-se crime a infração penal a que a lei comina pena de reclusão ou de detenção, quer isoladamente, quer alternativa ou cumulativamente com a pena de multa; contravenção, a infração penal a que a lei comina, isoladamente, pena de prisão simples ou de multa, ou ambas, alternativa ou cumulativamente.

Art. 2º Quem incorrer em falência será punido:

Artigo prejudicado pela Lei n. 11.101, de 09.02.2005.

I – se fraudulenta a falência, com a pena de reclusão, por 2 (dois) a 6 (seis) anos;

II – se culposa, com a pena de detenção, por 6 (seis) meses a 3 (três) anos.

Art. 3º Os fatos definidos como crimes no Código Florestal, quando não compreendidos em disposição do Código Penal, passam a constituir contravenções, punidas com a pena de prisão simples, por 3 (três) meses a 1 (um) ano, ou de multa, de um conto de réis a dez contos de réis, ou com ambas as penas, cumulativamente.

Artigo prejudicado pela revogação do Código Florestal, DL n. 23.793, de 23.01.1934.

Veja Lei n. 12.651, de 25.05.2012, o atual Código Florestal.

Art. 4º Quem cometer contravenção prevista no Código Florestal será punido com pena de prisão simples, por 15 (quinze) dias a 3 (três) meses, ou de multa, de duzentos mil-réis a cinco contos de réis, ou com ambas as penas, cumulativamente.

Veja notas do art. 3º.

Art. 5º Os fatos definidos como crimes no Código de Pesca (Decreto-lei n. 794, de 19 de outubro de 1938) passam a constituir contravenções, punidas com a pena de prisão simples, por 3 (três) meses a 1 (um) ano, ou de multa, de quinhentos mil-réis a dez contos de réis, ou com ambas as penas, cumulativamente.

O DL n. 794, de 19.10.1938, foi revogado pelo DL n. 221, de 28.02.1967 (Código de Pesca). Veja Lei n. 11.959, de 29.06.2009, que atualmente trata da matéria.

Art. 6º Quem, depois de punido administrativamente por infração da legislação especial sobre a caça, praticar qualquer infração definida na mesma legislação, ficará sujeito à pena de prisão simples, por 15 (quinze) dias a 3 (três) meses.

Veja Lei n. 5.197, de 03.01.1967 (Código de Caça).

Art. 7º No caso do art. 71 do Código de Menores (Decreto n. 17.943-A, de 12 de outubro de 1927), o juiz determinará a internação do menor em seção especial de escola de reforma.

Artigo prejudicado pela revogação do Decreto n. 17.943-A, de 12.10.1927 (Código de Menores). Veja ECA.

§ 1º A internação durará, no mínimo, 3 (três) anos.

§ 2º Se o menor completar 21 (vinte e um) anos, sem que tenha sido revogada a medida de internação, será transferido para colônia agrícola ou para instituto de trabalho, de reeducação ou de ensino profissional, ou seção especial de outro estabelecimento, à disposição do juiz criminal.

Veja art. 121, § 5º, ECA.

§ 3º Aplicar-se-á, quanto à revogação da medida, o disposto no Código Penal sobre a revogação de medida de segurança.

Art. 8º As interdições permanentes, previstas na legislação especial como efeito de sentença condenatória, durarão pelo tempo de 20 (vinte) anos.

Veja arts. 10 e 11 deste DL.

Art. 9º As interdições permanentes, impostas em sentença condenatória passada em julgado, ou desta decorrentes, de acordo com a Consolidação das Leis Penais, durarão pelo prazo máximo estabelecido no Código Penal para a espécie correspondente.

Veja arts. 10 e 11 deste DL.

Parágrafo único. Aplicar-se-á o disposto neste artigo às interdições temporárias com prazo de duração superior ao limite máximo fixado no Código Penal.

Art. 10. O disposto nos arts. 8º e 9º não se aplica às interdições que, segundo o Código Penal, podem consistir em incapacidades permanentes.

Art. 11. Observar-se-á, quanto ao prazo de duração das interdições, nos casos dos arts. 8º e 9º, o disposto no art. 72 do Código Penal, no que for aplicável.

Não há dispositivo na redação atual da Parte Geral que corresponda ao antigo art. 72, CP. Veja arts. 91 a 95, CP.

Art. 12. Quando, por fato cometido antes da vigência do Código Penal, se tiver de pronunciar condenação, de acordo com a lei anterior, atender-se-á ao seguinte:

I – a pena de prisão celular, ou de prisão com trabalho, será substituída pela de reclusão, ou de detenção, se uma destas for a pena cominada para o mesmo fato pelo Código Penal;

II – a pena de prisão celular ou de prisão com trabalho será substituída pela de prisão simples, se o fato estiver definido como contravenção na lei anterior, ou na Lei das Contravenções Penais.

Art. 13. A pena de prisão celular ou de prisão com trabalho imposta em sentença irrecorrível, ainda que já iniciada a execução, será convertida em reclusão, detenção ou prisão simples, de conformidade com as normas prescritas no artigo anterior.

Veja art. 14 deste DL.

Art. 14. A pena convertida em prisão simples, em virtude do art. 409 da Consolidação das Leis Penais, será convertida em reclusão, detenção ou prisão simples, segundo o disposto no art. 13, desde que o condenado possa ser recolhido a estabelecimento destinado à execução da pena resultante da conversão.

Parágrafo único. Abstrair-se-á, no caso de conversão, do aumento que tiver sido aplicado, de acordo com o disposto no art. 409, *in fine*, da Consolidação das Leis Penais.

Art. 15. A substituição ou conversão da pena, na forma desta Lei, não impedirá a suspensão condicional, se a lei anterior não a excluía.

Art. 16. Se, em virtude da substituição da pena, for imposta a de detenção ou a de prisão simples, por tempo superior a 1 (um) ano e que não exceda de 2 (dois), o juiz poderá conceder a suspensão condicional da pena, desde que reunidas as demais condições exigidas pelo art. 57 do Código Penal.

A referência atual do antigo art. 57 na nova Parte Geral do CP é o art. 77 e segs.

Art. 17. Aplicar-se-á o disposto no art. 81, § 1º, II e III, do Código Penal, aos indivíduos recolhidos a manicômio judiciário ou a outro estabelecimento em virtude do disposto no art. 29, 1ª parte, da Consolidação das Leis Penais.

A referência atual do antigo art. 81, § 1º, II e III, na nova Parte Geral do CP é o art. 96 e segs.

Art. 18. As condenações anteriores serão levadas em conta para determinação da reincidência em relação a fato praticado depois de entrar em vigor o Código Penal.

Art. 19. O juiz aplicará o disposto no art. 2º, parágrafo único, *in fine*, do Código Penal, nos seguintes casos:

I – se o Código ou a Lei das Contravenções Penais cominar para o fato pena de multa, isoladamente, e na sentença tiver sido imposta pena privativa de liberdade;

II – se o Código ou a Lei das Contravenções cominar para o fato pena privativa de liberdade por tempo inferior ao da pena cominada na lei aplicada pela sentença.

Parágrafo único. Em nenhum caso, porém, o juiz reduzirá a pena abaixo do limite que fixaria se pronunciasse condenação de acordo com o Código Penal.

Art. 20. Não poderá ser promovida ação pública por fato praticado antes da vigência do Código Penal:

I – quando, pela lei anterior, somente cabia ação privada;

II – quando, ao contrário do que dispunha a lei anterior, o Código Penal só admite ação privada.

Parágrafo único. O prazo estabelecido no art. 105 do Código Penal correrá, na hipótese do n. II:

A referência atual do antigo art. 105 na nova Parte Geral do CP é o art. 103.

a) de 1º de janeiro de 1942, se o ofendido sabia, anteriormente, quem era o autor do fato;

b) no caso contrário, do dia em que vier a saber quem é o autor do fato.

Art. 21. Nos casos em que o Código Penal exige representação, sem esta não poderá ser intentada ação pública por fato praticado antes de 1º de janeiro de 1942; prosseguindo-se, entretanto, na que tiver sido anteriormente iniciada, haja ou não representação.

Parágrafo único. Atender-se-á, no que for aplicável, ao disposto no parágrafo único do artigo anterior.

Art. 22. Onde não houver estabelecimento adequado para a execução de medida de segurança detentiva estabelecida no art. 88, § 1º, III, do Código Penal, aplicar-se-á a de liberdade vigiada, até que seja criado aquele estabelecimento ou adotada qualquer das providências previstas no art. 89, e seu parágrafo, do mesmo Código.

A referência atual do antigo art. 88 na nova Parte Geral do CP é o art. 96 e segs.

Parágrafo único. Enquanto não existir estabelecimento adequado, as medidas detentivas estabelecidas no art. 88, § 1º, I e II, do Código Penal, poderão ser executadas em seções especiais de manicômio comum, asilo ou casa de saúde.

A referência atual do antigo art. 88 na nova Parte Geral do CP é o art. 96 e segs.

Art. 23. Onde não houver estabelecimento adequado ou adaptado à execução das penas de reclusão, detenção ou prisão, poderão estas ser cumpridas em prisão comum.

Art. 24. Não se aplicará o disposto no art. 79, II, do Código Penal a indivíduo que, antes de 1º de janeiro de 1942, tenha sido absolvido por sentença passada em julgado.

Não há correspondente do antigo art. 79 na nova Parte Geral do CP.

Art. 25. A medida de segurança aplicável ao condenado que, a 1º de janeiro de 1942, ainda não tenha cumprido a pena, é a liberdade vigiada.

Art. 26. A presente Lei não se aplica aos crimes referidos no art. 360 do Código Penal, salvo os de falência.

Art. 27. Esta Lei entrará em vigor em 1º de janeiro de 1942; revogadas as disposições em contrário.

Rio de Janeiro, 09 de dezembro de 1941;
120º da Independência e 53º da República.

GETÚLIO VARGAS

DECRETO-LEI N. 2.848, DE 07 DE DEZEMBRO DE 1940

Código Penal.

O PRESIDENTE DA REPÚBLICA, usando da atribuição que lhe confere o art. 180 da Constituição, decreta a seguinte Lei:

Refere-se à CF/37.
Veja arts. 22, I, e 84, IV, CF.

PARTE GERAL

Todos os dispositivos da Parte Geral tiveram sua redação dada pela Lei n. 7.209, de 11.07.1984. Apenas as modificações posteriores a essa Lei estão registradas.

TÍTULO I
DA APLICAÇÃO DA LEI PENAL

Anterioridade da lei

Art. 1º Não há crime sem lei anterior que o defina. Não há pena sem prévia cominação legal.

Veja art. 5º, XXXIX, XL, LIII e LIV, CF.
Veja art. 1º, LICP.
Veja arts. 2º e 3º, CPP.
Veja art. 61, Lei n. 9.099, de 26.09.1995 (juizados especiais).
Veja Súmula n. 722, STF.

Lei penal no tempo

Art. 2º Ninguém pode ser punido por fato que lei posterior deixa de considerar crime, cessando em virtude dela a execução e os efeitos penais da sentença condenatória.

Veja art. 5º, XXXVI, XL, LII e LIV, CF.
Veja arts. 91, 92 e 107, III, CP.
Veja art. 2º, CPP.
Veja art. 66, I, LEP.

Parágrafo único. A lei posterior, que de qualquer modo favorecer o agente, aplica-se aos fatos anteriores, ainda que decididos por sentença condenatória transitada em julgado.

Veja art. 5º, XXXVI, XL, LIII e LIV, CF.
Veja Súmulas ns. 611 e 711, STF.

Lei excepcional ou temporária

Art. 3º A lei excepcional ou temporária, embora decorrido o período de sua duração ou cessadas as circunstâncias que a determinaram, aplica-se ao fato praticado durante sua vigência.

Veja art. 2º, CPP.

Tempo do crime

Art. 4º Considera-se praticado o crime no momento da ação ou omissão, ainda que outro seja o momento do resultado.

Veja arts. 13 e 111, CP.
Veja Súmula n. 711, STF.

Territorialidade

Art. 5º Aplica-se a lei brasileira, sem prejuízo de convenções, tratados e regras de direito internacional, ao crime cometido no território nacional.

Veja arts. 4º, 5º, LII e § 2º, e 84, VIII, CF.
Veja arts. 1º, I, 70, 89 e 90, CPP.
Veja art. 2º, LCP.
Veja art. 2º, Lei n. 9.455, de 07.04.1997 (crime de tortura).
Veja arts. 81 a 99, Lei n. 13.445, de 24.05.2017 (Lei de Migração).
Veja Decreto n. 4.388, de 25.09.2002 (Estatuto de Roma).
Veja Decreto n. 4.975, de 30.01.2004 (extradição no âmbito do Mercosul).

§ 1º Para os efeitos penais, consideram-se como extensão do território nacional as embarcações e aeronaves brasileiras, de natureza pública ou a serviço do governo brasileiro onde quer que se encontrem, bem como as aeronaves e as embarcações brasileiras, mercantes ou de propriedade privada, que se achem, respectivamente, no espaço aéreo correspondente ou em alto-mar.

Veja art. 20, VI, CF.
Veja art. 498, CCom.

§ 2º É também aplicável a lei brasileira aos crimes praticados a bordo de aeronaves ou embarcações estrangeiras de propriedade privada, achando-se aquelas em pouso no território nacional ou em voo no espaço aéreo correspondente, e estas em porto ou mar territorial do Brasil.

Veja arts. 89 e 90, CPP.
Veja art. 498, CCom.
Veja art. 2º, LCP.

Lugar do crime

Art. 6º Considera-se praticado o crime no lugar em que ocorreu a ação ou omissão, no todo ou em parte, bem como onde se produziu ou deveria produzir-se o resultado.

Veja arts. 22, 70 e 71, CPP.
Veja art. 63, Lei n. 9.099, de 26.09.1995 (juizados especiais).

Extraterritorialidade

Art. 7º Ficam sujeitos à lei brasileira, embora cometidos no estrangeiro:

Veja arts. 1º, 70 e 88, CPP.

Veja art. 2º, Lei n. 9.455, de 07.04.1997 (crime de tortura).

I – os crimes:

a) contra a vida ou a liberdade do Presidente da República;

b) contra o patrimônio ou a fé pública da União, do Distrito Federal, de Estado, de Território, de Município, de empresa pública, sociedade de economia mista, autarquia ou fundação instituída pelo Poder Público;

c) contra a administração pública, por quem está a seu serviço;

d) de genocídio, quando o agente for brasileiro ou domiciliado no Brasil;

Veja Lei n. 2.889, de 01.10.1956 (crime de genocídio).

Veja art. 1º, parágrafo único, Lei n. 8.072, de 25.07.1990 (crimes hediondos).

II – os crimes:

a) que, por tratado ou convenção, o Brasil se obrigou a reprimir;

b) praticados por brasileiro;

c) praticados em aeronaves ou embarcações brasileiras, mercantes ou de propriedade privada, quando em território estrangeiro e aí não sejam julgados.

Veja art. 82, Lei n. 13.445, de 24.05.2017 (Lei de Migração).

§ 1º Nos casos do inciso I, o agente é punido segundo a lei brasileira, ainda que absolvido ou condenado no estrangeiro.

§ 2º Nos casos do inciso II, a aplicação da lei brasileira depende do concurso das seguintes condições:

a) entrar o agente no território nacional;

b) ser o fato punível também no país em que foi praticado;

c) estar o crime incluído entre aqueles pelos quais a lei brasileira autoriza a extradição;

d) não ter sido o agente absolvido no estrangeiro ou não ter aí cumprido a pena;

e) não ter sido o agente perdoado no estrangeiro ou, por outro motivo, não estar extinta a punibilidade, segundo a lei mais favorável.

§ 3º A lei brasileira aplica-se também ao crime cometido por estrangeiro contra brasileiro fora do Brasil, se, reunidas as condições previstas no parágrafo anterior:

a) não foi pedida ou foi negada a extradição;

b) houve requisição do Ministro da Justiça.

Pena cumprida no estrangeiro

Art. 8º A pena cumprida no estrangeiro atenua a pena imposta no Brasil pelo mesmo crime, quando diversas, ou nela é computada, quando idênticas.

Veja arts. 42 e 116, II, CP.

Veja arts. 787 a 790, CPP.

Eficácia de sentença estrangeira

Art. 9º A sentença estrangeira, quando a aplicação da lei brasileira produz na espécie as mesmas consequências, pode ser homologada no Brasil para:

Veja art. 105, I, *i*, CF.
Veja arts. 63 e 78, § 2º, CP.
Veja arts. 780 a 790, CPP.
Veja Súmula n. 420, STF.

I – obrigar o condenado à reparação do dano, a restituições e a outros efeitos civis;

Veja arts. 63 a 68, CPP.

II – sujeitá-lo a medida de segurança.

Veja arts. 96 a 99, CP.
Veja arts. 171 a 179, LEP.

Parágrafo único. A homologação depende:

a) para os efeitos previstos no inciso I, de pedido da parte interessada;

b) para os outros efeitos, da existência de tratado de extradição com o país de cuja autoridade judiciária emanou a sentença, ou, na falta de tratado, de requisição do Ministro da Justiça.

Contagem de prazo

Art. 10. O dia do começo inclui-se no cômputo do prazo. Contam-se os dias, os meses e os anos pelo calendário comum.

Veja art. 798, § 1º, CPP.

Frações não computáveis da pena

Art. 11. Desprezam-se, nas penas privativas de liberdade e nas restritivas de direitos, as frações de dia, e, na pena de multa, as frações de cruzeiro.

Veja arts. 44, § 4º, e 49, CP.

Legislação especial

Art. 12. As regras gerais deste Código aplicam-se aos fatos incriminados por lei especial, se esta não dispuser de modo diverso.

Veja art. 1º, LCP.
Veja art. 287, CE.
Veja Súmula n. 171, STJ.

TÍTULO II
DO CRIME

Relação de causalidade

Art. 13. O resultado, de que depende a existência do crime, somente é imputável a quem lhe deu causa. Considera-se causa a ação ou omissão sem a qual o resultado não teria ocorrido.

Veja arts. 4º, 19 e 69 a 71, CP.
Veja art. 3º, LCP.

Superveniência de causa independente

§ 1º A superveniência de causa relativamente independente exclui a imputação quando, por si só, produziu o resultado; os fatos anteriores, entretanto, imputam-se a quem os praticou.

Relevância da omissão

§ 2º A omissão é penalmente relevante quando o omitente devia e podia agir para evitar o resultado. O dever de agir incumbe a quem:

Veja art. 24, § 1º, CP.

a) tenha por lei obrigação de cuidado, proteção ou vigilância;

b) de outra forma, assumiu a responsabilidade de impedir o resultado;

c) com seu comportamento anterior, criou o risco da ocorrência do resultado.

Art. 14. Diz-se o crime:

Veja art. 70, CPP.

Crime consumado

I – consumado, quando nele se reúnem todos os elementos de sua definição legal;

Veja art. 111, I, CP.

Veja Súmula vinculante n. 24, STF.

Tentativa

II – tentado, quando, iniciada a execução, não se consuma por circunstâncias alheias à vontade do agente.

Veja art. 111, II, CP.

Veja art. 4º, LCP.

Veja Súmula n. 567, STJ.

Pena de tentativa

Parágrafo único. Salvo disposição em contrário, pune-se a tentativa com a pena correspondente ao crime consumado, diminuída de um a dois terços.

Veja art. 2º, Lei n. 1.079, de 10.04.1950, e art. 1º, Lei n. 7.106, de 28.06.1983 (crimes de responsabilidade).

Veja art. 5º, Lei n. 2.889, de 01.10.1956 (genocídio).

Veja art. 1º, Lei n. 8.072, de 25.07.1990 (crimes hediondos).

Desistência voluntária e arrependimento eficaz

Art. 15. O agente que, voluntariamente, desiste de prosseguir na execução ou impede que o resultado se produza, só responde pelos atos já praticados.

Arrependimento posterior

Art. 16. Nos crimes cometidos sem violência ou grave ameaça à pessoa, reparado o dano ou restituída a coisa, até o recebimento da denúncia ou da queixa, por ato voluntário do agente, a pena será reduzida de um a dois terços.

Veja arts. 65, III, *b*, 78, § 2º, e 155, CP.

Veja art. 9º, XV, Decreto n. 12.338, de 23.12.2024.

Veja Súmula n. 554, STF.

Crime impossível

Art. 17. Não se pune a tentativa quando, por ineficácia absoluta do meio ou por absoluta impropriedade do objeto, é impossível consumar-se o crime.

Veja Súmula n. 145, STF.
Veja Súmula n. 567, STJ.

Art. 18. Diz-se o crime:
Veja art. 3º, LCP.

Crime doloso
I – doloso, quando o agente quis o resultado ou assumiu o risco de produzi-lo;
Veja art. 5º, XXXVIII, *d*, CF.
Veja arts. 36, § 2º, 77, I, 81, I, e 83, I, CP.

Crime culposo
II – culposo, quando o agente deu causa ao resultado por imprudência, negligência ou imperícia.

Parágrafo único. Salvo os casos expressos em lei, ninguém pode ser punido por fato previsto como crime, senão quando o pratica dolosamente.

Agravação pelo resultado
Art. 19. Pelo resultado que agrava especialmente a pena, só responde o agente que o houver causado ao menos culposamente.
Veja arts. 13 e 127, CP.
Veja art. 65, parágrafo único, CDC.

Erro sobre elementos do tipo
Art. 20. O erro sobre elemento constitutivo do tipo legal de crime exclui o dolo, mas permite a punição por crime culposo, se previsto em lei.
Veja art. 386, VI, CPP.

Descriminantes putativas
§ 1º É isento de pena quem, por erro plenamente justificado pelas circunstâncias, supõe situação de fato que, se existisse, tornaria a ação legítima. Não há isenção de pena quando o erro deriva de culpa e o fato é punível como crime culposo.
Veja arts. 386, VI, e 415, CPP.

Erro determinado por terceiro
§ 2º Responde pelo crime o terceiro que determina o erro.

Erro sobre a pessoa
§ 3º O erro quanto à pessoa contra a qual o crime é praticado não isenta de pena. Não se consideram, neste caso, as condições ou qualidades da vítima, senão as da pessoa contra quem o agente queria praticar o crime.
Veja arts. 30, 70, 73 e 74, CP.

Erro sobre a ilicitude do fato
Art. 21. O desconhecimento da lei é inescusável. O erro sobre a ilicitude do fato, se inevitável, isenta de pena; se evitável, poderá diminuí-la de um sexto a um terço.
Veja art. 65, II, CP.
Veja art. 386, VI, CPP.
Veja art. 8º, LCP.
Veja art. 3º, LINDB.

Parágrafo único. Considera-se evitável o erro se o agente atua ou se omite sem a consciência da ilicitude do fato, quando lhe era possível, nas circunstâncias, ter ou atingir essa consciência.

Veja art. 8º, LCP.

Coação irresistível e obediência hierárquica

Art. 22. Se o fato é cometido sob coação irresistível ou em estrita obediência a ordem, não manifestamente ilegal, de superior hierárquico, só é punível o autor da coação ou da ordem.

Veja arts. 62, II e III, 65, III, *c*, e 146, § 3º, I e II, CP.

Veja arts. 386, VI, e 411, CPP.

Exclusão de ilicitude

Art. 23. Não há crime quando o agente pratica o fato:

Veja arts. 14-A, 65, 314, 386, VI, e 415, CPP.

Veja art. 188, I, CC.

I – em estado de necessidade;

Veja art. 310, § 1º, CPP.

II – em legítima defesa;

Veja ADPF n. 779.

Veja art. 310, § 1º, CPP.

III – em estrito cumprimento de dever legal ou no exercício regular de direito.

Veja art. 310, § 1º, CPP.

Excesso punível

Parágrafo único. O agente, em qualquer das hipóteses deste artigo, responderá pelo excesso doloso ou culposo.

Estado de necessidade

Art. 24. Considera-se em estado de necessidade quem pratica o fato para salvar de perigo atual, que não provocou por sua vontade, nem podia de outro modo evitar, direito próprio ou alheio, cujo sacrifício, nas circunstâncias, não era razoável exigir-se.

Veja art. 128, CP.

Veja art. 65, CPP.

Veja art. 188, I, CC.

§ 1º Não pode alegar estado de necessidade quem tinha o dever legal de enfrentar o perigo.

Veja art. 13, § 2º, CP.

§ 2º Embora seja razoável exigir-se o sacrifício do direito ameaçado, a pena poderá ser reduzida de um a dois terços.

Legítima defesa

Art. 25. Entende-se em legítima defesa quem, usando moderadamente dos meios necessários, repele injusta agressão, atual ou iminente, a direito seu ou de outrem.

Veja ADPF n. 779.

Veja arts. 65, 314 e 415, CPP.

Veja art. 188, I, CC.

Parágrafo único. Observados os requisitos previstos no *caput* deste artigo, considera-se também em legítima defesa o agente de segurança pública que repele agressão ou risco de agressão a vítima mantida refém durante a prática de crimes.

Parágrafo acrescentado pela Lei n. 13.964, de 24.12.2019.

Veja ADPF n. 779.

TÍTULO III
DA IMPUTABILIDADE PENAL

Inimputáveis

Art. 26. É isento de pena o agente que, por doença mental ou desenvolvimento mental incompleto ou retardado, era, ao tempo da ação ou da omissão, inteiramente incapaz de entender o caráter ilícito do fato ou de determinar-se de acordo com esse entendimento.

Veja arts. 18, § 4º, 41, 52 e 96 a 99, CP.

Veja arts. 149 a 154, 386, VI, e 415, parágrafo único, CPP.

Veja art. 14, LCP.

Veja Lei n. 10.216, de 06.04.2001 (proteção das pessoas com transtornos mentais).

Redução de pena

Parágrafo único. A pena pode ser reduzida de um a dois terços, se o agente, em virtude de perturbação de saúde mental ou por desenvolvimento mental incompleto ou retardado não era inteiramente capaz de entender o caráter ilícito do fato ou de determinar-se de acordo com esse entendimento.

Veja art. 98, CP.

Veja art. 387, CPP.

Veja arts. 171 a 179, LEP.

Menores de dezoito anos

Art. 27. Os menores de 18 (dezoito) anos são penalmente inimputáveis, ficando sujeitos às normas estabelecidas na legislação especial.

Veja art. 228, CF.

Veja art. 180, § 4º, CP.

Veja art. 5º, CC.

Veja art. 104, ECA.

Emoção e paixão

Art. 28. Não excluem a imputabilidade penal:

I – a emoção ou a paixão;

Veja arts. 65, III, *c*, e 121, § 1º, CP.

Embriaguez

II – a embriaguez, voluntária ou culposa, pelo álcool ou substância de efeitos análogos.

Veja arts. 61, II, *l*, 147, 329 e 331, CP.

Veja art. 62, LCP.

§ 1º É isento de pena o agente que, por embriaguez completa, proveniente de caso fortuito ou força maior, era, ao tempo da ação ou da omissão, inteiramente incapaz de entender o caráter ilícito do fato ou de determinar-se de acordo com esse entendimento.

Veja arts. 386, VI, e 415, CPP.

§ 2º A pena pode ser reduzida de um a dois terços, se o agente, por embriaguez, proveniente de caso fortuito ou força maior, não possuía, ao tempo da ação ou da omissão, a plena capacidade de entender o caráter ilícito do fato ou de determinar-se de acordo com esse entendimento.

Veja arts. 62 e 63, LCP.

TÍTULO IV
DO CONCURSO DE PESSOAS

Art. 29. Quem, de qualquer modo, concorre para o crime incide nas penas a este cominadas, na medida de sua culpabilidade.

Veja arts. 62, I, 106, I, e 117, § 1º, CP.

Veja arts. 77, I, 190, 270 e 580, CPP.

Veja art. 75, CDC.

Veja art. 19, Lei n. 9.263, de 12.01.1996 (planejamento familiar).

Veja art. 2º, Lei n. 9.605, de 12.02.1998 (crimes ambientais).

§ 1º Se a participação for de menor importância, a pena pode ser diminuída de um sexto a um terço.

Veja art. 19, Lei n. 9.263, de 12.01.1996 (planejamento familiar).

§ 2º Se algum dos concorrentes quis participar de crime menos grave, ser-lhe-á aplicada a pena deste; essa pena será aumentada até metade, na hipótese de ter sido previsível o resultado mais grave.

Veja art. 19, Lei n. 9.263, de 12.01.1996 (planejamento familiar).

Circunstâncias incomunicáveis

Art. 30. Não se comunicam as circunstâncias e as condições de caráter pessoal, salvo quando elementares do crime.

Veja arts. 20, § 3º, e 123, CP.

Casos de impunibilidade

Art. 31. O ajuste, a determinação ou instigação e o auxílio, salvo disposição expressa em contrário, não são puníveis, se o crime não chega, pelo menos, a ser tentado.

Veja art. 122, CP.

Veja arts. 549 e 555, CPP.

TÍTULO V
DAS PENAS

Veja arts. 5º, XLV a L e LXVII, e 84, XII, CF.

Veja LEP.

CAPÍTULO I
DAS ESPÉCIES DE PENA

Art. 32. As penas são:

Veja arts. 5º, XLV a L e LXVII, e 84, XII, CF.

Veja art. 5º, LCP.

Veja LEP.

I – privativas de liberdade;

Veja art. 53, CP.

II – restritivas de direitos;

Veja art. 21, Lei n. 9.605, de 12.02.1998 (crimes ambientais).

III – de multa.

Veja art. 21, Lei n. 9.605, de 12.02.1998 (crimes ambientais).

Seção I
Das Penas Privativas de Liberdade

Veja art. 5º, XLVIII e XLIX, CF.

Veja arts. 6º, 105 a 146 e 180, LEP.

Reclusão e detenção

Art. 33. A pena de reclusão deve ser cumprida em regime fechado, semiaberto ou aberto. A de detenção, em regime semiaberto, ou aberto, salvo necessidade de transferência a regime fechado.

Veja art. 4º, § 7º, III, Lei n. 12.850, de 02.08.2013.

§ 1º Considera-se:

a) regime fechado a execução da pena em estabelecimento de segurança máxima ou média;

Veja arts. 87 a 90, LEP.

Veja arts. 2º e 3º, Lei n. 8.072, de 25.07.1990 (crimes hediondos).

b) regime semiaberto a execução da pena em colônia agrícola, industrial ou estabelecimento similar;

Veja arts. 91 e 92, LEP.

c) regime aberto a execução da pena em casa de albergado ou estabelecimento adequado.

Veja arts. 93 a 95 e 203, § 2º, LEP.

§ 2º As penas privativas de liberdade deverão ser executadas em forma progressiva, segundo o mérito do condenado, observados os seguintes critérios e ressalvadas as hipóteses de transferência a regime mais rigoroso:

Veja art. 83, III, CP.

Veja Súmulas ns. 715 a 719, STF.

Veja Súmulas ns. 269 e 440, STJ.

a) o condenado a pena superior a 8 (oito) anos deverá começar a cumpri-la em regime fechado;

b) o condenado não reincidente, cuja pena seja superior a 4 (quatro) anos e não exceda a 8 (oito), poderá, desde o princípio, cumpri-la em regime semiaberto;

Veja art. 63, CP.

c) o condenado não reincidente, cuja pena seja igual ou inferior a 4 (quatro) anos, poderá, desde o início, cumpri-la em regime aberto.

Veja arts. 63 e 77, § 2º, CP.

Veja Súmula vinculante n. 59, STF.

§ 3º A determinação do regime inicial de cumprimento da pena far-se-á com observância dos critérios previstos no art. 59 deste Código.

Veja arts. 93 a 95 e 110 a 119, LEP.

Veja art. 2º, § 1º, Lei n. 8.072, de 25.07.1990 (crimes hediondos).

Veja Súmula vinculante n. 26, STF.

Veja Súmula n. 719, STF.

Veja Súmulas ns. 269 e 440, STJ.

§ 4º O condenado por crime contra a administração pública terá a progressão de regime do cumprimento da pena condicionada à reparação do dano que causou, ou à devolução do produto do ilícito praticado, com os acréscimos legais.

Parágrafo acrescentado pela Lei n. 10.763, de 12.11.2003.

Veja arts. 312 a 359-H, CP.

Regras do regime fechado

Art. 34. O condenado será submetido, no início do cumprimento da pena, a exame criminológico de classificação para individualização da execução.

Veja art. 5º, XLVI, CF.

Veja art. 35, CP.

Veja arts. 5º a 9º e 96 a 98, LEP.

Veja Súmulas ns. 40 e 439, STJ.

§ 1º O condenado fica sujeito a trabalho no período diurno e a isolamento durante o repouso noturno.

Veja arts. 31 a 35, LEP.

§ 2º O trabalho será em comum dentro do estabelecimento, na conformidade das aptidões ou ocupações anteriores do condenado, desde que compatíveis com a execução da pena.

Veja art. 5º, XLVII, *c*, CF.

§ 3º O trabalho externo é admissível, no regime fechado, em serviços ou obras públicas.

Veja arts. 8º, 36, 37 e 126 a 129, LEP.

Regras do regime semiaberto

Art. 35. Aplica-se a norma do art. 34 deste Código, *caput*, ao condenado que inicie o cumprimento da pena em regime semiaberto.

Veja arts. 8º, parágrafo único, 91 e 92, LEP.

Veja art. 56, parágrafo único, Lei n. 6.001, de 19.12.1973 (Estatuto do Índio).

Veja Súmula n. 341, STJ.

§ 1º O condenado fica sujeito a trabalho em comum durante o período diurno, em colônia agrícola, industrial ou estabelecimento similar.

Veja arts. 31 a 35, LEP.

§ 2º O trabalho externo é admissível, bem como a frequência a cursos supletivos profissionalizantes, de instrução de segundo grau ou superior.

Veja arts. 122, II, 124, parágrafo único, e 125, LEP.

Regras do regime aberto

Art. 36. O regime aberto baseia-se na autodisciplina e senso de responsabilidade do condenado.

Veja arts. 93 a 95, 113 a 117, 118, I, II e § 1º, e 119, LEP.

Veja art. 36, Lei n. 9.605, de 12.02.1998 (crimes ambientais).

§ 1º O condenado deverá, fora do estabelecimento e sem vigilância, trabalhar, frequentar curso ou exercer outra atividade autorizada, permanecendo recolhido durante o período noturno e nos dias de folga.

§ 2º O condenado será transferido do regime aberto, se praticar fato definido como crime doloso, se frustrar os fins da execução ou se, podendo, não pagar a multa cumulativamente aplicada.

Veja arts. 18, I, 49 e 51, CP.

Veja art. 118, LEP.

Regime especial

Art. 37. As mulheres cumprem pena em estabelecimento próprio, observando-se os deveres e direitos inerentes à sua condição pessoal, bem como, no que couber, o disposto neste Capítulo.

Veja art. 5º, XLVIII e L, CF.

Veja arts. 19, parágrafo único, 82, § 1º, 83, § 2º, 89 e 117, III e IV, LEP.

Direitos do preso

Art. 38. O preso conserva todos os direitos não atingidos pela perda da liberdade, impondo-se a todas as autoridades o respeito à sua integridade física e moral.

Veja art. 5º, XLIX, CF.

Veja art. 40, CP.

Veja arts. 3º, 40 a 43 e 82, § 1º, LEP.

Trabalho do preso

Art. 39. O trabalho do preso será sempre remunerado, sendo-lhe garantidos os benefícios da Previdência Social.

Veja art. 201, CF.

Veja art. 40, CP.

Veja art. 6º, § 2º, LCP.

Veja arts. 28 a 37, 41, II e III, e 126 a 129, LEP.

Veja arts. 116 a 119, Decreto n. 3.048, de 06.05.1999 (regulamento da Previdência Social).

Veja Súmula vinculante n. 9, STF.

Veja Súmula n. 341, STJ.

Legislação especial

Art. 40. A legislação especial regulará a matéria prevista nos arts. 38 e 39 deste Código, bem como especificará os deveres e direitos do preso, os critérios para revogação e transferência dos regimes e estabelecerá as infrações disciplinares e correspondentes sanções.

Veja art. 24, I, CF.
Veja arts. 38 a 60, 116, 118 e 119, LEP.

Superveniência de doença mental

Art. 41. O condenado a quem sobrevém doença mental deve ser recolhido a hospital de custódia e tratamento psiquiátrico ou, à falta, a outro estabelecimento adequado.

Veja arts. 26, 42 e 112, § 2º, CP.
Veja art. 154, CPP.
Veja arts. 99 a 101 e 183, LEP.

Detração

Art. 42. Computam-se, na pena privativa de liberdade e na medida de segurança, o tempo de prisão provisória, no Brasil ou no estrangeiro, o de prisão administrativa e o de internação em qualquer dos estabelecimentos referidos no artigo anterior.

Veja arts. 8º, 96 a 99, 112, § 2º, e 116, I, CP.
Veja arts. 301 a 316, 319, 320 e 413, § 1º, CPP.
Veja art. 111, LEP.
Veja Lei n. 7.960, de 21.12.1989 (prisão temporária).
Veja Lei n. 12.736, de 30.11.2012.

Seção II
Das Penas Restritivas de Direitos

Veja arts. 54, 55, 80, 81, § 1º, e 109, parágrafo único, CP.
Veja arts. 48, 147 a 155 e 181, LEP.
Veja art. 78, CDC.

Penas restritivas de direitos

Art. 43. As penas restritivas de direitos são:

Caput com redação dada pela Lei n. 9.714, de 25.11.1998.

I – prestação pecuniária;

Inciso acrescentado pela Lei n. 9.714, de 25.11.1998.
Veja art. 45, §§ 1º e 2º, CP.

II – perda de bens e valores;

Inciso acrescentado pela Lei n. 9.714, de 25.11.1998.
Veja art. 45, § 3º, CP.

III – (*vetado*)

A pena vetada era a de recolhimento domiciliar.

IV – prestação de serviço à comunidade ou a entidades públicas;

Inciso acrescentado pela Lei n. 7.209, de 11.07.1984, renumerado e com redação dada pela Lei n. 9.714, de 25.11.1998.
Veja arts. 46, 55 e 78, § 1º, CP.
Veja art. 21, Lei n. 9.605, de 12.02.1998 (crimes ambientais).

V – interdição temporária de direitos;

Inciso acrescentado pela Lei n. 7.209, de 11.07.1984, renumerado e com redação dada pela Lei n. 9.714, de 25.11.1998.

Veja arts. 55 a 57, CP.
Veja arts. 151 a 153, LEP.

VI – limitação de fim de semana.

Inciso acrescentado pela Lei n. 7.209, de 11.07.1984, renumerado e com redação dada pela Lei n. 9.714, de 25.11.1998.
Veja arts. 55, 78, § 1º, e 81, III, CP.

Art. 44. As penas restritivas de direitos são autônomas e substituem as privativas de liberdade, quando:

Veja arts. 54, 69, § 1º, 77, III, e 109, CP.
Veja art. 78, CDC.
Veja art. 7º, Lei n. 9.605, de 12.02.1998 (crimes ambientais).
Veja art. 9º, VII, Decreto n. 12.338, de 23.12.2024.
Veja Súmula vinculante n. 59, STF.
Veja Súmula n. 493, STJ.

I – aplicada pena privativa de liberdade não superior a 4 (quatro) anos e o crime não for cometido com violência ou grave ameaça à pessoa ou, qualquer que seja a pena aplicada, se o crime for culposo;

Inciso com redação dada pela Lei n. 9.714, de 25.11.1998.
Veja arts. 45, 55 e 69, § 2º, CP.
Veja art. 312-B, CTB.
Veja Súmula n. 588, STJ.

II – o réu não for reincidente em crime doloso;

Inciso com redação dada pela Lei n. 9.714, de 25.11.1998.
Veja art. 60, § 2º, CP.

III – a culpabilidade, os antecedentes, a conduta social e a personalidade do condenado, bem como os motivos e as circunstâncias indicarem que essa substituição seja suficiente.

Inciso com redação dada pela Lei n. 9.714, de 25.11.1998.
Veja arts. 59 e 60, § 2º, CP.

§ 1º (*Vetado.*)

Parágrafo acrescentado pela Lei n. 9.714, de 25.11.1998.

§ 2º Na condenação igual ou inferior a 1 (um) ano, a substituição pode ser feita por multa ou por uma pena restritiva de direitos; se superior a 1 (um) ano, a pena privativa de liberdade pode ser substituída por uma pena restritiva de direitos e multa ou por duas restritivas de direitos.

Parágrafo acrescentado pela Lei n. 9.714, de 25.11.1998.
Veja arts. 58, parágrafo único, 59, IV, 60, § 2º, 69, § 1º, e 77, III, CP.
Veja Súmula n. 171, STJ.

§ 3º Se o condenado for reincidente, o juiz poderá aplicar a substituição, desde que, em face de condenação anterior, a medida seja socialmente recomendável e a reincidência não se tenha operado em virtude da prática do mesmo crime.

Parágrafo acrescentado pela Lei n. 9.714, de 25.11.1998.
Veja art. 59, CP.

§ 4º A pena restritiva de direitos converte-se em privativa de liberdade quando ocorrer o descumprimento injustificado da restrição imposta. No cálculo da pena privativa de liberdade a executar será deduzido o tempo cumprido da pena restritiva de direitos, respeitado o saldo mínimo de 30 (trinta) dias de detenção ou reclusão.

Parágrafo acrescentado pela Lei n. 9.714, de 25.11.1998.

Veja art. 11, CP.

§ 5º Sobrevindo condenação a pena privativa de liberdade, por outro crime, o juiz da execução penal decidirá sobre a conversão, podendo deixar de aplicá-la se for possível ao condenado cumprir a pena substitutiva anterior.

Parágrafo acrescentado pela Lei n. 9.714, de 25.11.1998.

Conversão das penas restritivas de direitos

Veja art. 44, §§ 4º e 5º, CP.

Art. 45. Na aplicação da substituição prevista no artigo anterior, proceder-se-á na forma deste e dos arts. 46, 47 e 48.

Caput com redação dada pela Lei n. 9.714, de 25.11.1998.

Veja art. 44, I, CP.

Veja art. 28-A, IV, CPP.

Veja art. 181, LEP.

§ 1º A prestação pecuniária consiste no pagamento em dinheiro à vítima, a seus dependentes ou a entidade pública ou privada com destinação social, de importância fixada pelo juiz, não inferior a 1 (um) salário mínimo nem superior a 360 (trezentos e sessenta) salários mínimos. O valor pago será deduzido do montante de eventual condenação em ação de reparação civil, se coincidentes os beneficiários.

Parágrafo acrescentado pela Lei n. 9.714, de 25.11.1998.

Veja arts. 43, I, e 91, I, CP.

Veja arts. 63 a 68, CPP.

§ 2º No caso do parágrafo anterior, se houver aceitação do beneficiário, a prestação pecuniária pode consistir em prestação de outra natureza.

Parágrafo acrescentado pela Lei n. 9.714, de 25.11.1998.

Veja art. 43, I, CP.

§ 3º A perda de bens e valores pertencentes aos condenados dar-se-á, ressalvada a legislação especial, em favor do Fundo Penitenciário Nacional, e seu valor terá como teto – o que for maior – o montante do prejuízo causado ou do provento obtido pelo agente ou por terceiro, em consequência da prática do crime.

Parágrafo acrescentado pela Lei n. 9.714, de 25.11.1998.

Veja art. 43, II, CP.

§ 4º (*Vetado.*)

Parágrafo acrescentado pela Lei n. 9.714, de 25.11.1998.

Prestação de serviços à comunidade ou a entidades públicas

Art. 46. A prestação de serviços à comunidade ou a entidades públicas é aplicável às condenações superiores a 6 (seis) meses de privação da liberdade.

Caput com redação dada pela Lei n. 9.714, de 25.11.1998.
Veja art. 5º, XLVI, *d*, CF.
Veja arts. 43, IV, 45 e 78, § 1º, CP.
Veja art. 28-A, III, CPP.
Veja arts. 148 a 150 e 181, § 1º, LEP.
Veja art. 78, CDC.
Veja art. 9º, Lei n. 9.605, de 12.02.1998 (crimes ambientais).

§ 1º A prestação de serviços à comunidade ou a entidades públicas consiste na atribuição de tarefas gratuitas ao condenado.

Parágrafo acrescentado pela Lei n. 9.714, de 25.11.1998.

§ 2º A prestação de serviço à comunidade dar-se-á em entidades assistenciais, hospitais, escolas, orfanatos e outros estabelecimentos congêneres, em programas comunitários ou estatais.

Parágrafo acrescentado pela Lei n. 9.714, de 25.11.1998.

§ 3º As tarefas a que se refere o § 1º serão atribuídas conforme as aptidões do condenado, devendo ser cumpridas à razão de 1 (uma) hora de tarefa por dia de condenação, fixadas de modo a não prejudicar a jornada normal de trabalho.

Parágrafo acrescentado pela Lei n. 9.714, de 25.11.1998.
Veja arts. 149, § 1º, e 158, § 1º, LEP.
Veja art. 117, parágrafo único, ECA.

§ 4º Se a pena substituída for superior a 1 (um) ano, é facultado ao condenado cumprir a pena substitutiva em menor tempo (art. 55), nunca inferior à metade da pena privativa de liberdade fixada.

Parágrafo acrescentado pela Lei n. 9.714, de 25.11.1998.
Veja art. 55, CP.
Veja art. 7º, parágrafo único, Lei n. 9.605, de 12.02.1998 (crimes ambientais).

Interdição temporária de direitos

Art. 47. As penas de interdição temporária de direitos são:

Veja art. 5º, XLVI, *e*, CF.
Veja art. 45, CP.
Veja arts. 154, 155 e 181, § 3º, LEP.
Veja art. 2º, Lei n. 1.079, de 10.04.1950 (crimes de responsabilidade).
Veja art. 6º, Lei n. 1.521, de 26.12.1951 (crimes contra a economia popular).
Veja art. 78, I, CDC.
Veja art. 10, Lei n. 9.605, de 12.02.1998 (crimes ambientais).
Veja art. 181, I, Lei n. 11.101, de 09.02.2005.

I – proibição do exercício de cargo, função ou atividade pública, bem como de mandato eletivo;

Veja arts. 15, III e V, e 37, § 4º, CF.
Veja arts. 56 e 92, I, CP.
Veja art. 12, II, LCP.
Veja art. 154, § 2º, LEP.

II – proibição do exercício de profissão, atividade ou ofício que dependam de habilitação especial, de licença ou autorização do poder público;

Veja art. 56, CP.
Veja art. 12, I, LCP.
Veja art. 154, § 2º, LEP.

III – suspensão de autorização ou de habilitação para dirigir veículo;

Veja arts. 57 e 97, III, CP.

IV – proibição de frequentar determinados lugares;

Inciso acrescentado pela Lei n. 9.714, de 25.11.1998.

V – proibição de inscrever-se em concurso, avaliação ou exame públicos.

Inciso acrescentado pela Lei n. 12.550, de 15.12.2011.

Limitação de fim de semana

Art. 48. A limitação de fim de semana consiste na obrigação de permanecer, aos sábados e domingos, por 5 (cinco) horas diárias, em casa de albergado ou outro estabelecimento adequado.

Veja art. 5º, XLVI, *e*, CF.
Veja arts. 45 e 78, § 1º, CP.
Veja arts. 93 a 95, 151 a 153, 158, § 1º, e 181, § 2º, LEP.

Parágrafo único. Durante a permanência poderão ser ministrados ao condenado cursos e palestras ou atribuídas atividades educativas.

Veja art. 152, LEP.

Seção III
Da Pena de Multa

Veja art. 5º, XLVI, *c*, CF.
Veja arts. 60, 72 e 104, CP.
Veja art. 18, Lei n. 9.605, de 12.02.1998 (crimes ambientais).

Multa

Art. 49. A pena de multa consiste no pagamento ao fundo penitenciário da quantia fixada na sentença e calculada em dias-multa. Será, no mínimo, de 10 (dez) e, no máximo, de 360 (trezentos e sessenta) dias-multa.

Veja arts. 11, 36, § 2º, 58, 60, §§ 1º e 2º, 72, 77, § 1º, 80, 81, II, 95 e 114, CP.
Veja art. 101, CPP.
Veja art. 2º, Lei n. 7.209, de 11.07.1984.
Veja arts. 118, § 1º, e 164 a 170, LEP.
Veja art. 77, CDC.
Veja art. 2º, § 2º, Lei n. 8.176, de 08.02.1991 (crimes contra a ordem econômica).
Veja Súmula n. 693, STF.

§ 1º O valor do dia-multa será fixado pelo juiz não podendo ser inferior a um trigésimo do maior salário mínimo mensal vigente ao tempo do fato, nem superior a 5 (cinco) vezes esse salário.

Veja art. 10, LCP.
Veja art. 33, Lei n. 7.492, de 16.06.1986 (crimes contra o sistema financeiro nacional).
Veja art. 77, CDC.
Veja art. 2º, § 3º, Lei n. 8.176, de 08.02.1991 (crimes contra a ordem econômica).

§ 2º O valor da multa será atualizado, quando da execução, pelos índices de correção monetária.

Pagamento da multa

Art. 50. A multa deve ser paga dentro de 10 (dez) dias depois de transitada em julgado a sentença. A requerimento do condenado e conforme as circunstâncias, o juiz pode permitir que o pagamento se realize em parcelas mensais.

Veja arts. 164 e 168 a 170, LEP.

§ 1º A cobrança da multa pode efetuar-se mediante desconto no vencimento ou salário do condenado quando:

Veja art. 168, LEP.

a) aplicada isoladamente;

b) aplicada cumulativamente com pena restritiva de direitos;

c) concedida a suspensão condicional da pena.

§ 2º O desconto não deve incidir sobre os recursos indispensáveis ao sustento do condenado e de sua família.

Veja art. 5º, XLV, CF.

Conversão da multa e revogação

Art. 51. Transitada em julgado a sentença condenatória, a multa será executada perante o juiz da execução penal e será considerada dívida de valor, aplicáveis as normas relativas à dívida ativa da Fazenda Pública, inclusive no que concerne às causas interruptivas e suspensivas da prescrição.

Caput com redação dada pela Lei n. 13.964, de 24.12.2019.

Veja ADI n. 7.032 e ADPF n. 1.107.

Veja art. 5º, LXVII, CF.

Veja art. 9º, LCP.

Veja Lei n. 6.830, de 22.09.1980 (Lei de Execução Fiscal).

Veja Súmula vinculante n. 25, STF.

Veja Súmula n. 693, STF.

Veja Súmula n. 521, STJ.

Modo de conversão

§ 1º (*Revogado pela Lei n. 9.268, de 01.04.1996.*)

Revogação da conversão

§ 2º (*Revogado pela Lei n. 9.268, de 01.04.1996.*)

Suspensão da execução da multa

Art. 52. É suspensa a execução da pena de multa, se sobrevém ao condenado doença mental.

Veja arts. 26 e 77 a 82, CP.

Veja art. 167, LEP.

CAPÍTULO II
DA COMINAÇÃO DAS PENAS

Penas privativas de liberdade

Art. 53. As penas privativas de liberdade têm seus limites estabelecidos na sanção correspondente a cada tipo legal de crime.

Veja arts. 32, I, e 75, CP.

Veja art. 284, CE.

Penas restritivas de direitos

Art. 54. As penas restritivas de direitos são aplicáveis, independentemente de cominação na parte especial, em substituição à pena privativa de liberdade, fixada em quantidade inferior a 1 (um) ano, ou nos crimes culposos.

Veja arts. 43, 44 e 59, IV, CP.

Veja arts. 147 a 155 e 180, LEP.

Art. 55. As penas restritivas de direitos referidas nos incisos III, IV, V e VI do art. 43 terão a mesma duração da pena privativa de liberdade substituída, ressalvado o disposto no § 4º do art. 46.

Artigo com redação dada pela Lei n. 9.714, de 25.11.1998.

Veja o art. 44, I, CP.

Veja art. 7º, parágrafo único, Lei n. 9.605, de 12.02.1998 (crimes ambientais).

Art. 56. As penas de interdição, previstas nos incisos I e II do art. 47 deste Código, aplicam-se para todo o crime cometido no exercício de profissão, atividade, ofício, cargo ou função, sempre que houver violação dos deveres que lhes são inerentes.

Art. 57. A pena de interdição, prevista no inciso III do art. 47 deste Código, aplica-se aos crimes culposos de trânsito.

Veja arts. 104, 121, §§ 3º e 4º, e 129, §§ 6º e 7º, CP.

Veja arts. 154, § 2º, e 181, § 3º, LEP.

Pena de multa

Art. 58. A multa, prevista em cada tipo legal de crime, tem os limites fixados no art. 49 e seus parágrafos deste Código.

Veja arts. 49, 60 e 114, II, CP.

Veja arts. 164 a 170, LEP.

Parágrafo único. A multa prevista no parágrafo único do art. 44 e no § 2º do art. 60 deste Código aplica-se independentemente de cominação na parte especial.

Veja art. 44, § 2º, CP, em vez do parágrafo único do art. 44, modificado pela Lei n. 9.714, de 25.11.1998.

Veja art. 15, Lei n. 9.605, de 12.02.1998 (crimes ambientais).

CAPÍTULO III
DA APLICAÇÃO DA PENA

Fixação da pena

Art. 59. O juiz, atendendo à culpabilidade, aos antecedentes, à conduta social, à personalidade do agente, aos motivos, às circunstâncias e consequências do crime, bem como ao comportamento da vítima, estabelecerá, conforme seja necessário e suficiente para reprovação e prevenção do crime:

Veja art. 5º, XLVI, CF.

Veja arts. 33, § 3º, 44, § 3º, 57, 67, 68, 78, § 2º, e 180, § 5º, CP.

Veja arts. 6º, IX, 381, III, e 387, II e III, CPP.

Veja art. 2º, § 2º, Lei n. 8.176, de 08.02.1991 (crimes contra a ordem econômica).
Veja art. 6º, Lei n. 9.605, de 12.02.1998 (crimes ambientais).
Veja art. 42, Lei n. 11.343, de 23.08.2006.
Veja Súmulas vinculantes ns. 26 e 59, STF.
Veja Súmulas ns. 231, 269 e 444, STJ.

I – as penas aplicáveis dentre as cominadas;

II – a quantidade de pena aplicável, dentro dos limites previstos;

Veja art. 68, CP.

III – o regime inicial de cumprimento da pena privativa de liberdade;

Veja art. 33, § 3º, CP.

IV – a substituição da pena privativa da liberdade aplicada, por outra espécie de pena, se cabível.

Veja arts. 44, III e § 2º, 54, 60, § 2º, 77, II, 78, § 2º, 98, 129, § 5º, 155, § 2º, 170, 171, § 1º, 175, § 2º, e 180, § 5º, CP.
Veja art. 7º, II, Lei n. 9.605, de 12.02.1998 (crimes ambientais).

Critérios especiais da pena de multa

Art. 60. Na fixação da pena de multa o juiz deve atender, principalmente, à situação econômica do réu.

Veja art. 5º, XLVI, CF.
Veja arts. 49 a 52, 58 e 72, CP.
Veja art. 387, II, CPP.
Veja art. 6º, III, Lei n. 9.605, de 12.02.1998 (crimes ambientais).

§ 1º A multa pode ser aumentada até o triplo, se o juiz considerar que, em virtude da situação econômica do réu, é ineficaz, embora aplicada no máximo.

Veja art. 49, CP.
Veja art. 10, LCP.
Veja art. 77, CDC.

Multa substitutiva

§ 2º A pena privativa de liberdade aplicada, não superior a 6 (seis) meses, pode ser substituída pela de multa, observados os critérios dos incisos II e III do art. 44 deste Código.

Veja arts. 44, § 2º, 49, 58, parágrafo único, 59, IV, 129, § 5º, 155, § 2º, 170, 171, § 1º, 175, § 2º, e 180, § 5º, CP.
Veja art. 387, II, CPP.
Veja Súmula n. 171, STJ.

Circunstâncias agravantes

Art. 61. São circunstâncias que sempre agravam a pena, quando não constituem ou qualificam o crime:

Veja arts. 76, II, e 387, I, CPP.
Veja art. 29, Lei n. 5.197, de 03.01.1967 (proteção à fauna).
Veja art. 15, Lei n. 9.605, de 12.02.1998 (crimes ambientais).
Veja Súmulas ns. 241 e 444, STJ.

I – a reincidência;

Veja arts. 63 e 64, CP.

II – ter o agente cometido o crime:

Veja art. 76, CDC.

a) por motivo fútil ou torpe;

b) para facilitar ou assegurar a execução, a ocultação, a impunidade ou vantagem de outro crime;

c) à traição, de emboscada, ou mediante dissimulação, ou outro recurso que dificultou ou tornou impossível a defesa do ofendido;

d) com emprego de veneno, fogo, explosivo, tortura ou outro meio insidioso ou cruel, ou de que podia resultar perigo comum;

e) contra ascendente, descendente, irmão ou cônjuge;

Veja arts. 92, II, e 148, § 1º, I, CP.

f) com abuso de autoridade ou prevalecendo-se de relações domésticas, de coabitação ou de hospitalidade, ou com violência contra a mulher na forma da lei específica;

Alínea com redação dada pela Lei n. 11.340, de 07.08.2006.

g) com abuso de poder ou violação de dever inerente a cargo, ofício, ministério ou profissão;

h) contra criança, maior de 60 (sessenta) anos, enfermo ou mulher grávida;

Alínea com redação dada pela Lei n. 10.741, de 01.10.2003.

Veja art. 2º, ECA.

i) quando o ofendido estava sob a imediata proteção da autoridade;

j) em ocasião de incêndio, naufrágio, inundação ou qualquer calamidade pública, ou de desgraça particular do ofendido;

Veja art. 76, I, CDC.

l) em estado de embriaguez preordenada;

Veja art. 28, II, CP.

Veja art. 62, LCP.

m) nas dependências de instituição de ensino.

Alínea acrescentada pela Lei n. 15.159, de 03.07.2025.

Agravantes no caso de concurso de pessoas

Art. 62. A pena será ainda agravada em relação ao agente que:

Veja art. 387, I, CPP.

Veja art. 15, Lei n. 9.605, de 12.02.1998 (crimes ambientais).

I – promove, ou organiza a cooperação no crime ou dirige a atividade dos demais agentes;

Veja art. 29, CP.

II – coage ou induz outrem à execução material do crime;

Veja art. 22, CP.

III – instiga ou determina a cometer o crime alguém sujeito à sua autoridade ou não punível em virtude de condição ou qualidade pessoal;

Veja art. 22, CP.

IV – executa o crime, ou nele participa, mediante paga ou promessa de recompensa.

Reincidência

Art. 63. Verifica-se a reincidência quando o agente comete novo crime, depois de transitar em julgado a sentença que, no País ou no estrangeiro, o tenha condenado por crime anterior.

Veja arts. 9º, 33, § 2º, *b* e *c*, 77, I, 83, 95, 110, *caput*, 117, VI, e 155, § 2º, CP.

Veja arts. 387, I, e 696, I, CPP.

Veja art. 7º, LCP.

Art. 64. Para efeito de reincidência:

Veja arts. 95 e 110, CP.

Veja art. 7º, LCP.

I – não prevalece a condenação anterior, se entre a data do cumprimento ou extinção da pena e a infração posterior tiver decorrido período de tempo superior a 5 (cinco) anos, computado o período de prova da suspensão ou do livramento condicional, se não ocorrer revogação;

Veja arts. 77, I, e 83, I, CP.

Veja art. 313, III, CPP.

II – não se consideram os crimes militares próprios e políticos.

Veja art. 9º, CPM.

Circunstâncias atenuantes

Art. 65. São circunstâncias que sempre atenuam a pena:

Veja arts. 387, I, e 483, IV e § 3º, I, CPP.

Veja art. 56, *caput*, Lei n. 6.001, de 19.12.1973 (Estatuto do Índio).

Veja art. 14, Lei n. 9.605, de 12.02.1998 (crimes ambientais).

Veja Súmula n. 231, STJ.

I – ser o agente menor de 21 (vinte e um) anos, na data do fato, ou maior de 70 (setenta) anos, na data da sentença, salvo se o crime envolver violência sexual contra a mulher;

Inciso com redação dada pela Lei n. 15.160, de 03.07.2025.

Veja arts. 77, § 2º, e 115, CP.

Veja art. 5º, CC.

Veja Súmula n. 74, STJ.

II – o desconhecimento da lei;

Veja art. 21, CP.

Veja art. 8º, LCP.

III – ter o agente:

a) cometido o crime por motivo de relevante valor social ou moral;

b) procurado, por sua espontânea vontade e com eficiência, logo após o crime, evitar-lhe ou minorar-lhe as consequências, ou ter, antes do julgamento, reparado o dano;

Veja arts. 16 e 78, § 2º, CP.

Veja art. 9º, XV, Decreto n. 12.338, de 23.12.2024.

c) cometido o crime sob coação a que podia resistir, ou em cumprimento de ordem de autoridade superior, ou sob a influência de violenta emoção, provocada por ato injusto da vítima;

Veja arts. 22, 28, I, e 140, § 1º, I, CP.

d) confessado espontaneamente, perante a autoridade, a autoria do crime;

Veja arts. 197 a 200, CPP.

Veja Súmula n. 545, STJ.

e) cometido o crime sob a influência de multidão em tumulto, se não o provocou.

Veja arts. 137 e 141, III, CP.

Art. 66. A pena poderá ser ainda atenuada em razão de circunstância relevante, anterior ou posterior ao crime, embora não prevista expressamente em lei.

Veja art. 387, I, CPP.

Veja art. 14, Lei n. 9.605, de 12.02.1998 (crimes ambientais).

Concurso de circunstâncias agravantes e atenuantes

Art. 67. No concurso de agravantes e atenuantes, a pena deve aproximar-se do limite indicado pelas circunstâncias preponderantes, entendendo-se como tais as que resultam dos motivos determinantes do crime, da personalidade do agente e da reincidência.

Veja art. 59, CP.

Veja art. 387, I, CPP.

Veja Súmula n. 241, STJ.

Cálculo da pena

Art. 68. A pena-base será fixada atendendo-se ao critério do art. 59 deste Código; em seguida serão consideradas as circunstâncias atenuantes e agravantes; por último, as causas de diminuição e de aumento.

Veja art. 59, II, CP.

Veja Súmulas ns. 231, 241 e 443, STJ.

Parágrafo único. No concurso de causas de aumento ou de diminuição previstas na parte especial, pode o juiz limitar-se a um só aumento ou a uma só diminuição, prevalecendo, todavia, a causa que mais aumente ou diminua.

Veja Súmulas ns. 231 e 241, STJ.

Concurso material

Art. 69. Quando o agente, mediante mais de uma ação ou omissão, pratica dois ou mais crimes, idênticos ou não, aplicam-se cumulativamente as penas privativas de liberdade em que haja incorrido. No caso de aplicação cumulativa de penas de reclusão e de detenção, executa-se primeiro aquela.

Veja arts. 13, 70, parágrafo único, 76 e 119, CP.

Veja art. 111, LEP.

Veja Súmula n. 243, STJ.

§ 1º Na hipótese deste artigo, quando ao agente tiver sido aplicada pena privativa de liberdade, não suspensa, por um dos crimes, para os demais será incabível a substituição de que trata o art. 44 deste Código.

§ 2º Quando forem aplicadas penas restritivas de direitos, o condenado cumprirá simultaneamente as que forem compatíveis entre si e sucessivamente as demais.

Veja art. 44, I, CP.

Concurso formal

Art. 70. Quando o agente, mediante uma só ação ou omissão, pratica dois ou mais crimes, idênticos ou não, aplica-se-lhe a mais grave das penas cabíveis ou, se iguais, somente uma delas, mas aumentada, em qualquer caso, de um sexto até metade. As penas aplicam-se, entretanto, cumulativamente, se a ação ou omissão é dolosa e os crimes concorrentes resultam de desígnios autônomos, consoante o disposto no artigo anterior.

Veja arts. 13, 20, § 4º, 71, parágrafo único, 73, 74, 76 e 119, CP.

Veja art. 77, II, CPP.

Veja art. 111, LEP.

Veja Súmulas ns. 17 e 243, STJ.

Parágrafo único. Não poderá a pena exceder a que seria cabível pela regra do art. 69 deste Código.

Crime continuado

Art. 71. Quando o agente, mediante mais de uma ação ou omissão, pratica dois ou mais crimes da mesma espécie e, pelas condições de tempo, lugar, maneira de execução e outras semelhantes, devem os subsequentes ser havidos como continuação do primeiro, aplica-se-lhe a pena de um só dos crimes, se idênticas, ou a mais grave, se diversas, aumentada, em qualquer caso, de um sexto a dois terços.

Veja arts. 13, 76 e 119, CP.

Veja art. 71, CPP.

Veja Súmula n. 497, 711 e 723, STF.

Veja Súmula n. 659, STJ.

Parágrafo único. Nos crimes dolosos, contra vítimas diferentes, cometidos com violência ou grave ameaça à pessoa, poderá o juiz, considerando a culpabilidade, os antecedentes, a conduta social e a personalidade do agente, bem como os motivos e as circunstâncias, aumentar a pena de um só dos crimes, se idênticas, ou a mais grave, se diversas, até o triplo, observadas as regras do parágrafo único do art. 70 e do art. 75 deste Código.

Multas no concurso de crimes

Art. 72. No concurso de crimes, as penas de multa são aplicadas distinta e integralmente.

Veja arts. 49 a 52 e 60, CP.

Erro na execução

Art. 73. Quando, por acidente ou erro no uso dos meios de execução, o agente, ao invés de atingir a pessoa que pretendia ofender, atinge pessoa diversa, responde como se tivesse praticado o crime contra aquela, atendendo-se ao disposto no § 3º do art. 20 deste Código. No caso de ser também atingida a pessoa que o agente pretendia ofender, aplica-se a regra do art. 70 deste Código.

Veja art. 20, § 3º, CP.

Resultado diverso do pretendido

Art. 74. Fora dos casos do artigo anterior, quando, por acidente ou erro na execução do crime, sobrevém resultado diverso do pretendido, o agente responde por culpa, se o fato é previsto como crime culposo; se ocorre também o resultado pretendido, aplica-se a regra do art. 70 deste Código.

Veja art. 20, § 3º, CP.

Limite das penas

Art. 75. O tempo de cumprimento das penas privativas de liberdade não pode ser superior a 40 (quarenta) anos.

Caput com redação dada pela Lei n. 13.964, de 24.12.2019.

Veja art. 5º, XLVII, *b*, e LXXV, CF.

Veja arts. 53, 71, parágrafo único, e 84, CP.

Veja art. 10, LCP.

Veja Súmula n. 527, STJ.

§ 1º Quando o agente for condenado a penas privativas de liberdade cuja soma seja superior a 40 (quarenta) anos, devem elas ser unificadas para atender ao limite máximo deste artigo.

Parágrafo com redação dada pela Lei n. 13.964, de 24.12.2019.

Veja art. 111, LEP.

Veja Súmula n. 715, STF.

§ 2º Sobrevindo condenação por fato posterior ao início do cumprimento da pena, far-se-á nova unificação, desprezando-se, para esse fim, o período de pena já cumprido.

Veja art. 111, parágrafo único, LEP.

Concurso de infrações

Art. 76. No concurso de infrações, executar-se-á primeiramente a pena mais grave.

Veja arts. 69 a 71, CP.

CAPÍTULO IV
DA SUSPENSÃO CONDICIONAL DA PENA

Veja art. 52, CP.

Veja arts. 696 a 709, CPP.

Veja art. 11, LCP.

Veja arts. 156 a 163, LEP.

Requisitos da suspensão da pena

Art. 77. A execução da pena privativa de liberdade, não superior a 2 (dois) anos, poderá ser suspensa, por 2 (dois) a 4 (quatro) anos, desde que:

Veja art. 11, LCP.

Veja arts. 1º e 2º, DL n. 4.865, de 23.10.1942 (estrangeiros).

Veja art. 5º, Lei n. 1.521, de 26.12.1951 (crimes contra a economia popular).

Veja art. 16, Lei n. 9.605, de 12.02.1998 (crimes ambientais).

I – o condenado não seja reincidente em crime doloso;

Veja arts. 18, I, 63 e 64, II, CP.

Veja art. 7º, LCP.

II – a culpabilidade, os antecedentes, a conduta social e personalidade do agente, bem como os motivos e as circunstâncias autorizem a concessão do benefício;

Veja art. 59, IV, CP.

III – não seja indicada ou cabível a substituição prevista no art. 44 deste Código.

§ 1º A condenação anterior a pena de multa não impede a concessão do benefício.

Veja art. 49, CP.

§ 2º A execução da pena privativa de liberdade, não superior a 4 (quatro) anos, poderá ser suspensa, por 4 (quatro) a 6 (seis) anos, desde que o condenado seja maior de 70 (setenta) anos de idade, ou razões de saúde justifiquem a suspensão.

Parágrafo com redação dada pela Lei n. 9.714, de 25.11.1998.

Veja arts. 33, § 2º, *c*, e 65, I, CP.

Art. 78. Durante o prazo da suspensão, o condenado ficará sujeito à observação e ao cumprimento das condições estabelecidas pelo juiz.

Veja arts. 158, 159 e 162, LEP.

§ 1º No primeiro ano do prazo, deverá o condenado prestar serviços à comunidade (art. 46) ou submeter-se à limitação de fim de semana (art. 48).

Veja arts. 43, IV e VI, e 81, III, CP.

Veja art. 158, § 1º, LEP.

Veja art. 23, Lei n. 9.605, de 12.02.1998 (crimes ambientais).

§ 2º Se o condenado houver reparado o dano, salvo impossibilidade de fazê-lo, e se as circunstâncias do art. 59 deste Código lhe forem inteiramente favoráveis, o juiz poderá substituir a exigência do parágrafo anterior pelas seguintes condições, aplicadas cumulativamente:

Parágrafo com redação dada pela Lei n. 9.268, de 01.04.1996.

Veja arts. 9º, 16, 59, IV, 65, III, *b*, e 91, I, CP.

Veja arts. 158 e 159, LEP.

Veja art. 17, Lei n. 9.605, de 12.02.1998 (crimes ambientais).

a) proibição de frequentar determinados lugares;

b) proibição de ausentar-se da comarca onde reside, sem autorização do juiz;

c) comparecimento pessoal e obrigatório a juízo, mensalmente, para informar e justificar suas atividades.

Art. 79. A sentença poderá especificar outras condições a que fica subordinada a suspensão, desde que adequadas ao fato e à situação pessoal do condenado.

Veja arts. 158 e 159, LEP.

Veja Súmula n. 249, TFR.

Art. 80. A suspensão não se estende às penas restritivas de direitos nem à multa.

Veja arts. 43 e 49, CP.

Revogação obrigatória

Art. 81. A suspensão será revogada se, no curso do prazo, o beneficiário:

Veja arts. 94 e 112, CP.

Veja art. 162, LEP.

I – é condenado, em sentença irrecorrível, por crime doloso;

Veja art. 18, I, CP.

II – frustra, embora solvente, a execução de pena de multa ou não efetua, sem motivo justificado, a reparação do dano;

Veja art. 49, CP.

III – descumpre a condição do § 1º do art. 78 deste Código.

Veja art. 43, VI, CP.

Revogação facultativa

§ 1º A suspensão poderá ser revogada se o condenado descumpre qualquer outra condição imposta ou é irrecorrivelmente condenado, por crime culposo ou por contravenção, a pena privativa de liberdade ou restritiva de direitos.

Veja art. 43, CP.

Prorrogação do período de prova

§ 2º Se o beneficiário está sendo processado por outro crime ou contravenção, considera-se prorrogado o prazo da suspensão até o julgamento definitivo.

Veja art. 162, LEP.

§ 3º Quando facultativa a revogação, o juiz pode, ao invés de decretá-la, prorrogar o período de prova até o máximo, se este não foi o fixado.

Veja arts. 162 e 163, LEP.

Cumprimento das condições

Art. 82. Expirado o prazo sem que tenha havido revogação, considera-se extinta a pena privativa de liberdade.

Veja arts. 89, 90 e 94, CP.

CAPÍTULO V
DO LIVRAMENTO CONDICIONAL

Veja arts. 710 a 733, CPP.

Veja art. 11, LCP.

Veja arts. 131 a 146, LEP.

Veja art. 5º, Lei n. 1.521, de 26.12.1951 (crimes contra a economia popular).

Requisitos do livramento condicional

Art. 83. O juiz poderá conceder livramento condicional ao condenado a pena privativa de liberdade igual ou superior a 2 (dois) anos, desde que:

Veja arts. 68, II, *e*, 70, I, 128 e 170, § 1º, LEP.

Veja Súmula n. 715, STF.

Veja Súmula n . 441, STJ.

I – cumprida mais de um terço da pena se o condenado não for reincidente em crime doloso e tiver bons antecedentes;

Veja arts. 18, I, 63 e 64, II, CP.

II – cumprida mais da metade se o condenado for reincidente em crime doloso;

Veja Súmula n. 441, STJ.

III – comprovado:

Inciso com redação dada e alíneas acrescentadas pela Lei n. 13.964, de 24.12.2019.

Veja art. 33, § 2º, CP.

Veja art. 112, LEP.

a) bom comportamento durante a execução da pena;

b) não cometimento de falta grave nos últimos 12 (doze) meses;

c) bom desempenho no trabalho que lhe foi atribuído; e

d) aptidão para prover a própria subsistência mediante trabalho honesto;

IV – tenha reparado, salvo efetiva impossibilidade de fazê-lo, o dano causado pela infração;

Veja art. 91, I, CP.

V – cumpridos mais de dois terços da pena, nos casos de condenação por crime hediondo, prática de tortura, tráfico ilícito de entorpecentes e drogas afins, tráfico de pessoas e terrorismo, se o apenado não for reincidente específico em crimes dessa natureza.

Inciso com redação dada pela Lei n. 13.344, de 06.10.2016.

Veja art. 5º, XLIII, CF.

Veja Lei n. 8.072, de 25.07.1990 (crimes hediondos).

Parágrafo único. Para o condenado por crime doloso, cometido com violência ou grave ameaça à pessoa, a concessão do livramento ficará também subordinada à constatação de condições pessoais que façam presumir que o liberado não voltará a delinquir.

Veja arts. 70, I, e 131, LEP.

Soma de penas

Art. 84. As penas que correspondem a infrações diversas devem somar-se para efeito do livramento.

Veja arts. 75 e 86, II, CP.

Veja arts. 111 a 118, II, LEP.

Especificações das condições

Art. 85. A sentença especificará as condições a que fica subordinado o livramento.

Veja art. 132, LEP.

Revogação do livramento

Art. 86. Revoga-se o livramento, se o liberado vem a ser condenado a pena privativa de liberdade, em sentença irrecorrível:

Veja arts. 94 e 112, CP.

Veja arts. 140 a 145, LEP.

I – por crime cometido durante a vigência do benefício;

II – por crime anterior, observado o disposto no art. 84 deste Código.

Revogação facultativa

Art. 87. O juiz poderá, também, revogar o livramento, se o liberado deixar de cumprir qualquer das obrigações constantes da sentença, ou for irrecorrivelmente condenado, por crime ou contravenção, a pena que não seja privativa de liberdade.

Veja arts. 94 e 112, CP.

Veja arts. 132 e 140, parágrafo único, LEP.

Efeitos da revogação

Art. 88. Revogado o livramento, não poderá ser novamente concedido, e, salvo quando a revogação resulta de condenação por outro crime anterior àquele benefício, não se desconta na pena o tempo em que esteve solto o condenado.

Veja art. 94, CP.

Extinção

Art. 89. O juiz não poderá declarar extinta a pena, enquanto não passar em julgado a sentença em processo a que responde o liberado, por crime cometido na vigência do livramento.

Veja arts. 82 e 94, CP.

Veja arts. 145 e 146, LEP.

Art. 90. Se até o seu término o livramento não é revogado, considera-se extinta a pena privativa de liberdade.

Veja art. 82, CP.

Veja art. 146, LEP.

CAPÍTULO VI
DOS EFEITOS DA CONDENAÇÃO

Efeitos genéricos e específicos

Art. 91. São efeitos da condenação:

Veja art. 2º, CP.

I – tornar certa a obrigação de indenizar o dano causado pelo crime;

Veja art. 5º, XLV e XLVI, *b*, CF.

Veja arts. 45, § 1º, 78, § 2º, e 83, IV, CP.

Veja arts. 63 a 68, 119, 140, 336 e 387, CPP.

Veja arts. 186, 927, 932 e 935, CC.

Veja Súmulas ns. 246 e 560, STF.

Veja Súmulas ns. 92 e 249, TFR.

II – a perda em favor da União, ressalvado o direito do lesado ou de terceiro de boa-fé:

Veja art. 5º, XLV e XLVI, *b*, CF.

Veja arts. 118 a 124, CPP.

Veja arts. 18, 24 e 25, LCP.

Veja art. 8º, DL n. 3.240, de 08.05.1941 (sequestro de bens).

a) dos instrumentos do crime, desde que consistam em coisas cujo fabrico, alienação, uso, porte ou detenção constitua fato ilícito;

Veja art. 6º, II, CPP.

b) do produto do crime ou de qualquer bem ou valor que constitua proveito auferido pelo agente com a prática do fato criminoso.

Veja ADPF n. 569.
Veja art. 6º, II, CPP.
Veja art. 50, LCP.

§ 1º Poderá ser decretada a perda de bens ou valores equivalentes ao produto ou proveito do crime quando estes não forem encontrados ou quando se localizarem no exterior.

Parágrafo acrescentado pela Lei n. 12.694, de 24.07.2012.

§ 2º Na hipótese do § 1º, as medidas assecuratórias previstas na legislação processual poderão abranger bens ou valores equivalentes do investigado ou acusado para posterior decretação de perda.

Parágrafo acrescentado pela Lei n. 12.694, de 24.07.2012.

Art. 91-A. Na hipótese de condenação por infrações às quais a lei comine pena máxima superior a 6 (seis) anos de reclusão, poderá ser decretada a perda, como produto ou proveito do crime, dos bens correspondentes à diferença entre o valor do patrimônio do condenado e aquele que seja compatível com o seu rendimento lícito.

Artigo acrescentado pela Lei n. 13.964, de 24.12.2019.

§ 1º Para efeito da perda prevista no *caput* deste artigo, entende-se por patrimônio do condenado todos os bens:

I – de sua titularidade, ou em relação aos quais ele tenha o domínio e o benefício direto ou indireto, na data da infração penal ou recebidos posteriormente; e

II – transferidos a terceiros a título gratuito ou mediante contraprestação irrisória, a partir do início da atividade criminal.

§ 2º O condenado poderá demonstrar a inexistência da incompatibilidade ou a procedência lícita do patrimônio.

§ 3º A perda prevista neste artigo deverá ser requerida expressamente pelo Ministério Público, por ocasião do oferecimento da denúncia, com indicação da diferença apurada.

§ 4º Na sentença condenatória, o juiz deve declarar o valor da diferença apurada e especificar os bens cuja perda for decretada.

§ 5º Os instrumentos utilizados para a prática de crimes por organizações criminosas e milícias deverão ser declarados perdidos em favor da União ou do Estado, dependendo da Justiça onde tramita a ação penal, ainda que não ponham em perigo a segurança das pessoas, a moral ou a ordem pública, nem ofereçam sério risco de ser utilizados para o cometimento de novos crimes.

Art. 92. São também efeitos da condenação:

Veja arts. 15, III e V, e 37, § 4º, CF.
Veja arts. 2º, 93, parágrafo único, e 116, I, CP.
Veja Súmula n. 694, STF.

I – a perda de cargo, função pública ou mandato eletivo:

Inciso com redação dada pela Lei n. 9.268, de 01.04.1996.

Veja arts. 47, I, e 93, parágrafo único, CP.

Veja art. 4º, Lei n. 7.716, de 05.01.1989 (crimes de preconceito).

Veja Súmula n. 694, STF.

a) quando aplicada pena privativa de liberdade por tempo igual ou superior a 1 (um) ano, nos crimes praticados com abuso de poder ou violação de dever para com a Administração Pública;

Alínea com redação dada pela Lei n. 9.268, de 01.04.1996.

b) quando for aplicada pena privativa de liberdade por tempo superior a 4 (quatro) anos nos demais casos;

Alínea com redação dada pela Lei n. 9.268, de 01.04.1996.

Veja arts. 47, I, e 93, parágrafo único, CP.

II – a incapacidade para o exercício do poder familiar, da tutela ou da curatela nos crimes dolosos sujeitos à pena de reclusão cometidos contra outrem igualmente titular do mesmo poder familiar, contra filho, filha ou outro descendente, tutelado ou curatelado, bem como nos crimes cometidos contra a mulher por razões da condição do sexo feminino, nos termos do § 1º do art. 121-A deste Código;

Inciso com redação dada pela Lei n. 14.994, de 09.10.2024.

Veja arts. 61, II, e 93, parágrafo único, CP.

Veja art. 1.637, CC.

III – a inabilitação para dirigir veículo, quando utilizado como meio para a prática de crime doloso.

Veja arts. 47, III, e 93, parágrafo único, CP.

Veja art. 256, CTB.

§ 1º Os efeitos de que trata este artigo não são automáticos, devendo ser motivadamente declarados na sentença pelo juiz, mas independem de pedido expresso da acusação, observado o disposto no inciso III do § 2º deste artigo.

Antigo parágrafo único renumerado e com redação dada pela Lei n. 14.994, de 09.10.2024.

Veja art. 202, LEP.

Veja art. 15, § 4º, Lei n. 14.133, de 01.04.2021.

§ 2º Ao condenado por crime praticado contra a mulher por razões da condição do sexo feminino, nos termos do § 1º do art. 121-A deste Código serão:

Parágrafo acrescentado pela Lei n. 14.994, de 09.10.2024.

I – aplicados os efeitos previstos nos incisos I e II do *caput* deste artigo;

Inciso acrescentado pela Lei n. 14.994, de 09.10.2024.

II – vedadas a sua nomeação, designação ou diplomação em qualquer cargo, função pública ou mandato eletivo entre o trânsito em julgado da condenação até o efetivo cumprimento da pena;

Inciso acrescentado pela Lei n. 14.994, de 09.10.2024.

III – automáticos os efeitos dos incisos I e II do *caput* e do inciso II do § 2º deste artigo.

Inciso acrescentado pela Lei n. 14.994, de 09.10.2024.

CAPÍTULO VII
DA REABILITAÇÃO

Veja arts. 743 a 750, CPP.

Reabilitação

Art. 93. A reabilitação alcança quaisquer penas aplicadas em sentença definitiva, assegurando ao condenado o sigilo dos registros sobre o seu processo e condenação.

Veja art. 5º, X, CF.
Veja art. 116, I, CP.
Veja art. 202, LEP.
Veja art. 28, V, Lei n. 14.967, de 09.09.2024.

Parágrafo único. A reabilitação poderá, também, atingir os efeitos da condenação, previstos no art. 92 deste Código, vedada reintegração na situação anterior, nos casos dos incisos I e II do mesmo artigo.

Art. 94. A reabilitação poderá ser requerida, decorridos 2 (dois) anos do dia em que for extinta, de qualquer modo, a pena ou terminar sua execução, computando-se o período de prova da suspensão e o do livramento condicional, se não sobrevier revogação, desde que o condenado:

Veja arts. 81, 82, 86 a 90 e 116, I, CP.
Veja arts. 109, 146, 163, § 1º, 192 e 193, LEP.
Veja art. 28, V, Lei n. 14.967, de 09.09.2024.

I – tenha tido domicílio no País no prazo acima referido;

II – tenha dado, durante esse tempo, demonstração efetiva e constante de bom comportamento público e privado;

III – tenha ressarcido o dano causado pelo crime ou demonstre a absoluta impossibilidade de o fazer, até o dia do pedido, ou exiba documento que comprove a renúncia da vítima ou novação da dívida.

Veja arts. 360 a 367, CC.

Parágrafo único. Negada a reabilitação, poderá ser requerida, a qualquer tempo, desde que o pedido seja instruído com novos elementos comprobatórios dos requisitos necessários.

Art. 95. A reabilitação será revogada, de ofício ou a requerimento do Ministério Público, se o reabilitado for condenado, como reincidente, por decisão definitiva, a pena que não seja de multa.

Veja arts. 49, 63 e 64, CP.

TÍTULO VI
DAS MEDIDAS DE SEGURANÇA

Espécies de medidas de segurança

Art. 96. As medidas de segurança são:

Veja arts. 9º, II, 26 e 42, CP.
Veja arts. 492, II, *c*, 549 a 555, 581, XIX a XXIII, 596, parágrafo único, 627, 685, parágrafo único, e 715, CPP.
Veja art. 13, LCP.
Veja arts. 4º, 64, I, 66, V, *d* e *e*, 171 a 179, 183 e 184, LEP.
Veja Súmula n. 525, STF.

I – internação em hospital de custódia e tratamento psiquiátrico ou, à falta, em outro estabelecimento adequado;

Veja arts. 99 a 101 e 108, LEP.

II – sujeição a tratamento ambulatorial.

Parágrafo único. Extinta a punibilidade, não se impõe medida de segurança nem subsiste a que tenha sido imposta.

Veja arts. 107 a 119, CP.

Imposição da medida de segurança para inimputável

Art. 97. Se o agente for inimputável, o juiz determinará sua internação (art. 26). Se, todavia, o fato previsto como crime for punível com detenção, poderá o juiz submetê-lo a tratamento ambulatorial.

Veja arts. 2º e 26, CP.
Veja arts. 151 e 386, VI, CPP.
Veja arts. 14 e 16, LCP.
Veja arts. 101, 175 e 178, LEP.

Prazo

§ 1º A internação, ou tratamento ambulatorial, será por tempo indeterminado, perdurando enquanto não for averiguada, mediante perícia médica, a cessação de periculosidade. O prazo mínimo deverá ser de 1 (um) a 3 (três) anos.

Veja arts. 175 a 179, LEP.
Veja Súmula n. 527, STJ.

Perícia médica

§ 2º A perícia médica realizar-se-á ao termo do prazo mínimo fixado e deverá ser repetida de ano em ano, ou a qualquer tempo, se o determinar o juiz da execução.

Desinternação ou liberação condicional

§ 3º A desinternação, ou a liberação, será sempre condicional devendo ser restabelecida a situação anterior se o agente, antes do decurso de 1 (um) ano, pratica fato indicativo de persistência de sua periculosidade.

Veja art. 178, LEP.

§ 4º Em qualquer fase do tratamento ambulatorial, poderá o juiz determinar a internação do agente, se essa providência for necessária para fins curativos.

Veja art. 175, V, LEP.

Substituição da pena por medida de segurança para o semi-imputável

Art. 98. Na hipótese do parágrafo único do art. 26 deste Código e necessitando o condenado de especial tratamento curativo, a pena privativa de liberdade pode ser substituída pela internação, ou tratamento ambulatorial, pelo prazo mínimo de 1 (um) a 3 (três) anos, nos termos do artigo anterior e respectivos §§ 1º a 4º.

Veja art. 59, IV, CP.
Veja art. 387, CPP.
Veja art. 16, parágrafo único, LCP.

Direitos do internado

Art. 99. O internado será recolhido a estabelecimento dotado de características hospitalares e será submetido a tratamento.

Veja arts. 3º, 41, 42 e 99 a 101, LEP.

TÍTULO VII
DA AÇÃO PENAL

Veja arts. 19 e 24 a 62, CPP.
Veja art. 17, LCP.

Ação pública e de iniciativa privada

Art. 100. A ação penal é pública, salvo quando a lei expressamente a declara privativa do ofendido.

Veja art. 227, ECA.
Veja Súmula n. 714, STF.

§ 1º A ação pública é promovida pelo Ministério Público, dependendo, quando a lei o exige, de representação do ofendido ou de requisição do Ministro da Justiça.

Veja art. 129, I, CF.
Veja arts. 5º, § 4º, 24, 25, 38 e 39, CPP.
Veja art. 1º, Lei n. 5.249, de 09.02.1967.
Veja art. 88, Lei n. 9.099, de 26.09.1995 (juizados especiais).
Veja Súmula n. 234, STJ.

§ 2º A ação de iniciativa privada é promovida mediante queixa do ofendido ou de quem tenha qualidade para representá-lo.

Veja arts. 5º, § 5º, 30 a 38 e 73, CPP.

§ 3º A ação de iniciativa privada pode intentar-se nos crimes de ação pública, se o Ministério Público não oferece denúncia no prazo legal.

Veja art. 5º, LIX, CF.
Veja art. 103, CP.
Veja arts. 29, 100 e 257, CPP.

§ 4º No caso de morte do ofendido ou de ter sido declarado ausente por decisão judicial, o direito de oferecer queixa ou de prosseguir na ação passa ao cônjuge, ascendente, descendente ou irmão.

Veja art. 129, I, CF.
Veja arts. 24, § 1º, e 31, CPP.

A ação penal no crime complexo

Art. 101. Quando a lei considera como elemento ou circunstâncias do tipo legal fatos que, por si mesmos, constituem crimes, cabe ação pública em relação àquele, desde que, em relação a qualquer destes, se deva proceder por iniciativa do Ministério Público.

Veja art. 108, CP.

Veja Súmula n. 608, STF.

Irretratabilidade da representação

Art. 102. A representação será irretratável depois de oferecida a denúncia.

Veja art. 25, CPP.

Decadência do direito de queixa ou de representação

Art. 103. Salvo disposição expressa em contrário, o ofendido decai do direito de queixa ou de representação se não o exerce dentro do prazo de 6 (seis) meses, contado do dia em que veio a saber quem é o autor do crime, ou, no caso do § 3º do art. 100 deste Código, do dia em que se esgota o prazo para oferecimento da denúncia.

Veja art. 107, IV, CP.

Veja art. 38, CPP.

Veja Súmula n. 594, STF.

Renúncia expressa ou tácita do direito de queixa

Art. 104. O direito de queixa não pode ser exercido quando renunciado expressa ou tacitamente.

Veja arts. 48 a 50 e 57, CP.

Veja art. 74, Lei n. 9.099, de 26.09.1995 (juizados especiais).

Parágrafo único. Importa renúncia tácita ao direito de queixa a prática de ato incompatível com a vontade de exercê-lo; não a implica, todavia, o fato de receber o ofendido a indenização do dano causado pelo crime.

Veja art. 57, CPP.

Perdão do ofendido

Art. 105. O perdão do ofendido, nos crimes em que somente se procede mediante queixa, obsta ao prosseguimento da ação.

Veja arts. 51 a 56, CPP.

Art. 106. O perdão, no processo ou fora dele, expresso ou tácito:

Veja art. 29, CP.

Veja art. 51, CPP.

I – se concedido a qualquer dos querelados, a todos aproveita;

II – se concedido por um dos ofendidos, não prejudica o direito dos outros;

III – se o querelado o recusa, não produz efeito.

§ 1º Perdão tácito é o que resulta da prática de ato incompatível com a vontade de prosseguir na ação.

Veja art. 57, CPP.

§ 2º Não é admissível o perdão depois que passa em julgado a sentença condenatória.

TÍTULO VIII
DA EXTINÇÃO DA PUNIBILIDADE

Veja art. 96, parágrafo único, CP.

Veja arts. 58, 61, 62, 67, II, 131, III, 141, 581, VIII e IX, e 648, CPP.

Veja art. 59, parágrafo único, LCP.

Veja arts. 146, 187, 192 e 193, LEP.

Veja art. 89, § 5º, Lei n. 9.099, de 26.09.1995 (juizados especiais).

Veja art. 34, Lei n. 9.249, de 26.12.1995.

Veja art. 30, Lei n. 11.343, de 23.08.2006.

Extinção da punibilidade

Art. 107. Extingue-se a punibilidade:

I – pela morte do agente;

Veja art. 62, CPP.

II – pela anistia, graça ou indulto;

Veja arts. 21, XVII, 48, VIII, e 84, XII, CF.

Veja art. 8º, ADCT.

Veja arts. 70, I, 128 e 187 a 193, LEP.

Veja art. 2º, I, Lei n. 8.072, de 25.07.1990 (crimes hediondos).

III – pela retroatividade de lei que não mais considera o fato como criminoso;

Veja art. 2º, parágrafo único, CP.

IV – pela prescrição, decadência ou perempção;

Veja art. 5º, XLII e XLIV, CF.

Veja art. 103, CP.

Veja arts. 38, 60, 414, parágrafo único, e 497, IX, CPP.

V – pela renúncia do direito de queixa ou pelo perdão aceito, nos crimes de ação privada;

Veja arts. 49 a 60, CPP.

VI – pela retratação do agente, nos casos em que a lei a admite;

Veja art. 143, CP.

VII e VIII – (*Revogados pela Lei n. 11.106, de 28.03.2005.*)

IX – pelo perdão judicial, nos casos previstos em lei.

Veja arts. 120, 121, § 5º, 129, § 8º, e 140, § 1º, CP.

Veja art. 58, parágrafo único, CPP.

Veja arts. 8º e 39, LCP.

Veja Súmula n. 18, STJ.

Art. 108. A extinção da punibilidade de crime que é pressuposto, elemento constitutivo ou circunstância agravante de outro não se estende a este. Nos crimes conexos, a extinção da punibilidade de um deles não impede, quanto aos outros, a agravação da pena resultante da conexão.

Veja arts. 101 e 118, CP.

Veja arts. 61 e 76 a 82, CPP.

Prescrição antes de transitar em julgado a sentença

Art. 109. A prescrição, antes de transitar em julgado a sentença final, salvo o disposto no § 1º do art. 110 deste Código, regula-se pelo máximo da pena privativa de liberdade cominada ao crime, verificando-se:

Caput com redação dada pela Lei n. 12.234, de 05.05.2010.

Veja art. 5º, XLII e XLIV, CF.
Veja art. 44, CP.
Veja Súmulas ns. 191, 220, 338, 415, 438 e 527, STJ.

I – em 20 (vinte) anos, se o máximo da pena é superior a 12 (doze);

II – em 16 (dezesseis) anos, se o máximo da pena é superior a 8 (oito) anos e não excede a 12 (doze);

III – em 12 (doze) anos, se o máximo da pena é superior a 4 (quatro) anos e não excede a 8 (oito);

IV – em 8 (oito) anos, se o máximo da pena é superior a 2 (dois) anos e não excede a 4 (quatro);

V – em 4 (quatro) anos, se o máximo da pena é igual a 1 (um) ano ou, sendo superior, não excede a 2 (dois);

VI – em 3 (três) anos, se o máximo da pena é inferior a 1 (um) ano.

Inciso com redação dada pela Lei n. 12.234, de 05.05.2010.

Prescrição das penas restritivas de direito

Parágrafo único. Aplicam-se às penas restritivas de direito os mesmos prazos previstos para as privativas de liberdade.

Veja art. 43, CP.

Prescrição depois de transitar em julgado sentença final condenatória

Art. 110. A prescrição depois de transitar em julgado a sentença condenatória regula-se pela pena aplicada e verifica-se nos prazos fixados no artigo anterior, os quais se aumentam de um terço, se o condenado é reincidente.

Veja arts. 63, 64 e 112, CP.
Veja art. 336, parágrafo único, CPP.
Veja Súmulas ns. 146 e 604, STF.
Veja Súmulas ns. 220, 338, 438, 497 e 527, STJ.

§ 1º A prescrição, depois da sentença condenatória com trânsito em julgado para a acusação ou depois de improvido seu recurso, regula-se pela pena aplicada, não podendo, em nenhuma hipótese, ter por termo inicial data anterior à da denúncia ou queixa.

Parágrafo com redação dada pela Lei n. 12.234, de 05.05.2010.
Veja art. 109, CP.
Veja Súmula n. 146, STF.
Veja Súmula n. 186, TFR.

§ 2º (*Revogado pela Lei n. 12.234, de 05.05.2010.*)

Termo inicial da prescrição antes de transitar em julgado a sentença final

Art. 111. A prescrição, antes de transitar em julgado a sentença final, começa a correr:

Veja art. 4º, CP.

I – do dia em que o crime se consumou;

Veja art. 14, I, CP.
Veja Súmula vinculante n. 24, STF.

II – no caso de tentativa, do dia em que cessou a atividade criminosa;

Veja art. 14, II, CP.

III – nos crimes permanentes, do dia em que cessou a permanência;

Veja Súmula n. 711, STF.

IV – nos de bigamia e nos de falsificação ou alteração de assentamento do registro civil, da data em que o fato se tornou conhecido;

V – nos crimes contra a dignidade sexual ou que envolvam violência contra a criança e o adolescente, previstos neste Código ou em legislação especial, da data em que a vítima completar 18 (dezoito) anos, salvo se a esse tempo já houver sido proposta a ação penal.

Inciso com redação dada pela Lei n. 14.344, de 24.05.2022.

Termo inicial da prescrição após a sentença condenatória irrecorrível

Art. 112. No caso do art. 110 deste Código, a prescrição começa a correr:

Veja arts. 81, 86 e 87, CP.

I – do dia em que transita em julgado a sentença condenatória, para a acusação, ou a que revoga a suspensão condicional da pena ou o livramento condicional;

Veja arts. 140 a 143, 162 e 163, LEP.

II – do dia em que se interrompe a execução, salvo quando o tempo da interrupção deva computar-se na pena.

Veja arts. 41 e 42, CP.

Prescrição no caso de evasão do condenado ou de revogação do livramento condicional

Art. 113. No caso de evadir-se o condenado ou de revogar-se o livramento condicional, a prescrição é regulada pelo tempo que resta da pena.

Prescrição da multa

Art. 114. A prescrição da pena de multa ocorrerá:

Caput com redação dada pela Lei n. 9.268, de 01.04.1996.

Veja art. 49, CP.

I – em 2 (dois) anos, quando a multa for a única cominada ou aplicada;

Inciso acrescentado pela Lei n. 9.268, de 01.04.1996.

II – no mesmo prazo estabelecido para prescrição da pena privativa de liberdade, quando a multa for alternativa ou cumulativamente cominada ou cumulativamente aplicada.

Inciso acrescentado pela Lei n. 9.268, de 01.04.1996.

Veja art. 58, CP.

Redução dos prazos de prescrição

Art. 115. São reduzidos de metade os prazos de prescrição quando o criminoso era, ao tempo do crime, menor de 21 (vinte e um) anos ou, na data da sentença, maior de 70 (setenta) anos, salvo se o crime envolver violência sexual contra a mulher.

Artigo com redação dada pela Lei n. 15.160, de 03.07.2025.

Veja art. 5º, CC.

Veja Súmula n. 74, STJ.

Causas impeditivas da prescrição

Art. 116. Antes de passar em julgado a sentença final, a prescrição não corre:

Veja Súmula n. 415, STJ.

I – enquanto não resolvida, em outro processo, questão de que dependa o reconhecimento da existência do crime;

Veja arts. 92 a 94, CP.

II – enquanto o agente cumpre pena no exterior;

Inciso com redação dada pela Lei n. 13.964, de 24.12.2019.

Veja arts. 8º e 42, CP.

Veja Súmula n. 415, STJ.

III – na pendência de embargos de declaração ou de recursos aos Tribunais Superiores, quando inadmissíveis; e

Inciso acrescentado pela Lei n. 13.964, de 24.12.2019.

IV – enquanto não cumprido ou não rescindido o acordo de não persecução penal.

Inciso acrescentado pela Lei n. 13.964, de 24.12.2019.

Parágrafo único. Depois de passada em julgado a sentença condenatória, a prescrição não corre durante o tempo em que o condenado está preso por outro motivo.

Veja art. 152, CPP.

Veja art. 111, LEP.

Causas interruptivas da prescrição

Art. 117. O curso da prescrição interrompe-se:

Veja art. 202, parágrafo único, CC.

I – pelo recebimento da denúncia ou da queixa;

Veja art. 399, CPP.

II – pela pronúncia;

Veja art. 413, CPP.

Veja Súmula n. 191, STJ.

III – pela decisão confirmatória da pronúncia;

IV – pela publicação da sentença ou acórdão condenatórios recorríveis;

Inciso com redação dada pela Lei n. 11.596, de 29.11.2007.

Veja art. 393, CPP.

V – pelo início ou continuação do cumprimento da pena;

Inciso com redação dada pela Lei n. 9.268, de 01.04.1996.

VI – pela reincidência.

Inciso com redação dada pela Lei n. 9.268, de 01.04.1996.

Veja arts. 63 e 64, CP.

§ 1º Excetuados os casos dos incisos V e VI deste artigo, a interrupção da prescrição produz efeitos relativamente a todos os autores do crime. Nos crimes conexos, que sejam objeto do mesmo processo, estende-se aos demais a interrupção relativa a qualquer deles.

Veja art. 29, CP.

Veja arts. 76 a 82, CPP.

§ 2º Interrompida a prescrição, salvo a hipótese do inciso V deste artigo, todo o prazo começa a correr, novamente, do dia da interrupção.

Veja art. 202, parágrafo único, CC.

Art. 118. As penas mais leves prescrevem com as mais graves.

Veja art. 108, CP.

Art. 119. No caso de concurso de crimes, a extinção da punibilidade incidirá sobre a pena de cada um, isoladamente.

Veja arts. 69 a 71, CP.

Veja Súmula n. 497, STF.

Perdão judicial

Art. 120. A sentença que conceder perdão judicial não será considerada para efeitos de reincidência.

Veja arts. 107, IX, 121, § 5º, 129, § 8º, e 140, § 1º, CP.

Veja arts. 8º e 39, LCP.

Veja Súmula n. 18, STJ.

PARTE ESPECIAL

TÍTULO I
DOS CRIMES CONTRA A PESSOA

Veja arts. 18 a 23, LCP.

Veja art. 59, Lei n. 6.001, de 19.12.1973 (Estatuto do Índio).

CAPÍTULO I
DOS CRIMES CONTRA A VIDA

Veja art. 5º, XXXVIII, *d*, CF.

Veja arts. 74, § 1º, e 406 a 497, CPP.

Veja Súmula n. 605, STF.

Homicídio simples

Art. 121. Matar alguém:

Pena – reclusão, de 6 (seis) a 20 (vinte) anos.

Veja art. 1º, III, *a*, Lei n. 7.960, de 21.12.1989 (prisão temporária).

Veja art. 1º, I, Lei n. 8.072, de 25.07.1990 (crimes hediondos).

Caso de diminuição de pena

§ 1º Se o agente comete o crime impelido por motivo de relevante valor social ou moral, ou sob o domínio de violenta emoção, logo em seguida a injusta provocação da vítima, o juiz pode reduzir a pena de um sexto a um terço.

Veja art. 28, I, CP.

Veja art. 74, § 1º, CPP.

Homicídio qualificado

§ 2º Se o homicídio é cometido:

I – mediante paga ou promessa de recompensa, ou por outro motivo torpe;

Veja art. 1º, I, Lei n. 8.072, de 25.07.1990.

II – por motivo fútil;

Veja art. 1º, I, Lei n. 8.072, de 25.07.1990.

III – com emprego de veneno, fogo, explosivo, asfixia, tortura ou outro meio insidioso ou cruel, ou de que possa resultar perigo comum;

Veja art. 121-A, § 2º, V, CP.

Veja art. 1º, I, Lei n. 8.072, de 25.07.1990.

IV – à traição, de emboscada, ou mediante dissimulação ou outro recurso que dificulte ou torne impossível a defesa do ofendido;

Veja art. 121-A, § 2º, V, CP.

Veja art. 1º, I, Lei n. 8.072, de 25.07.1990.

V – para assegurar a execução, a ocultação, a impunidade ou vantagem de outro crime:

Veja art. 1º, Lei n. 2.889, de 01.10.1956 (genocídio).

Veja art. 1º, III, *a*, Lei n. 7.960, de 21.12.1989 (prisão temporária).

Veja art. 1º, I, Lei n. 8.072, de 25.07.1990 (crimes hediondos).

Feminicídio

Nomen juris acrescentado pela Lei n. 13.104, de 09.03.2015.

VI – (*Revogado pela Lei n. 14.994, de 09.10.2024.*)

VII – contra:

Inciso com redação dada pela Lei n. 15.134, de 06.05.2025.

Veja art. 1º, I, Lei n. 8.072, de 25.07.1990.

a) autoridade ou agente descrito nos arts. 142 e 144 da Constituição Federal, integrantes do sistema prisional e da Força Nacional de Segurança Pública, no exercício da função ou em decorrência dela, ou contra seu cônjuge, companheiro ou parente consanguíneo até o terceiro grau, em razão dessa condição;

Alínea acrescentada pela Lei n. 15.134, de 06.05.2025.

b) membro do Poder Judiciário, do Ministério Público, da Defensoria Pública ou da Advocacia Pública, de que tratam os arts. 131 e 132 da Constituição Federal, ou oficial de justiça, no exercício da função ou em decorrência dela, ou contra seu cônjuge, companheiro ou parente, inclusive por afinidade, até o terceiro grau, em razão dessa condição;

Alínea acrescentada pela Lei n. 15.134, de 06.05.2025.

VIII – com emprego de arma de fogo de uso restrito ou proibido;

Inciso acrescentado pela Lei n. 13.964, de 24.12.2019.

Veja art. 121-A, § 2º, V, CP.

Veja art. 1º, I, Lei n. 8.072, de 25.07.1990.

Homicídio contra menor de 14 (quatorze) anos

IX – contra menor de 14 (quatorze) anos:

Rubrica e inciso acrescentados pela Lei n. 14.344, de 24.05.2022.

Veja art. 1º, I, Lei n. 8.072, de 25.07.1990.

X – nas dependências de instituição de ensino:

Inciso acrescentado pela Lei n. 15.159, de 03.07.2025.

Pena – reclusão, de doze a trinta anos;

§ 2º-A. (*Revogado pela Lei n. 14.994, de 09.10.2024.*)

§ 2º-B. A pena do homicídio contra menor de 14 (quatorze) anos é aumentada de:

Parágrafo acrescentado pela Lei n. 14.344, de 24.05.2022.

I – 1/3 (um terço) até a metade se a vítima é pessoa com deficiência ou com doença que implique o aumento de sua vulnerabilidade;

Inciso acrescentado pela Lei n. 14.344, de 24.05.2022.

II – 2/3 (dois terços) se o autor é ascendente, padrasto ou madrasta, tio, irmão, cônjuge, companheiro, tutor, curador, preceptor ou empregador da vítima ou por qualquer outro título tiver autoridade sobre ela;

Inciso acrescentado pela Lei n. 14.344, de 24.05.2022.

III – 2/3 (dois terços) se o crime for praticado em instituição de educação básica pública ou privada.

Inciso acrescentado pela Lei n. 14.811, de 12.01.2024.

§ 2º-C. A pena do homicídio cometido nas dependências de instituição de ensino é aumentada de:

Parágrafo acrescentado pela Lei n. 15.159, de 03.07.2025.

I – 1/3 (um terço) até a metade se a vítima é pessoa com deficiência ou com doença que acarrete condição limitante ou de vulnerabilidade física ou mental;

Inciso acrescentado pela Lei n. 15.159, de 03.07.2025.

II – 2/3 (dois terços) se o autor é ascendente, padrasto ou madrasta, tio, irmão, cônjuge, companheiro, tutor, curador, preceptor ou empregador da vítima ou por qualquer outro título tem autoridade sobre ela ou, ainda, se é professor ou funcionário da instituição de ensino.

Inciso acrescentado pela Lei n. 15.159, de 03.07.2025.

Homicídio culposo

§ 3º Se o homicídio é culposo:

Pena – detenção, de 1 (um) a 3 (três) anos.

Veja art. 129, CF.

Veja arts. 18, II e parágrafo único, 57 e 264, parágrafo único, CP.

Veja art. 302, CTB.

Aumento de pena

§ 4º No homicídio culposo, a pena é aumentada de 1/3 (um terço), se o crime resulta de inobservância de regra técnica de profissão, arte ou ofício, ou se o agente deixa de prestar imediato socorro à vítima, não procura diminuir as consequências do seu ato, ou foge para evitar prisão em flagrante. Sendo doloso o homicídio, a pena é aumentada de 1/3 (um terço) se o crime é praticado contra pessoa menor de 14 (quatorze) ou maior de 60 (sessenta) anos.

Parágrafo com redação dada pela Lei n. 10.741, de 01.10.2003.

Veja arts. 57 e 129, § 7º, CP.

Veja arts. 301 a 310, CPP.

Veja art. 302, § 1º, CTB.

§ 5º Na hipótese de homicídio culposo, o juiz poderá deixar de aplicar a pena, se as consequências da infração atingirem o próprio agente de forma tão grave que a sanção penal se torne desnecessária.

Parágrafo acrescentado pela Lei n. 6.416, de 24.05.1977.

Veja arts. 107, IX, 120 e 129, § 8º, CP.

§ 6º A pena é aumentada de 1/3 (um terço) até a metade se o crime for praticado por milícia privada, sob o pretexto de prestação de serviço de segurança, ou por grupo de extermínio.

Parágrafo acrescentado pela Lei n. 12.720, de 27.09.2012.

Veja art. 129, § 7º, CP.

§ 7º (*Revogado pela Lei n. 14.994, de 09.10.2024.*)

Feminicídio

Art. 121-A. Matar mulher por razões da condição do sexo feminino:

Artigo acrescentado pela Lei n. 14.994, de 09.10.2024.

Veja art. 1º, XVII, Decreto n. 12.338, de 23.12.2024.

Pena – reclusão, de 20 (vinte) a 40 (quarenta) anos.

§ 1º Considera-se que há razões da condição do sexo feminino quando o crime envolve:

Veja arts. 92, II e § 2º, 129, § 13, 141, § 3º, e 147, § 1º, CP.

Veja arts. 41, § 2º, e 146-E, LEP.

Veja art. 1º, I-B, Lei n. 8.072, de 25.07.1990.

I – violência doméstica e familiar;

II – menosprezo ou discriminação à condição de mulher.

§ 2º A pena do feminicídio é aumentada de 1/3 (um terço) até a metade se o crime é praticado:

I – durante a gestação, nos 3 (três) meses posteriores ao parto ou se a vítima é a mãe ou a responsável por criança, adolescente ou pessoa com deficiência de qualquer idade;

II – contra pessoa menor de 14 (catorze) anos, maior de 60 (sessenta) anos, com deficiência ou portadora de doenças degenerativas que acarretem condição limitante ou de vulnerabilidade física ou mental;

III – na presença física ou virtual de descendente ou de ascendente da vítima;

IV – em descumprimento das medidas protetivas de urgência previstas nos incisos I, II e III do *caput* do art. 22 da Lei n. 11.340, de 7 de agosto de 2006 (Lei Maria da Penha);

V – nas circunstâncias previstas nos incisos III, IV e VIII do § 2º do art. 121 deste Código.

Coautoria

§ 3º Comunicam-se ao coautor ou partícipe as circunstâncias pessoais elementares do crime previstas no § 1º deste artigo.

Induzimento, instigação ou auxílio a suicídio ou a automutilação

Rubrica com redação dada pela Lei n. 13.968, de 26.12.2019.

Art. 122. Induzir ou instigar alguém a suicidar-se ou a praticar automutilação ou prestar-lhe auxílio material para que o faça:

Caput com redação dada pela Lei n. 13.968, de 26.12.2019.

Veja art. 1º, X, Lei n. 8.072, de 25.07.1990.

Pena – reclusão, de 6 (seis) meses a 2 (dois) anos.

Pena com redação dada pela Lei n. 13.968, de 26.12.2019.

§ 1º Se da automutilação ou da tentativa de suicídio resulta lesão corporal de natureza grave ou gravíssima, nos termos dos §§ 1º e 2º do art. 129 deste Código:

Pena – reclusão, de 1 (um) a 3 (três) anos.

Parágrafo acrescentado pela Lei n. 13.968, de 26.12.2019.

§ 2º Se o suicídio se consuma ou se da automutilação resulta morte:

Pena – reclusão, de 2 (dois) a 6 (seis) anos.

Parágrafo acrescentado pela Lei n. 13.968, de 26.12.2019.

§ 3º A pena é duplicada:

Antigo parágrafo único renumerado pela Lei n. 13.968, de 26.12.2019.

I – se o crime é praticado por motivo egoístico, torpe ou fútil;

Inciso acrescentado pela Lei n. 13.968, de 26.12.2019.

II – se a vítima é menor ou tem diminuída, por qualquer causa, a capacidade de resistência.

Inciso acrescentado pela Lei n. 13.968, de 26.12.2019.

§ 4º A pena é aumentada até o dobro se a conduta é realizada por meio da rede de computadores, de rede social ou transmitida em tempo real.

Parágrafo acrescentado pela Lei n. 13.968, de 26.12.2019.

Veja art. 1º, X, Lei n. 8.072, de 25.07.1990.

§ 5º Aplica-se a pena em dobro se o autor é líder, coordenador ou administrador de grupo, de comunidade ou de rede virtual, ou por estes é responsável.

Parágrafo com redação dada pela Lei n. 14.811, de 12.01.2024.

§ 6º Se o crime de que trata o § 1º deste artigo resulta em lesão corporal de natureza gravíssima e é cometido contra menor de 14 (quatorze) anos ou contra quem, por enfermidade ou deficiência mental, não tem o necessário discernimento para a prática do ato, ou que, por qualquer outra causa, não pode oferecer resistência, responde o agente pelo crime descrito no § 2º do art. 129 deste Código.

Parágrafo acrescentado pela Lei n. 13.968, de 26.12.2019.

§ 7º Se o crime de que trata o § 2º deste artigo é cometido contra menor de 14 (quatorze) anos ou contra quem não tem o necessário discernimento para a prática do ato, ou que, por qualquer outra causa, não pode oferecer resistência, responde o agente pelo crime de homicídio, nos termos do art. 121 deste Código.

Parágrafo acrescentado pela Lei n. 13.968, de 26.12.2019.

Infanticídio

Art. 123. Matar, sob a influência do estado puerperal, o próprio filho, durante o parto ou logo após:

Pena – detenção, de 2 (dois) a 6 (seis) anos.

Veja art. 30, CP.

Aborto provocado pela gestante ou com seu consentimento

Art. 124. Provocar aborto em si mesma ou consentir que outrem lho provoque:

Pena – detenção, de 1 (um) a 3 (três) anos.

Veja ADPF n. 54 (12.04.2012), em que o STF, por maioria, julgou procedente a ação para declarar a inconstitucionalidade da interpretação segundo a qual a interrupção da gravidez de feto anencéfalo é conduta tipificada neste artigo.

Veja Res. n. 1.989, de 10.05.2012, CFM.

Veja art. 20, LCP.

Aborto provocado por terceiro

Art. 125. Provocar aborto, sem o consentimento da gestante:

Pena – reclusão, de 3 (três) a 10 (dez) anos.

Veja art. 20, LCP.

Art. 126. Provocar aborto com o consentimento da gestante:

Pena – reclusão, de 1 (um) a 4 (quatro) anos.

Veja ADPF n. 54 (12.04.2012), em que o STF, por maioria, julgou procedente a ação para declarar a inconstitucionalidade da interpretação segundo a qual a interrupção da gravidez de feto anencéfalo é conduta tipificada neste artigo.

Veja art. 20, LCP.

Veja Res. n. 1.989, de 10.05.2012, CFM.

Parágrafo único. Aplica-se a pena do artigo anterior, se a gestante não é maior de 14 (quatorze) anos, ou é alienada ou débil mental, ou se o consentimento é obtido mediante fraude, grave ameaça ou violência.

Forma qualificada

Art. 127. As penas cominadas nos dois artigos anteriores são aumentadas de um terço, se, em consequência do aborto ou dos meios empregados para provocá-lo, a gestante sofre lesão corporal de natureza grave; e são duplicadas, se, por qualquer dessas causas, lhe sobrevém a morte.

Veja art. 19, CP.

Art. 128. Não se pune o aborto praticado por médico:

Veja art. 24, CP.

Veja Res. n. 1.989, de 10.05.2012, CFM.

Aborto necessário

I – se não há outro meio de salvar a vida da gestante;

Veja ADPF n. 54 (12.04.2012), em que o STF, por maioria, julgou procedente a ação para declarar a inconstitucionalidade da interpretação segundo a qual a interrupção da gravidez de feto anencéfalo é conduta tipificada neste artigo.

Aborto no caso de gravidez resultante de estupro

II – se a gravidez resulta de estupro e o aborto é precedido de consentimento da gestante ou, quando incapaz, de seu representante legal.

Veja nota ao inciso I deste artigo.

CAPÍTULO II
DAS LESÕES CORPORAIS

Veja art. 14, Lei n. 9.434, de 04.02.1997 (Lei de Transplantes).
Veja arts. 24 a 29, Lei n. 11.105, de 24.03.2005 (biossegurança).

Lesão corporal

Nomen juris com redação mantida pela Lei n. 14.994, de 09.10.2024.

Art. 129. Ofender a integridade corporal ou a saúde de outrem:

Pena – detenção, de 3 (três) meses a 1 (um) ano.

Veja arts. 61, 88 e 89, Lei n. 9.099, de 26.09.1995.
Veja art. 22, Lei n. 9.263, de 12.01.1996 (planejamento familiar).

Lesão corporal de natureza grave

§ 1º Se resulta:

Veja art. 14, § 2º, Lei n. 9.434, de 04.02.1997 (Lei de Transplantes).
Veja art. 1º, § 3º, Lei n. 9.455, de 07.04.1997 (crime de tortura).
Veja art. 3º, § 2º, I, *b*, Lei n. 14.022, de 07.07.2020.

I – incapacidade para as ocupações habituais, por mais de 30 (trinta) dias;

Veja art. 22, Lei n. 9.263, de 12.01.1996 (planejamento familiar).

II – perigo de vida;

Veja art. 22, Lei n. 9.263, de 12.01.1996 (planejamento familiar).

III – debilidade permanente de membro, sentido ou função;

Veja art. 22, Lei n. 9.263, de 12.01.1996 (planejamento familiar).

IV – aceleração de parto:

Pena – reclusão, de 1 (um) a 5 (cinco) anos.

§ 2º Se resulta:

Veja art. 14, § 3º, Lei n. 9.434, de 04.02.1997 (Lei de Transplantes).
Veja art. 1º, § 3º, Lei n. 9.455, de 07.04.1997 (crime de tortura).
Veja art. 3º, § 2º, I, *c*, Lei n. 14.022, de 07.07.2020.

I – incapacidade permanente para o trabalho;

Veja art. 22, Lei n. 9.263, de 12.01.1996 (planejamento familiar).

II – enfermidade incurável;

III – perda ou inutilização de membro, sentido ou função;

Veja art. 22, Lei n. 9.263, de 12.01.1996 (planejamento familiar).

IV – deformidade permanente;

Veja art. 22, Lei n. 9.263, de 12.01.1996 (planejamento familiar).

V – aborto:

Pena – reclusão, de 2 (dois) a 8 (oito) anos.

Lesão corporal seguida de morte

§ 3º Se resulta morte e as circunstâncias evidenciam que o agente não quis o resultado, nem assumiu o risco de produzi-lo:

Pena – reclusão, de 4 (quatro) a 12 (doze) anos.

Veja art. 22, Lei n. 9.263, de 12.01.1996 (planejamento familiar).
Veja art. 14, § 4º, Lei n. 9.434, de 04.02.1997 (Lei de Transplantes).
Veja art. 1º, § 3º, Lei n. 9.455, de 07.04.1997 (crime de tortura).
Veja art. 3º, § 2º, I, *d*, Lei n. 14.022, de 07.07.2020.

Diminuição de pena

§ 4º Se o agente comete o crime impelido por motivo de relevante valor social ou moral ou sob o domínio de violenta emoção, logo em seguida a injusta provocação da vítima, o juiz pode reduzir a pena de um sexto a um terço.

Substituição da pena

§ 5º O juiz, não sendo graves as lesões, pode ainda substituir a pena de detenção pela de multa:

I – se ocorre qualquer das hipóteses do parágrafo anterior;

II – se as lesões são recíprocas.

Veja arts. 59, IV, e 60, § 2º, CP.

Veja art. 88, Lei n. 9.099, de 26.09.1995.

Lesão corporal culposa

§ 6º Se a lesão é culposa:

Pena – detenção, de 2 (dois) meses a 1 (um) ano.

Veja art. 57, CP.

Veja art. 88, Lei n. 9.099, de 26.09.1995.

Veja art. 303, CTB.

Aumento de pena

§ 7º Aumenta-se a pena de 1/3 (um terço) se ocorrer qualquer das hipóteses dos §§ 4º e 6º do art. 121 deste Código.

Parágrafo com redação dada pela Lei n. 12.720, de 27.09.2012.

Veja art. 57, CP.

Veja arts. 301 a 310, CPP.

Veja art. 303, § 1º, CTB.

§ 8º Aplica-se à lesão culposa o disposto no § 5º do art. 121.

Parágrafo acrescentado pela Lei n. 6.416, de 24.05.1977, e com redação dada pela Lei n. 8.069, de 13.07.1990.

Veja arts. 107, IX, e 120, CP.

Violência doméstica

Nomen juris com redação mantida pela Lei n. 14.994, de 09.10.2024.

§ 9º Se a lesão for praticada contra ascendente, descendente, irmão, cônjuge ou companheiro, ou com quem conviva ou tenha convivido, ou, ainda, prevalecendo-se o agente das relações domésticas, de coabitação ou de hospitalidade:

Parágrafo acrescentado pela Lei n. 10.886, de 17.06.2004.

Veja Lei n. 11.340, de 07.08.2006.

Veja Súmula n. 536, STJ.

Pena – reclusão, de 2 (dois) a 5 (cinco) anos.

Pena com redação dada pela Lei n. 14.994, de 09.10.2024.

Veja § 11 deste artigo.

§ 10. Nos casos previstos nos §§ 1º a 3º deste artigo, se as circunstâncias são as indicadas no § 9º deste artigo, aumenta-se a pena em 1/3 (um terço).

Parágrafo acrescentado pela Lei n. 10.886, de 17.06.2004.

§ 11. Na hipótese do § 9º deste artigo, a pena será aumentada de um terço se o crime for cometido contra pessoa portadora de deficiência.

Parágrafo acrescentado pela Lei n. 11.340, de 07.08.2006.

§ 12. Aumenta-se a pena de:

Parágrafo com redação dada pela Lei n. 15.159, de 03.07.2025.

I – 1/3 (um terço) a 2/3 (dois terços) se a lesão dolosa for praticada:

Inciso com redação dada pela Lei n. 15.159, de 03.07.2025.

a) contra autoridade ou agente descrito nos arts. 142 e 144 da Constituição Federal ou integrantes do sistema prisional ou da Força Nacional de Segurança Pública, no exercício da função ou em decorrência dela, ou contra seu cônjuge, companheiro ou parente consanguíneo até terceiro grau, em razão dessa condição;

Alínea acrescentada pela Lei n. 15.159, de 03.07.2025.

b) contra membro do Poder Judiciário, do Ministério Público, da Defensoria Pública ou da Advocacia Pública, de que tratam os arts. 131 e 132 da Constituição Federal, ou oficial de justiça, no exercício da função ou em decorrência dela, ou contra seu cônjuge, companheiro ou parente, inclusive por afinidade, até o terceiro grau, em razão dessa condição; ou

Alínea acrescentada pela Lei n. 15.159, de 03.07.2025.

c) nas dependências de instituição de ensino;

Alínea acrescentada pela Lei n. 15.159, de 03.07.2025.

II – 2/3 (dois terços) ao dobro se a lesão dolosa for praticada nas dependências de instituição de ensino e:

Inciso com redação dada pela Lei n. 15.159, de 03.07.2025.

a) a vítima for pessoa com deficiência ou com doença que acarrete condição limitante ou de vulnerabilidade física ou mental; ou

Alínea acrescentada pela Lei n. 15.159, de 03.07.2025.

b) o autor for ascendente, padrasto ou madrasta, tio, irmão, cônjuge, companheiro, tutor, curador, preceptor ou empregador da vítima ou por qualquer outro título tiver autoridade sobre ela ou, ainda, for professor ou funcionário da instituição de ensino.

Alínea acrescentada pela Lei n. 15.159, de 03.07.2025.

§ 13. Se a lesão é praticada contra a mulher, por razões da condição do sexo feminino, nos termos do § 1º do art. 121-A deste Código:

Parágrafo com redação dada pela Lei n. 14.994, de 09.10.2024.

Pena – reclusão, de 2 (dois) a 5 (cinco) anos.

Pena com redação dada pela Lei n. 14.994, de 09.10.2024.

CAPÍTULO III
DA PERICLITAÇÃO DA VIDA E DA SAÚDE

Perigo de contágio venéreo

Art. 130. Expor alguém, por meio de relações sexuais ou qualquer ato libidinoso, a contágio de moléstia venérea, de que sabe ou deve saber que está contaminado:

Pena – detenção, de 3 (três) meses a 1 (um) ano, ou multa.

§ 1º Se é intenção do agente transmitir a moléstia:

Pena – reclusão, de 1 (um) a 4 (quatro) anos, e multa.

§ 2º Somente se procede mediante representação.

Perigo de contágio de moléstia grave

Art. 131. Praticar, com o fim de transmitir a outrem moléstia grave de que está contaminado, ato capaz de produzir o contágio:

Pena – reclusão, de 1 (um) a 4 (quatro) anos, e multa.

Perigo para a vida ou saúde de outrem

Art. 132. Expor a vida ou a saúde de outrem a perigo direto e iminente:

Pena – detenção, de 3 (três) meses a 1 (um) ano, se o fato não constitui crime mais grave.

Veja arts. 28 a 38 e 62, LCP.

Parágrafo único. A pena é aumentada de 1/6 (um sexto) a 1/3 (um terço) se a exposição da vida ou da saúde de outrem a perigo decorre do transporte de pessoas para a prestação de serviços em estabelecimentos de qualquer natureza, em desacordo com as normas legais.

Parágrafo acrescentado pela Lei n. 9.777, de 29.12.1998.

Abandono de incapaz

Art. 133. Abandonar pessoa que está sob seu cuidado, guarda, vigilância ou autoridade, e, por qualquer motivo, incapaz de defender-se dos riscos resultantes do abandono:

Pena – reclusão, de 2 (dois) a 5 (cinco) anos.

Pena com redação dada pela Lei n. 15.163, de 03.07.2025.

Veja arts. 1.566, IV, 1.634, 1.741, 1.744 e 1.781, CC.

Veja art. 22, § 2º, LCP.

§ 1º Se do abandono resulta lesão corporal de natureza grave:

Pena – reclusão, de 3 (três) a 7 (sete) anos.

Pena com redação dada pela Lei n. 15.163, de 03.07.2025.

§ 2º Se resulta a morte:

Pena – reclusão, de 8 (oito) a 14 (quatorze) anos.

Pena com redação dada pela Lei n. 15.163, de 03.07.2025.

Aumento de pena

§ 3º As penas cominadas neste artigo aumentam-se de um terço:

I – se o abandono ocorre em lugar ermo;

II – se o agente é ascendente ou descendente, cônjuge, irmão, tutor ou curador da vítima;

III – se a vítima é maior de 60 (sessenta) anos.

Inciso acrescentado pela Lei n. 10.741, de 01.10.2003.

Exposição ou abandono de recém-nascido

Art. 134. Expor ou abandonar recém-nascido, para ocultar desonra própria:

Pena – detenção, de 6 (seis) meses a 2 (dois) anos.

Veja art. 242, CP.

§ 1º Se do fato resulta lesão corporal de natureza grave:

Pena – detenção, de 1 (um) a 3 (três) anos.

§ 2º Se resulta a morte:

Pena – detenção, de 2 (dois) a 6 (seis) anos.

Omissão de socorro

Art. 135. Deixar de prestar assistência, quando possível fazê-lo sem risco pessoal, à criança abandonada ou extraviada, ou à pessoa inválida ou ferida, ao desamparo ou em grave e iminente perigo; ou não pedir, nesses casos, o socorro da autoridade pública:

Pena – detenção, de 1 (um) a 6 (seis) meses, ou multa.

Parágrafo único. A pena é aumentada de metade, se da omissão resulta lesão corporal de natureza grave, e triplicada, se resulta a morte.

Veja art. 304, CTB.

Condicionamento de atendimento médico-hospitalar emergencial

Art. 135-A. Exigir cheque-caução, nota promissória ou qualquer garantia, bem como o preenchimento prévio de formulários administrativos, como condição para o atendimento médico-hospitalar emergencial:

Artigo acrescentado pela Lei n. 12.653, de 28.05.2012.

Veja art. 2º, Lei n. 12.653, de 28.05.2012.

Pena – detenção, de 3 (três) meses a 1 (um) ano, e multa.

Parágrafo único. A pena é aumentada até o dobro se da negativa de atendimento resulta lesão corporal de natureza grave, e até o triplo se resulta a morte.

Maus-tratos

Art. 136. Expor a perigo a vida ou a saúde de pessoa sob sua autoridade, guarda ou vigilância, para fim de educação, ensino, tratamento ou custódia, quer privando-a de alimentação ou cuidados indispensáveis, quer sujeitando-a a trabalho excessivo ou inadequado, quer abusando de meios de correção ou disciplina:

Pena – reclusão, de 2 (dois) a 5 (cinco) anos.

Pena com redação dada pela Lei n. 15.163, de 03.07.2025.

Veja arts. 1.566, IV, 1.634, 1.741, 1.744 e 1.781, CC.

§ 1º Se do fato resulta lesão corporal de natureza grave:

Pena – reclusão, de 3 (três) a 7 (sete) anos.

Pena com redação dada pela Lei n. 15.163, de 03.07.2025.

§ 2º Se resulta a morte:

Pena – reclusão, de 8 (oito) a 14 (quatorze) anos.

Pena com redação dada pela Lei n. 15.163, de 03.07.2025.

§ 3º Aumenta-se a pena de um terço, se o crime é praticado contra pessoa menor de 14 (catorze) anos.

Parágrafo acrescentado pela Lei n. 8.069, de 13.07.1990.

CAPÍTULO IV
DA RIXA

Rixa

Art. 137. Participar de rixa, salvo para separar os contendores:

Pena – detenção, de 15 (quinze) dias a 2 (dois) meses, ou multa.

Parágrafo único. Se ocorre morte ou lesão corporal de natureza grave, aplica-se, pelo fato da participação na rixa, a pena de detenção, de 6 (seis) meses a 2 (dois) anos.

Veja art. 65, III, *e*, CP.

CAPÍTULO V
DOS CRIMES CONTRA A HONRA

Veja arts. 5º, IX e X, e 53, CF.

Veja arts. 519 a 523, CPP.

Veja art. 40, LCP.

Veja CE.

Calúnia

Art. 138. Caluniar alguém, imputando-lhe falsamente fato definido como crime:

Pena – detenção, de 6 (seis) meses a 2 (dois) anos, e multa.

Veja art. 5º, X, CF.

Veja arts. 519 a 523, CPP.

Veja art. 53, Lei n. 4.117, de 27.08.1962 (Código Brasileiro de Telecomunicações).

Veja art. 324, CE.

§ 1º Na mesma pena incorre quem, sabendo falsa a imputação, a propala ou divulga.

§ 2º É punível a calúnia contra os mortos.

Exceção da verdade

§ 3º Admite-se a prova da verdade, salvo:

Veja arts. 85 e 523, CPP.

Veja art. 325, parágrafo único, CE.

I – se, constituindo o fato imputado crime de ação privada, o ofendido não foi condenado por sentença irrecorrível;

Veja art. 5º, LVII, CF.

II – se o fato é imputado a qualquer das pessoas indicadas no n. I do art. 141;

Veja art. 5º, LV, CF.

III – se do crime imputado, embora de ação pública, o ofendido foi absolvido por sentença irrecorrível.

Difamação

Art. 139. Difamar alguém, imputando-lhe fato ofensivo à sua reputação:

Pena – detenção, de 3 (três) meses a 1 (um) ano, e multa.

Veja art. 5º, X, CF.

Veja arts. 519 a 523, CPP.

Veja art. 53, Lei n. 4.117, de 27.08.1962 (Código Brasileiro de Telecomunicações).

Veja art. 325, CE.

Veja art. 7º, § 2º, EAOAB.

Exceção da verdade

Parágrafo único. A exceção da verdade somente se admite se o ofendido é funcionário público e a ofensa é relativa ao exercício de suas funções.

Veja art. 85, CPP.

Veja art. 325, parágrafo único, CE.

Veja Súmula n. 396, STF.

Injúria

Art. 140. Injuriar alguém, ofendendo-lhe a dignidade ou o decoro:

Pena – detenção, de 1 (um) a 6 (seis) meses, ou multa.

Veja art. 5º, X, CF.

Veja arts. 255 e 519 a 523, CPP.

Veja art. 53, Lei n. 4.117, de 27.08.1962 (Código Brasileiro de Telecomunicações).

Veja art. 326, CE.

Veja art. 7º, § 2º, EAOAB.

§ 1º O juiz pode deixar de aplicar a pena:

Veja arts. 107, IX, e 120, CP.

I – quando o ofendido, de forma reprovável, provocou diretamente a injúria;

Veja art. 65, III, *c*, CP.

II – no caso de retorsão imediata, que consista em outra injúria.

§ 2º Se a injúria consiste em violência ou vias de fato, que, por sua natureza ou pelo meio empregado, se considerem aviltantes:

Pena – detenção, de 3 (três) meses a 1 (um) ano, e multa, além da pena correspondente à violência.

Veja art. 145, CP.

Veja art. 21, LCP.

§ 3º Se a injúria consiste na utilização de elementos referentes a religião ou à condição de pessoa idosa ou com deficiência:

Parágrafo com redação dada pela Lei n. 14.532, de 11.01.2023.

Veja art. 3º, IV, CF.

Veja arts. 141, IV, e 145, parágrafo único, CP.

Pena – reclusão, de 1 (um) a 3 (três) anos, e multa.

Pena com redação dada pela Lei n. 14.532, de 11.01.2023.

Disposições comuns

Nomen juris com redação mantida pela Lei n. 14.994, de 09.10.2024.

Art. 141. As penas cominadas neste Capítulo aumentam-se de um terço, se qualquer dos crimes é cometido:

I – contra o Presidente da República, ou contra chefe de governo estrangeiro;

Veja arts. 138, § 3º, II, e 145, parágrafo único, CP.

Veja art. 327, I, CE.

II – contra funcionário público, em razão de suas funções, ou contra os Presidentes do Senado Federal, da Câmara dos Deputados ou do Supremo Tribunal Federal;

Inciso com redação dada pela Lei n. 14.197, de 01.09.2021.

Veja art. 145, parágrafo único, CP.

III – na presença de várias pessoas, ou por meio que facilite a divulgação da calúnia, da difamação ou da injúria;

Veja art. 65, III, *e*, CP.

IV – contra criança, adolescente, pessoa maior de 60 (sessenta) anos ou pessoa com deficiência, exceto na hipótese prevista no § 3º do art. 140 deste Código.

Inciso com redação dada pela Lei n. 14.344, de 24.05.2022.

§ 1º Se o crime é cometido mediante paga ou promessa de recompensa, aplica-se a pena em dobro.

Antigo parágrafo único renumerado pela Lei n. 13.964, de 24.12.2019.

§ 2º Se o crime é cometido ou divulgado em quaisquer modalidades das redes sociais da rede mundial de computadores, aplica-se em triplo a pena.

Parágrafo acrescentado pela Lei n. 13.964, de 24.12.2019.

§ 3º Se o crime é cometido contra a mulher por razões da condição do sexo feminino, nos termos do § 1º do art. 121-A deste Código, aplica-se a pena em dobro.

Parágrafo acrescentado pela Lei n. 14.994, de 09.10.2024.

Exclusão do crime

Art. 142. Não constituem injúria ou difamação punível:

I – a ofensa irrogada em juízo, na discussão da causa, pela parte ou por seu procurador;

Veja art. 133, CF.

Veja art. 7º, § 2º, EAOAB.

II – a opinião desfavorável da crítica literária, artística ou científica, salvo quando inequívoca a intenção de injuriar ou difamar;

III – o conceito desfavorável emitido por funcionário público, em apreciação ou informação que preste no cumprimento de dever do ofício.

Parágrafo único. Nos casos dos ns. I e III, responde pela injúria ou pela difamação quem lhe dá publicidade.

Retratação

Art. 143. O querelado que, antes da sentença, se retrata cabalmente da calúnia ou da difamação, fica isento de pena.

Veja art. 107, VI, CP.

Parágrafo único. Nos casos em que o querelado tenha praticado a calúnia ou a difamação utilizando-se de meios de comunicação, a retratação dar-se-á, se assim desejar o ofendido, pelos mesmos meios em que se praticou a ofensa.

Parágrafo acrescentado pela Lei n. 13.188, de 11.11.2015.

Art. 144. Se, de referências, alusões ou frases, se infere calúnia, difamação ou injúria, quem se julga ofendido pode pedir explicações em juízo. Aquele que se recusa a dá-las ou, a critério do juiz, não as dá satisfatórias, responde pela ofensa.

Art. 145. Nos crimes previstos neste Capítulo somente se procede mediante queixa, salvo quando, no caso do art. 140, § 2º, da violência resulta lesão corporal.

Parágrafo único. Procede-se mediante requisição do Ministro da Justiça, no caso do inciso I do *caput* do art. 141 deste Código, e mediante representação do ofendido, no caso do inciso II do mesmo artigo, bem como no caso do § 3º do art. 140 deste Código.

Parágrafo com redação dada pela Lei n. 12.033, de 29.09.2009.

Veja Súmula n. 714, STF.

CAPÍTULO VI DOS CRIMES CONTRA A LIBERDADE INDIVIDUAL

Seção I
Dos Crimes Contra a Liberdade Pessoal

Veja art. 232, ECA.

Constrangimento ilegal

Art. 146. Constranger alguém, mediante violência ou grave ameaça, ou depois de lhe haver reduzido, por qualquer outro meio, a capacidade de resistência, a não fazer o que a lei permite, ou a fazer o que ela não manda:

Pena – detenção, de 3 (três) meses a 1 (um) ano, ou multa.

Veja art. 5º, II, CF.

Veja art. 61, I, LCP.

Veja arts. 6º e 9º, Lei n. 1.079, de 10.04.1950 (crimes de responsabilidade).

Veja art. 301, CE.

Veja art. 232, ECA.

Veja art. 71, CDC.

Veja art. 1º, I, Lei n. 9.455, de 07.04.1997 (crime de tortura).

Aumento de pena

§ 1º As penas aplicam-se cumulativamente e em dobro, quando, para a execução do crime, se reúnem mais de três pessoas, ou há emprego de armas.

§ 2º Além das penas cominadas, aplicam-se as correspondentes à violência.

§ 3º Não se compreendem na disposição deste artigo:

I – a intervenção médica ou cirúrgica, sem o consentimento do paciente ou de seu representante legal, se justificada por iminente perigo de vida;

Veja art. 22, CP.

II – a coação exercida para impedir suicídio.

Veja art. 22, CP.

Intimidação sistemática (*bullying*)

Art. 146-A. Intimidar sistematicamente, individualmente ou em grupo, mediante violência física ou psicológica, uma ou mais pessoas, de modo intencional e repetitivo, sem motivação evidente, por meio de atos de intimidação, de humilhação ou de discriminação ou de ações verbais, morais, sexuais, sociais, psicológicas, físicas, materiais ou virtuais:

Artigo acrescentado pela Lei n. 14.811, de 12.01.2024.

Pena – multa, se a conduta não constituir crime mais grave.

Intimidação sistemática virtual (*cyberbullying*)

Parágrafo único. Se a conduta é realizada por meio da rede de computadores, de rede social, de aplicativos, de jogos *on-line* ou por qualquer outro meio ou ambiente digital, ou transmitida em tempo real:

Pena – reclusão, de 2 (dois) anos a 4 (quatro) anos, e multa, se a conduta não constituir crime mais grave.

Ameaça

Nomen juris com redação mantida pela Lei n. 14.994, de 09.10.2024.

Art. 147. Ameaçar alguém, por palavra, escrito ou gesto, ou qualquer outro meio simbólico, de causar-lhe mal injusto e grave:

Pena – detenção, de 1 (um) a 6 (seis) meses, ou multa.

Veja art. 28, II, CP.

Veja art. 60, parágrafo único, LCP.

Veja art. 71, CDC.

Veja art. 3º, § 2º, I, *e*, Lei n. 14.022, de 07.07.2020.

§ 1º Se o crime é cometido contra a mulher por razões da condição do sexo feminino, nos termos do § 1º do art. 121-A deste Código, aplica-se a pena em dobro.

Parágrafo acrescentado pela Lei n. 14.994, de 09.10.2024.

§ 2º Somente se procede mediante representação, exceto na hipótese prevista no § 1º deste artigo.

Antigo parágrafo único com redação dada pela Lei n. 14.994, de 09.10.2024.

Perseguição

Art. 147-A. Perseguir alguém, reiteradamente e por qualquer meio, ameaçando-lhe a integridade física ou psicológica, restringindo-lhe a capacidade de locomoção ou, de qualquer forma, invadindo ou perturbando sua esfera de liberdade ou privacidade.

Artigo acrescentado pela Lei n. 14.132, de 31.03.2021.

Veja art. 1º, XVII, Decreto n. 12.338, de 23.12.2024.

Pena – reclusão, de 6 (seis) meses a 2 (dois) anos, e multa.

§ 1º A pena é aumentada de metade se o crime é cometido:

I – contra criança, adolescente ou idoso;

II – contra mulher por razões da condição de sexo feminino, nos termos do § 2º-A do art. 121 deste Código;

III – mediante concurso de 2 (duas) ou mais pessoas ou com o emprego de arma.

§ 2º As penas deste artigo são aplicáveis sem prejuízo das correspondentes à violência.

§ 3º Somente se procede mediante representação.

Violência psicológica contra a mulher

Art. 147-B. Causar dano emocional à mulher que a prejudique e perturbe seu pleno desenvolvimento ou que vise a degradar ou a controlar suas ações, comportamentos, crenças e decisões, mediante ameaça, constrangimento, humilhação, manipulação, isolamento, chantagem, ridicularização, limitação do direito de ir e vir ou qualquer outro meio que cause prejuízo à sua saúde psicológica e autodeterminação:

Caput e pena acrescentados pela Lei n. 14.188, de 28.07.2021.

Pena – reclusão, de 6 (seis) meses a 2 (dois) anos, e multa, se a conduta não constitui crime mais grave.

Parágrafo único. A pena é aumentada de metade se o crime é cometido mediante uso de inteligência artificial ou de qualquer outro recurso tecnológico que altere imagem ou som da vítima.

Parágrafo acrescentado pela Lei n. 15.123, de 24.04.2025.

Sequestro e cárcere privado

Art. 148. Privar alguém de sua liberdade, mediante sequestro ou cárcere privado:

Pena – reclusão, de 1 (um) a 3 (três) anos.

Veja art. 5º, XV, CF.

Veja arts. 13-A e 303, CPP.

Veja art. 1º, Lei n. 2.889, de 01.10.1956 (crime de genocídio).

Veja art. 1º, III, *b*, Lei n. 7.960, de 21.12.1989 (prisão temporária).

Veja art. 230, ECA.

Veja art. 1º, § 4º, III, Lei n. 9.455, de 07.04.1997 (crime de tortura).

§ 1º A pena é de reclusão, de 2 (dois) a 5 (cinco) anos:

I – se a vítima é ascendente, descendente, cônjuge ou companheiro do agente ou maior de 60 (sessenta) anos;

Inciso com redação dada pela Lei n. 11.106, de 28.03.2005.

Veja art. 61, II, *e*, CP.

II – se o crime é praticado mediante internação da vítima em casa de saúde ou hospital;

Veja art. 22, LCP.

III – se a privação da liberdade dura mais de 15 (quinze) dias;

Veja art. 1º, III, *b*, Lei n. 7.960, de 21.12.1989 (prisão temporária).

IV – se o crime é praticado contra menor de 18 (dezoito) anos;

Inciso acrescentado pela Lei n. 11.106, de 28.03.2005.

Veja art. 1º, XI, Lei n. 8.072, de 25.07.1990.

V – se o crime é praticado com fins libidinosos.

Inciso acrescentado pela Lei n. 11.106, de 28.03.2005.

§ 2º Se resulta à vítima, em razão de maus-tratos ou da natureza da detenção, grave sofrimento físico ou moral:

Pena – reclusão, de 2 (dois) a 8 (oito) anos.

Veja art. 1º, III, *b*, Lei n. 7.960, de 21.12.1989 (prisão temporária).

Redução a condição análoga à de escravo

Art. 149. Reduzir alguém a condição análoga à de escravo, quer submetendo-o a trabalhos forçados ou a jornada exaustiva, quer sujeitando-o a condições degradantes de trabalho, quer restringindo, por qualquer meio, sua locomoção em razão de dívida contraída com o empregador ou preposto:

Pena – reclusão, de dois a oito anos, e multa, além da pena correspondente à violência.

Caput com redação dada pela Lei n. 10.803, de 11.12.2003.

Veja arts. 13-A e 303, CPP.

Veja art. 1º, VII, Decreto n. 12.338, de 23.12.2024.

§ 1º Nas mesmas penas incorre quem:

Parágrafo acrescentado pela Lei n. 10.803, de 11.12.2003.

I – cerceia o uso de qualquer meio de transporte por parte do trabalhador, com o fim de retê-lo no local de trabalho;

Inciso acrescentado pela Lei n. 10.803, de 11.12.2003.

II – mantém vigilância ostensiva no local de trabalho ou se apodera de documentos ou objetos pessoais do trabalhador, com o fim de retê-lo no local de trabalho.

Inciso acrescentado pela Lei n. 10.803, de 11.12.2003.

§ 2º A pena é aumentada de metade, se o crime é cometido:

Parágrafo e incisos acrescentados pela Lei n. 10.803, de 11.12.2003.

I – contra criança ou adolescente;

II – por motivo de preconceito de raça, cor, etnia, religião ou origem.

Tráfico de pessoas

Art. 149-A. Agenciar, aliciar, recrutar, transportar, transferir, comprar, alojar ou acolher pessoa, mediante grave ameaça, violência, coação, fraude ou abuso, com a finalidade de:

Artigo acrescentado pela Lei n. 13.344, de 06.10.2016.

Veja art. 13-A, CPP.

Veja art. 1º, XII, Lei n. 8.072, de 25.07.1990.

Veja art. 1º, VII, Decreto n. 12.338, de 23.12.2024.

I – remover-lhe órgãos, tecidos ou partes do corpo;

Veja art. 1º, XII, Lei n. 8.072, de 25.07.1990.

II – submetê-la a trabalho em condições análogas à de escravo;

Veja art. 1º, XII, Lei n. 8.072, de 25.07.1990.

III – submetê-la a qualquer tipo de servidão;

Veja art. 1º, XII, Lei n. 8.072, de 25.07.1990.

IV – adoção ilegal; ou

Veja art. 1º, XII, Lei n. 8.072, de 25.07.1990.

V – exploração sexual.

Veja art. 1º, XII, Lei n. 8.072, de 25.07.1990.

Pena – reclusão, de 4 (quatro) a 8 (oito) anos, e multa.

§ 1º A pena é aumentada de um terço até a metade se:

I – o crime for cometido por funcionário público no exercício de suas funções ou a pretexto de exercê-las;

II – o crime for cometido contra criança, adolescente ou pessoa idosa ou com deficiência;

Veja art. 1º, XII, Lei n. 8.072, de 25.07.1990.

III – o agente se prevalecer de relações de parentesco, domésticas, de coabitação, de hospitalidade, de dependência econômica, de autoridade ou de superioridade hierárquica inerente ao exercício de emprego, cargo ou função; ou

IV – a vítima do tráfico de pessoas for retirada do território nacional.

§ 2º A pena é reduzida de um a dois terços se o agente for primário e não integrar organização criminosa.

Seção II
Dos Crimes Contra a Inviolabilidade do Domicílio

Violação de domicílio

Art. 150. Entrar ou permanecer, clandestina ou astuciosamente, ou contra a vontade expressa ou tácita de quem de direito, em casa alheia ou em suas dependências:

Pena – detenção, de 1 (um) a 3 (três) meses, ou multa.

Veja arts. 5º, XI, e 226, § 5º, CF.

Veja arts. 246, 283 e 293, CPP.

Veja arts. 70 a 74, CC.

§ 1º Se o crime é cometido durante a noite, ou em lugar ermo, ou com o emprego de violência ou de arma, ou por duas ou mais pessoas:

Pena – detenção, de 6 (seis) meses a 2 (dois) anos, além da pena correspondente à violência.

Veja art. 62, CP.

§ 2º (*Revogado pela Lei n. 13.869, de 05.09.2019.*)

§ 3º Não constitui crime a entrada ou permanência em casa alheia ou em suas dependências:

Veja art. 245, CPP.

I – durante o dia, com observância das formalidades legais, para efetuar prisão ou outra diligência;

II – a qualquer hora do dia ou da noite, quando algum crime está sendo ali praticado ou na iminência de o ser.

§ 4º A expressão "casa" compreende:

Veja arts. 246 e 248, CPP.

Veja art. 19, LCP.

I – qualquer compartimento habitado;

II – aposento ocupado de habitação coletiva;

III – compartimento não aberto ao público, onde alguém exerce profissão ou atividade.

§ 5º Não se compreendem na expressão "casa":

Veja art. 19, LCP.

I – hospedaria, estalagem ou qualquer outra habitação coletiva, enquanto aberta, salvo a restrição do n. II do parágrafo anterior;

Veja art. 50, § 4º, *a*, LCP.

II – taverna, casa de jogo e outras do mesmo gênero.

Veja art. 50, § 4º, *a* e *b*, LCP.

Seção III
Dos Crimes Contra a Inviolabilidade de Correspondência

Veja art. 5º, XII, CF.

Veja Lei n. 4.117, de 27.08.1962 (Código Brasileiro de Telecomunicações).

Veja Lei n. 6.538, de 22.06.1978 (serviço postal).

Veja Lei n. 9.472, de 16.07.1997 (telecomunicações).

Violação de correspondência

Art. 151. Devassar indevidamente o conteúdo de correspondência fechada, dirigida a outrem:

Pena – detenção, de 1 (um) a 6 (seis) meses, ou multa.

Veja art. 41, XV e parágrafo único, LEP.

Veja art. 40, Lei n. 6.538, de 22.06.1978 (serviço postal).

Sonegação ou destruição de correspondência

§ 1º Na mesma pena incorre:

I – quem se apossa indevidamente de correspondência alheia, embora não fechada e, no todo ou em parte, a sonega ou destrói;

Veja art. 40, § 1º, Lei n. 6.538, de 22.06.1978 (serviço postal).

Violação de comunicação telegráfica, radioelétrica ou telefônica

II – quem indevidamente divulga, transmite a outrem ou utiliza abusivamente comunicação telegráfica ou radioelétrica dirigida a terceiro, ou conversação telefônica entre outras pessoas;

Veja arts. 56, *caput* e § 1º, e 58, Lei n. 4.117, de 27.08.1962 (Código Brasileiro de Telecomunicações).

III – quem impede a comunicação ou a conversação referidas no número anterior;

IV – quem instala ou utiliza estação ou aparelho radioelétrico, sem observância de disposição legal.

Veja art. 70, Lei n. 4.117, de 27.08.1962 (Código Brasileiro de Telecomunicações).

§ 2º As penas aumentam-se de metade, se há dano para outrem.

§ 3º Se o agente comete o crime, com abuso de função em serviço postal, telegráfico, radioelétrico ou telefônico:

Pena – detenção, de 1 (um) a 3 (três) anos.

§ 4º Somente se procede mediante representação, salvo nos casos do § 1º, IV, e do § 3º.

Correspondência comercial

Art. 152. Abusar da condição de sócio ou empregado de estabelecimento comercial ou industrial para, no todo ou em parte, desviar, sonegar, subtrair ou suprimir correspondência, ou revelar a estranho seu conteúdo:

Pena – detenção, de 3 (três) meses a 2 (dois) anos.

Veja art. 47, Lei n. 6.538, de 22.06.1978 (serviço postal).

Parágrafo único. Somente se procede mediante representação.

Seção IV

Dos Crimes Contra a Inviolabilidade dos Segredos

Divulgação de segredo

Art. 153. Divulgar alguém, sem justa causa, conteúdo de documento particular ou de correspondência confidencial, de que é destinatário ou detentor, e cuja divulgação possa produzir dano a outrem:

Pena – detenção, de 1 (um) a 6 (seis) meses, ou multa.

Veja art. 232, CPP.

Veja arts. 2º, § 6º, e 8º, § 3º, DL n. 3.200, de 19.04.1941 (proteção da família).

Veja art. 23, Lei n. 6.453, de 17.10.1977 (danos nucleares).

Veja art. 47, Lei n. 6.538, de 22.06.1978 (serviço postal).

§ 1º-A. Divulgar, sem justa causa, informações sigilosas ou reservadas, assim definidas em lei, contidas ou não nos sistemas de informações ou banco de dados da Administração Pública:

Pena – detenção, de 1 (um) a 4 (quatro) anos, e multa.

Parágrafo acrescentado pela Lei n. 9.983, de 14.07.2000.

§ 1º Somente se procede mediante representação.

Antigo parágrafo único renumerado pela Lei n. 9.983, de 14.07.2000.

§ 2º Quando resultar prejuízo para a Administração Pública, a ação penal será incondicionada.

Parágrafo acrescentado pela Lei n. 9.983, de 14.07.2000.

Violação do segredo profissional

Art. 154. Revelar alguém, sem justa causa, segredo, de que tem ciência em razão de função, ministério, ofício ou profissão, e cuja revelação possa produzir dano a outrem:

Pena – detenção, de 3 (três) meses a 1 (um) ano, ou multa.

Veja art. 207, CPP.

Veja art. 229, CC.

Veja art. 23, Lei n. 6.453, de 17.10.1977 (danos nucleares).

Veja art. 195, XII, Lei n. 9.279, de 14.05.1996 (propriedade industrial).

Veja art. 7º, § 6º-I, EAOAB.

Parágrafo único. Somente se procede mediante representação.

Invasão de dispositivo informático

Art. 154-A. Invadir dispositivo informático de uso alheio, conectado ou não à rede de computadores, com o fim de obter, adulterar ou destruir dados ou informações sem autorização expressa ou tácita do usuário do dispositivo ou de instalar vulnerabilidades para obter vantagem ilícita:

Caput com redação dada pela Lei n. 14.155, de 27.05.2021.

Pena – reclusão, de 1 (um) a 4 (quatro) anos, e multa.

Pena com redação dada pela Lei n. 14.155, de 27.05.2021.

Veja art. 154-B, CP.
Veja arts. 190-A e 190-C, ECA.

§ 1º Na mesma pena incorre quem produz, oferece, distribui, vende ou difunde dispositivo ou programa de computador com o intuito de permitir a prática da conduta definida no *caput*.

§ 2º Aumenta-se a pena de 1/3 (um terço) a 2/3 (dois terços) se da invasão resulta prejuízo econômico.

Parágrafo com redação dada pela Lei n. 14.155, de 27.05.2021.

§ 3º Se da invasão resultar a obtenção de conteúdo de comunicações eletrônicas privadas, segredos comerciais ou industriais, informações sigilosas, assim definidas em lei, ou o controle remoto não autorizado do dispositivo invadido:

Pena – reclusão, de 2 (dois) a 5 (cinco) anos, e multa.

Pena com redação dada pela Lei n. 14.155, de 27.05.2021.

§ 4º Na hipótese do § 3º, aumenta-se a pena de um a dois terços se houver divulgação, comercialização ou transmissão a terceiro, a qualquer título, dos dados ou informações obtidos.

§ 5º Aumenta-se a pena de um terço à metade se o crime for praticado contra:

I – Presidente da República, governadores e prefeitos;

II – Presidente do Supremo Tribunal Federal;

III – Presidente da Câmara dos Deputados, do Senado Federal, de Assembleia Legislativa de Estado, da Câmara Legislativa do Distrito Federal ou de Câmara Municipal; ou

IV – dirigente máximo da administração direta e indireta federal, estadual, municipal ou do Distrito Federal.

Ação penal

Art. 154-B. Nos crimes definidos no art. 154-A, somente se procede mediante representação, salvo se o crime é cometido contra a administração pública direta ou indireta de qualquer dos Poderes da União, Estados, Distrito Federal ou Municípios ou contra empresas concessionárias de serviços públicos.

Nomen juris e artigo acrescentado pela Lei n. 12.737, de 30.11.2012.

TÍTULO II
DOS CRIMES CONTRA O PATRIMÔNIO

Veja arts. 24 a 27, LCP.
Veja art. 59, Lei n. 6.001, de 19.12.1973 (Estatuto do Índio).

CAPÍTULO I
DO FURTO

Furto

Art. 155. Subtrair, para si ou para outrem, coisa alheia móvel:

Pena – reclusão, de 1 (um) a 4 (quatro) anos, e multa.

Veja arts. 16, 180 a 183-A e 312, CP.
Veja arts. 82, 84 e 1.473, VI, CC.
Veja Súmula n. 567, STJ.

§ 1º A pena aumenta-se de um terço, se o crime é praticado durante o repouso noturno.

§ 2º Se o criminoso é primário, e é de pequeno valor a coisa furtada, o juiz pode substituir a pena de reclusão pela de detenção, diminuí-la de um a dois terços, ou aplicar somente a pena de multa.

Veja arts. 59, IV, 60, § 2º, 63, 170, 171, § 1º, 175, § 2º, e 180, § 5º, CP.
Veja art. 172, CPP.
Veja Súmula n. 511, STJ.

§ 3º Equipara-se à coisa móvel a energia elétrica ou qualquer outra que tenha valor econômico.

Furto qualificado

§ 4º A pena é de reclusão de 2 (dois) a 8 (oito) anos, e multa, se o crime é cometido:

Veja Súmula n. 511, STJ.

I – com destruição ou rompimento de obstáculo à subtração da coisa;

Veja art. 171, CPP.
Veja arts. 24 e 25, LCP.

II – com abuso de confiança, ou mediante fraude, escalada ou destreza;

III – com emprego de chave falsa;

IV – mediante concurso de duas ou mais pessoas;

Veja Súmula n. 442, STJ.

V – contra quaisquer bens que comprometam o funcionamento de órgãos da União, de Estado ou de Município ou de estabelecimentos públicos ou privados que prestem serviços públicos essenciais.

Inciso acrescentado pela Lei n. 15.181, de 28.07.2025.

§ 4º-A. A pena é de reclusão de 4 (quatro) a 10 (dez) anos e multa, se houver emprego de explosivo ou de artefato análogo que cause perigo comum.

Parágrafo acrescentado pela Lei n. 13.654, de 23.04.2018.
Veja art. 1º, IX, Lei n. 8.072, de 25.07.1990.

§ 4º-B. A pena é de reclusão, de 4 (quatro) a 8 (oito) anos, e multa, se o furto mediante fraude é cometido por meio de dispositivo eletrônico ou informático, conectado ou não à rede de computadores, com ou sem a violação de mecanismo de segurança ou a utilização de programa malicioso, ou por qualquer outro meio fraudulento análogo.

Parágrafo acrescentado pela Lei n. 14.155, de 27.05.2021.

§ 4º-C. A pena prevista no § 4º-B deste artigo, considerada a relevância do resultado gravoso:

Parágrafo acrescentado pela Lei n. 14.155, de 27.05.2021.

I – aumenta-se de 1/3 (um terço) a 2/3 (dois terços), se o crime é praticado mediante a utilização de servidor mantido fora do território nacional;

Inciso acrescentado pela Lei n. 14.155, de 27.05.2021.

II – aumenta-se de 1/3 (um terço) ao dobro, se o crime é praticado contra idoso ou vulnerável.

Inciso acrescentado pela Lei n. 14.155, de 27.05.2021.

§ 5º A pena é de reclusão de 3 (três) a 8 (oito) anos, se a subtração for de veículo automotor que venha a ser transportado para outro Estado ou para o exterior.

Parágrafo acrescentado pela Lei n. 9.426, de 24.12.1996.

§ 6º A pena é de reclusão de 2 (dois) a 5 (cinco) anos se a subtração for de semovente domesticável de produção, ainda que abatido ou dividido em partes no local da subtração.

Parágrafo acrescentado pela Lei n. 13.330, de 02.08.2016.

§ 7º A pena é de reclusão de 4 (quatro) a 10 (dez) anos e multa, se a subtração for de substâncias explosivas ou de acessórios que, conjunta ou isoladamente, possibilitem sua fabricação, montagem ou emprego.

Parágrafo acrescentado pela Lei n. 13.654, de 23.04.2018.

§ 8º A pena é de reclusão de 2 (dois) a 8 (oito) anos e multa, se a subtração for de fios, cabos ou equipamentos utilizados para fornecimento ou transmissão de energia elétrica ou de telefonia ou para transferência de dados, bem como equipamentos ou materiais ferroviários ou metroviários, aplicável, em qualquer caso, o disposto no § 2º deste artigo.

Parágrafo acrescentado pela Lei n. 15.181, de 28.07.2025.

Furto de coisa comum

Art. 156. Subtrair o condômino, coerdeiro ou sócio, para si ou para outrem, a quem legitimamente a detém, a coisa comum:

Pena – detenção, de 6 (seis) meses a 2 (dois) anos, ou multa.

Veja art. 168, CP.

§ 1º Somente se procede mediante representação.

§ 2º Não é punível a subtração de coisa comum fungível, cujo valor não excede a quota a que tem direito o agente.

CAPÍTULO II
DO ROUBO E DA EXTORSÃO

Roubo

Art. 157. Subtrair coisa móvel alheia, para si ou para outrem, mediante grave ameaça ou violência a pessoa, ou depois de havê-la, por qualquer meio, reduzido à impossibilidade de resistência:

Pena – reclusão, de 4 (quatro) a 10 (dez) anos, e multa.

Veja art. 1º, III, *c*, Lei n. 7.960, de 21.12.1989 (prisão temporária).

Veja Súmula n. 582, STJ.

§ 1º Na mesma pena incorre quem, logo depois de subtraída a coisa, emprega violência contra pessoa ou grave ameaça, a fim de assegurar a impunidade do crime ou a detenção da coisa para si ou para terceiro.

Veja art. 1º, III, *c*, Lei n. 7.960, de 21.12.1989 (prisão temporária).

§ 1º-A A pena é de reclusão de 6 (seis) a 12 (doze) anos e multa, se a subtração for cometida contra quaisquer bens que comprometam o funcionamento de órgãos da União, de Estado ou de Município ou de estabelecimentos públicos ou privados que prestem serviços públicos essenciais.

Parágrafo acrescentado pela Lei n. 15.181, de 28.07.2025.

§ 2º A pena aumenta-se de 1/3 (um terço) até metade:

Parágrafo com redação dada pela Lei n. 13.654, de 23.04.2018.

Veja art. 1º, III, *c*, Lei n. 7.960, de 21.12.1989 (prisão temporária).

Veja Súmula n. 443, STJ.

I – (*Revogado pela Lei n. 13.654, de 23.04.2018.*)

II – se há o concurso de duas ou mais pessoas;

Veja art. 1º, II, *a*, Lei n. 8.072, de 25.07.1990.

Veja Súmula n. 442, STJ.

III – se a vítima está em serviço de transporte de valores e o agente conhece tal circunstância;

Veja art. 1º, III, *c*, Lei n. 7.960, de 21.12.1989 (prisão temporária).

IV – se a subtração for de veículo automotor que venha a ser transportado para outro Estado ou para o exterior;

Inciso acrescentado pela Lei n. 9.426, de 24.12.1996.

V – se o agente mantém a vítima em seu poder, restringindo sua liberdade;

Inciso acrescentado pela Lei n. 9.426, de 24.12.1996.

Veja art. 158, § 3º, CP.

VI – se a subtração for de substâncias explosivas ou de acessórios que, conjunta ou isoladamente, possibilitem sua fabricação, montagem ou emprego;

Inciso acrescentado pela Lei n. 13.654, de 23.04.2018.

VII – se a violência ou grave ameaça é exercida com emprego de arma branca;

Inciso acrescentado pela Lei n. 13.964, de 24.12.2019.

VIII – se a subtração for de fios, cabos ou equipamentos utilizados para fornecimento ou transmissão de energia elétrica ou de telefonia ou para transferência de dados, bem como equipamentos ou materiais ferroviários ou metroviários.

Inciso acrescentado pela Lei n. 15.181, de 28.07.2025.

§ 2º-A. A pena aumenta-se de 2/3 (dois terços):

Parágrafo acrescentado pela Lei n. 13.654, de 23.04.2018.

I – se a violência ou ameaça é exercida com emprego de arma de fogo;

Inciso acrescentado pela Lei n. 13.654, de 23.04.2018.

Veja art. 1º, II, *b*, Lei n. 8.072, de 25.07.1990.

II – se há destruição ou rompimento de obstáculo mediante o emprego de explosivo ou de artefato análogo que cause perigo comum.

Inciso acrescentado pela Lei n. 13.654, de 23.04.2018.

§ 2º-B. Se a violência ou grave ameaça é exercida com emprego de arma de fogo de uso restrito ou proibido, aplica-se em dobro a pena prevista no *caput* deste artigo.

Parágrafo acrescentado pela Lei n. 13.964, de 24.12.2019.
Veja art. 1º, II, *b*, Lei n. 8.072, de 25.07.1990.

§ 3º Se da violência resulta:

Parágrafo com redação dada pela Lei n. 13.654, de 23.04.2018.
Veja art. 1º, II, *c*, Lei n. 8.072, de 25.07.1990.

I – lesão corporal grave, a pena é de reclusão de 7 (sete) a 18 (dezoito) anos, e multa;

Inciso acrescentado pela Lei n. 13.654, de 23.04.2018.

II – morte, a pena é de reclusão de 20 (vinte) a 30 (trinta) anos, e multa.

Inciso acrescentado pela Lei n. 13.654, de 23.04.2018.
Veja art. 158, § 2º, CP.
Veja art. 1º, III, *c*, Lei n. 7.960, de 21.12.1989 (prisão temporária).
Veja arts. 1º, II, e 9º, Lei n. 8.072, de 25.07.1990 (crimes hediondos).
Veja Súmulas ns. 603 e 610, STF.

Extorsão

Art. 158. Constranger alguém, mediante violência ou grave ameaça, e com o intuito de obter para si ou para outrem indevida vantagem econômica, a fazer, tolerar que se faça ou deixar de fazer alguma coisa:

Pena – reclusão, de 4 (quatro) a 10 (dez) anos, e multa.

Veja art. 1º, III, *d*, Lei n. 7.960, de 21.12.1989 (prisão temporária).

§ 1º Se o crime é cometido por duas ou mais pessoas, ou com emprego de arma, aumenta-se a pena de um terço até metade.

Veja art. 1º, III, *d*, Lei n. 7.960, de 21.12.1989 (prisão temporária).

§ 2º Aplica-se à extorsão praticada mediante violência o disposto no § 3º do artigo anterior.

Veja art. 1º, III, *d*, Lei n. 7.960, de 21.12.1989 (prisão temporária).
Veja arts. 1º, III e IV, e 9º, Lei n. 8.072, de 25.07.1990 (crimes hediondos).
Veja Súmula n. 96, STJ.

§ 3º Se o crime é cometido mediante a restrição da liberdade da vítima, e essa condição é necessária para a obtenção da vantagem econômica, a pena é de reclusão, de 6 (seis) a 12 (doze) anos, além da multa; se resulta lesão corporal grave ou morte, aplicam-se as penas previstas no art. 159, §§ 2º e 3º, respectivamente.

Parágrafo acrescentado pela Lei n. 11.923, de 17.04.2009.
Veja art. 157, V, CP.

Extorsão mediante sequestro

Art. 159. Sequestrar pessoa com o fim de obter, para si ou para outrem, qualquer vantagem, como condição ou preço do resgate:

Pena – reclusão, de 8 (oito) a 15 (quinze) anos.

Pena com redação dada pela Lei n. 8.072, de 25.07.1990.
Veja art. 1º, III, *e*, Lei n. 7.960, de 21.12.1989 (prisão temporária).
Veja arts. 1º, IV, e 9º, Lei n. 8.072, de 25.07.1990 (crimes hediondos).
Veja art. 1º, Lei n. 9.613, de 03.03.1998 (crimes de lavagem de capitais).

§ 1º Se o sequestro dura mais de 24 (vinte e quatro) horas, se o sequestrado é menor de 18 (dezoito) ou maior de 60 (sessenta) anos, ou se o crime é cometido por bando ou quadrilha:

Parágrafo com redação dada pela Lei n. 10.741, de 01.10.2003.

Pena – reclusão, de 12 (doze) a 20 (vinte) anos.

Pena com redação dada pela Lei n. 8.072, de 25.07.1990.

Veja art. 288, CP.

Veja art. 1º, III, *e*, Lei n. 7.960, de 21.12.1989 (prisão temporária).

Veja arts. 1º, IV, e 9º, Lei n. 8.072, de 25.07.1990 (crimes hediondos).

§ 2º Se do fato resulta lesão corporal de natureza grave:

Pena – reclusão, de 16 (dezesseis) a 24 (vinte e quatro) anos.

Pena com redação dada pela Lei n. 8.072, de 25.07.1990.

Veja art. 158, § 3º, CP.

Veja art. 1º, III, *e*, Lei n. 7.960, de 21.12.1989 (prisão temporária).

Veja arts. 1º, IV, e 9º, Lei n. 8.072, de 25.07.1990 (crimes hediondos).

§ 3º Se resulta a morte:

Pena – reclusão, de 24 (vinte e quatro) a 30 (trinta) anos.

Pena com redação dada pela Lei n. 8.072, de 25.07.1990.

Veja art. 158, § 3º, CP.

Veja art. 1º, III, *e*, Lei n. 7.960, de 21.12.1989 (prisão temporária).

Veja arts. 1º, IV, e 9º, Lei n. 8.072, de 25.07.1990 (crimes hediondos).

§ 4º Se o crime é cometido em concurso, o concorrente que o denunciar à autoridade, facilitando a libertação do sequestrado, terá sua pena reduzida de um a dois terços.

Parágrafo com redação dada pela Lei n. 9.269, de 02.04.1996.

Extorsão indireta

Art. 160. Exigir ou receber, como garantia de dívida, abusando da situação de alguém, documento que pode dar causa a procedimento criminal contra a vítima ou contra terceiro:

Pena – reclusão, de 1 (um) a 3 (três) anos, e multa.

Veja art. 71, CDC.

Veja art. 2º, III, Lei n. 8.137, de 27.12.1990 (crimes contra a ordem tributária).

CAPÍTULO III
DA USURPAÇÃO

Veja art. 2º, Lei n. 8.176, de 08.02.1991 (crimes contra a ordem econômica).

Alteração de limites

Art. 161. Suprimir ou deslocar tapume, marco, ou qualquer outro sinal indicativo de linha divisória, para apropriar-se, no todo ou em parte, de coisa imóvel alheia:

Pena – detenção, de 1 (um) a 6 (seis) meses, e multa.

§ 1º Na mesma pena incorre quem:

Usurpação de águas

I – desvia ou represa, em proveito próprio ou de outrem, águas alheias;

Esbulho possessório

II – invade, com violência a pessoa ou grave ameaça, ou mediante concurso de mais de duas pessoas, terreno ou edifício alheio, para o fim de esbulho possessório.

Veja arts. 1.210, 1.212 e 1.213, CC.

Veja art. 20, Lei n. 4.947, de 06.04.1966 (normas de direito agrário).

Veja art. 9º, Lei n. 5.741, de 01.12.1971 (esbulho possessório).

§ 2º Se o agente usa de violência, incorre também na pena a esta cominada.

§ 3º Se a propriedade é particular, e não há emprego de violência, somente se procede mediante queixa.

Supressão ou alteração de marca em animais

Art. 162. Suprimir ou alterar, indevidamente, em gado ou rebanho alheio, marca ou sinal indicativo de propriedade:

Pena – detenção, de 6 (seis) meses a 3 (três) anos, e multa.

Veja art. 64, LCP.

CAPÍTULO IV
DO DANO

Dano

Art. 163. Destruir, inutilizar ou deteriorar coisa alheia:

Pena – detenção, de 1 (um) a 6 (seis) meses, ou multa.

Veja art. 540, CCom.

Dano qualificado

Parágrafo único. Se o crime é cometido:

I – com violência à pessoa ou grave ameaça;

II – com emprego de substância inflamável ou explosiva, se o fato não constitui crime mais grave;

III – contra o patrimônio da União, de Estado, do Distrito Federal, de Município ou de autarquia, fundação pública, empresa pública, sociedade de economia mista ou empresa concessionária de serviços públicos;

Inciso com redação dada pela Lei n. 13.531, de 07.12.2017.

IV – por motivo egoístico ou com prejuízo considerável para a vítima:

Veja art. 167, CP.

Pena – detenção, de 6 (seis) meses a 3 (três) anos, e multa, além da pena correspondente à violência.

Introdução ou abandono de animais em propriedade alheia

Art. 164. Introduzir ou deixar animais em propriedade alheia, sem consentimento de quem de direito, desde que o fato resulte prejuízo:

Pena – detenção, de 15 (quinze) dias a 6 (seis) meses, ou multa.

Veja art. 167, CP.

Veja art. 64, LCP.

Dano em coisa de valor artístico, arqueológico ou histórico

Art. 165. Destruir, inutilizar ou deteriorar coisa tombada pela autoridade competente em virtude de valor artístico, arqueológico ou histórico:

Pena – detenção, de 6 (seis) meses a 2 (dois) anos, e multa.

Veja art. 216, V, CF.

Veja art. 2º, Lei n. 3.924, de 26.07.1961 (monumentos arqueológicos).

Veja art. 62, Lei n. 9.605, de 12.02.1998 (crimes ambientais).

Alteração de local especialmente protegido

Art. 166. Alterar, sem licença da autoridade competente, o aspecto de local especialmente protegido por lei:

Pena – detenção, de 1 (um) mês a 1 (um) ano, ou multa.

Veja art. 169, CPP.

Veja art. 63, Lei n. 9.605, de 12.02.1998 (crimes ambientais).

Ação penal

Art. 167. Nos casos do art. 163, do n. IV do seu parágrafo e do art. 164, somente se procede mediante queixa.

CAPÍTULO V
DA APROPRIAÇÃO INDÉBITA

Apropriação indébita

Art. 168. Apropriar-se de coisa alheia móvel, de que tem a posse ou a detenção:

Pena – reclusão, de 1 (um) a 4 (quatro) anos, e multa.

Veja arts. 156 e 312, CP.

Veja arts. 644, 664, 681, 708, 1.197, 1.198 e 1.208, CC.

Veja art. 545, CLT.

Veja art. 11, Lei n. 4.357, de 16.07.1964 (OTN).

Veja art. 72, § 4º, Lei n. 7.450, de 23.12.1985 (altera a legislação tributária federal).

Veja art. 5º, Lei n. 7.492, de 16.06.1986 (crimes contra o sistema financeiro nacional).

Aumento de pena

§ 1º A pena é aumentada de um terço, quando o agente recebeu a coisa:

Da publicação oficial consta § 1º, quando deveria ser parágrafo único.

I – em depósito necessário;

Veja arts. 647 a 652, CC.

II – na qualidade de tutor, curador, síndico, liquidatário, inventariante, testamenteiro ou depositário judicial;

Veja arts. 1.728 e 1.920 a 1.976, CC.

III – em razão de ofício, emprego ou profissão.

Apropriação indébita previdenciária

Art. 168-A. Deixar de repassar à previdência social as contribuições recolhidas dos contribuintes, no prazo e forma legal ou convencional:

Pena – reclusão, de 2 (dois) a 5 (cinco) anos, e multa.

Caput e §§ 1º a 3º acrescentado pela Lei n. 9.983, de 14.07.2000.

Veja art. 83, Lei n. 9.430, de 27.12.1996; art. 9º, Lei n. 10.684, de 30.05.2003; arts. 68 e 69, Lei n. 11.941, de 27.05.2009.

§ 1º Nas mesmas penas incorre quem deixar de:

I – recolher, no prazo legal, contribuição ou outra importância destinada à previdência social que tenha sido descontada de pagamento efetuado a segurados, a terceiros ou arrecadada do público;

II – recolher contribuições devidas à previdência social que tenham integrado despesas contábeis ou custos relativos à venda de produtos ou à prestação de serviços;

III – pagar benefício devido a segurado, quando as respectivas cotas ou valores já tiverem sido reembolsados à empresa pela previdência social.

§ 2º É extinta a punibilidade se o agente, espontaneamente, declara, confessa e efetua o pagamento das contribuições, importâncias ou valores e presta as informações devidas à previdência social, na forma definida em lei ou regulamento, antes do início da ação fiscal.

§ 3º É facultado ao juiz deixar de aplicar a pena ou aplicar somente a de multa se o agente for primário e de bons antecedentes, desde que:

I – tenha promovido, após o início da ação fiscal e antes de oferecida a denúncia, o pagamento da contribuição social previdenciária, inclusive acessórios; ou

II – o valor das contribuições devidas, inclusive acessórios, seja igual ou inferior àquele estabelecido pela previdência social, administrativamente, como sendo o mínimo para o ajuizamento de suas execuções fiscais.

§ 4º A faculdade prevista no § 3º deste artigo não se aplica aos casos de parcelamento de contribuições cujo valor, inclusive dos acessórios, seja superior àquele estabelecido, administrativamente, como sendo o mínimo para o ajuizamento de suas execuções fiscais.

Parágrafo acrescentado pela Lei n. 13.606, de 09.01.2018.

Apropriação de coisa havida por erro, caso fortuito ou força da natureza

Art. 169. Apropriar-se alguém de coisa alheia vinda ao seu poder por erro, caso fortuito ou força da natureza:

Pena – detenção, de 1 (um) mês a 1 (um) ano, ou multa.

Parágrafo único. Na mesma pena incorre:

Apropriação de tesouro

I – quem acha tesouro em prédio alheio e se apropria, no todo ou em parte, da quota a que tem direito o proprietário do prédio;

Veja arts. 1.264 a 1.266, CC.

Veja art. 36, Lei n. 7.542, de 26.09.1986 (bens afundados, submersos ou perdidos).

Apropriação de coisa achada

II – quem acha coisa alheia perdida e dela se apropria, total ou parcialmente, deixando de restituí-la ao dono ou legítimo possuidor ou de entregá-la à autoridade competente, dentro no prazo de 15 (quinze) dias.

Veja arts. 1.233 a 1.235 e 1.237, CC.

Art. 170. Nos crimes previstos neste Capítulo, aplica-se o disposto no art. 155, § 2º.

CAPÍTULO VI
DO ESTELIONATO E OUTRAS FRAUDES

Estelionato

Art. 171. Obter, para si ou para outrem, vantagem ilícita, em prejuízo alheio, induzindo ou mantendo alguém em erro, mediante artifício, ardil, ou qualquer outro meio fraudulento:

Pena – reclusão, de 1 (um) a 5 (cinco) anos, e multa.

Veja arts. 289 a 302 e 304, CP.

Veja art. 70, § 4º, CPP.

Veja art. 655, CCom.

Veja art. 60, parágrafo único, LCP.

Veja art. 35, parágrafo único, Lei n. 492, de 30.08.1937 (penhor rural).

Veja art. 53, DL n. 6.259, de 10.02.1944 (serviço de loterias).

Veja art. 2º, IX, Lei n. 1.521, de 26.12.1951 (crimes contra a economia popular).

Veja art. 27, DL n. 70, de 21.11.1966 (cédula hipotecária).

Veja art. 21, DL n. 167, de 14.02.1967 (cédula de crédito rural).

Veja art. 43, DL n. 413, de 09.01.1969 (títulos de crédito industrial).

Veja art. 3º, Lei n. 7.134, de 26.10.1983 (incentivos fiscais).

Veja art. 6º, Lei n. 7.492, de 16.06.1986 (crimes contra o sistema financeiro nacional).

Veja art. 17, Lei n. 8.929, de 22.08.1994 (cédula de produto rural).

Veja Súmulas ns. 17, 48, 107 e 244, STJ.

§ 1º Se o criminoso é primário, e é de pequeno valor o prejuízo, o juiz pode aplicar a pena conforme o disposto no art. 155, § 2º.

Veja art. 172, CPP.

§ 2º Nas mesmas penas incorre quem:

Disposição de coisa alheia como própria

I – vende, permuta, dá em pagamento, em locação ou em garantia coisa alheia como própria;

Veja arts. 356 a 359, 447 a 457, 481, 533 e 565 a 568, CC.

Veja art. 66, § 8º, Lei n. 4.728, de 15.07.1965 (mercado de capitais).

Veja art. 1º, § 8º, DL n. 911, de 01.10.1969 (alienação fiduciária).

Veja art. 5º, parágrafo único, Lei n. 7.492, de 16.06.1986 (crimes contra o sistema financeiro nacional).

Alienação ou oneração fraudulenta de coisa própria

II – vende, permuta, dá em pagamento ou em garantia coisa própria inalienável, gravada de ônus ou litigiosa, ou imóvel que prometeu vender a terceiro, mediante pagamento em prestações, silenciando sobre qualquer dessas circunstâncias;

Veja arts. 652, 1.225, 1.419 a 1.430 e 1.911, CC.

Defraudação de penhor

III – defrauda, mediante alienação não consentida pelo credor ou por outro modo, a garantia pignoratícia, quando tem a posse do objeto empenhado;

Veja arts. 1.431 a 1.435, 1.445 e 1.467 a 1.471, CC.

Fraude na entrega de coisa

IV – defrauda substância, qualidade ou quantidade de coisa que deve entregar a alguém;

Veja art. 2º, XI, Lei n. 1.521, de 26.12.1951 (crimes contra a economia popular).

Fraude para recebimento de indenização ou valor de seguro

V – destrói, total ou parcialmente, ou oculta coisa própria, ou lesa o próprio corpo ou a saúde, ou agrava as consequências da lesão ou doença, com o intuito de haver indenização ou valor de seguro;

Veja art. 765, CC.

Fraude no pagamento por meio de cheque

VI – emite cheque, sem suficiente provisão de fundos em poder do sacado, ou lhe frustra o pagamento.

Veja art. 65, Lei n. 7.357, de 02.09.1985 (Lei do Cheque).

Veja Súmulas ns. 246, 521 e 554, STF.

Veja Súmula n. 244, STJ.

Fraude eletrônica

§ 2º-A. A pena é de reclusão, de 4 (quatro) a 8 (oito) anos, e multa, se a fraude é cometida com a utilização de informações fornecidas pela vítima ou por terceiro induzido a erro por meio de redes sociais, contatos telefônicos ou envio de correio eletrônico fraudulento, ou por qualquer outro meio fraudulento análogo.

Parágrafo acrescentado pela Lei n. 14.155, de 27.05.2021.

§ 2º-B. A pena prevista no § 2º-A deste artigo, considerada a relevância do resultado gravoso, aumenta-se de 1/3 (um terço) a 2/3 (dois terços), se o crime é praticado mediante a utilização de servidor mantido fora do território nacional.

Parágrafo acrescentado pela Lei n. 14.155, de 27.05.2021.

§ 3º A pena aumenta-se de um terço, se o crime é cometido em detrimento de entidade de direito público ou de instituto de economia popular, assistência social ou beneficência.

Veja Súmulas ns. 24 e 599, STJ.

Estelionato contra idoso ou vulnerável

§ 4º A pena aumenta-se de 1/3 (um terço) ao dobro, se o crime é cometido contra idoso ou vulnerável, considerada a relevância do resultado gravoso.

Nomen juris e parágrafo com redação dada pela Lei n. 14.155, de 27.05.2021.

§ 5º Somente se procede mediante representação, salvo se a vítima for:

Parágrafo acrescentado pela Lei n. 13.964, de 24.12.2019.

I – a Administração Pública, direta ou indireta;

Inciso acrescentado pela Lei n. 13.964, de 24.12.2019.

II – criança ou adolescente;

Inciso acrescentado pela Lei n. 13.964, de 24.12.2019.

III – pessoa com deficiência; ou

Inciso com redação dada pela Lei n. 15.229, de 02.10.2025.

IV – maior de 70 (setenta) anos de idade ou incapaz.

Inciso acrescentado pela Lei n. 13.964, de 24.12.2019.

Fraude com a utilização de ativos virtuais, valores mobiliários ou ativos financeiros

Art. 171-A. Organizar, gerir, ofertar ou distribuir carteiras ou intermediar operações que envolvam ativos virtuais, valores mobiliários ou quaisquer ativos financeiros com o fim de obter vantagem ilícita, em prejuízo alheio, induzindo ou mantendo alguém em erro, mediante artifício, ardil ou qualquer outro meio fraudulento.

Artigo acrescentado pela Lei n. 14.478, de 21.12.2022.

Pena – reclusão, de 4 (quatro) a 8 (oito) anos, e multa.

Duplicata simulada

Art. 172. Emitir fatura, duplicata ou nota de venda que não corresponda à mercadoria vendida, em quantidade ou qualidade, ou ao serviço prestado:

Pena – detenção, de 2 (dois) a 4 (quatro) anos, e multa.

Caput com redação dada pela Lei n. 8.137, de 27.12.1990.

Veja art. 11, *h*, Lei Delegada n. 4, de 26.09.1962 (intervenção no domínio econômico).

Veja art. 1º, II, Lei n. 8.137, de 27.12.1990 (crimes contra a ordem tributária).

Parágrafo único. Nas mesmas penas incorrerá aquele que falsificar ou adulterar a escrituração do Livro de Registro de Duplicatas.

Parágrafo acrescentado pela Lei n. 5.474, de 18.07.1968.

Veja art. 1º, III, Lei n. 8.137, de 27.12.1990 (crimes contra a ordem tributária).

Abuso de incapazes

Art. 173. Abusar, em proveito próprio ou alheio, de necessidade, paixão ou inexperiência de menor, ou da alienação ou debilidade mental de outrem, induzindo qualquer deles à prática de ato suscetível de produzir efeito jurídico, em prejuízo próprio ou de terceiro:

Pena – reclusão, de 2 (dois) a 6 (seis) anos, e multa.

Veja art. 60, parágrafo único, LCP.

Veja art. 4º, *b*, Lei n. 1.521, de 26.12.1951 (crimes contra a economia popular).

Induzimento à especulação

Art. 174. Abusar, em proveito próprio ou alheio, da inexperiência ou da simplicidade ou inferioridade mental de outrem, induzindo-o à prática de jogo ou aposta, ou à especulação com títulos ou mercadorias, sabendo ou devendo saber que a operação é ruinosa:

Pena – reclusão, de 1 (um) a 3 (três) anos, e multa.

Veja arts. 50 a 58, LCP.

Veja arts. 814 a 816, CC.

Veja art. 2º, IX, Lei n. 1.521, de 26.12.1951 (crimes contra a economia popular).

Fraude no comércio

Art. 175. Enganar, no exercício de atividade comercial, o adquirente ou consumidor:

I – vendendo, como verdadeira ou perfeita, mercadoria falsificada ou deteriorada;

II – entregando uma mercadoria por outra:

Pena – detenção, de 6 (seis) meses a 2 (dois) anos, ou multa.

Veja art. 2º, IX, Lei n. 1.521, de 26.12.1951 (crimes contra a economia popular).

Veja CDC.

Veja Lei n. 8.137, de 27.12.1990 (crimes contra as relações de consumo).

§ 1º Alterar em obra que lhe é encomendada a qualidade ou o peso de metal ou substituir, no mesmo caso, pedra verdadeira por falsa ou por outra de menor valor; vender pedra falsa por verdadeira; vender, como precioso, metal de outra qualidade:

Pena – reclusão, de 1 (um) a 5 (cinco) anos, e multa.

§ 2º É aplicável o disposto no art. 155, § 2º.

Outras fraudes

Art. 176. Tomar refeição em restaurante, alojar-se em hotel ou utilizar-se de meio de transporte sem dispor de recursos para efetuar o pagamento:

Pena – detenção, de 15 (quinze) dias a 2 (dois) meses, ou multa.

Parágrafo único. Somente se procede mediante representação, e o juiz pode, conforme as circunstâncias, deixar de aplicar a pena.

Fraudes e abusos na fundação ou administração de sociedade por ações

Art. 177. Promover a fundação de sociedade por ações, fazendo, em prospecto ou em comunicação ao público ou à assembleia, afirmação falsa sobre a constituição da sociedade, ou ocultando fraudulentamente fato a ela relativo:

Pena – reclusão, de 1 (um) a 4 (quatro) anos, e multa, se o fato não constitui crime contra a economia popular.

Veja art. 3º, DL n. 697, de 23.07.1969.

Veja arts. 115 a 119, Lei n. 6.404, de 15.12.1976 (sociedades anônimas).

§ 1º Incorrem na mesma pena, se o fato não constitui crime contra a economia popular:

Veja Lei n. 1.521, de 26.12.1951 (crimes contra a economia popular).

Veja CDC.

Veja Lei n. 8.137, de 27.12.1990 (crimes contra as relações de consumo).

I – o diretor, o gerente ou o fiscal de sociedade por ações, que, em prospecto, relatório, parecer, balanço ou comunicação ao público ou à assembleia, faz afirmação falsa sobre as condições econômicas da sociedade, ou oculta fraudulentamente, no todo ou em parte, fato a elas relativo;

II – o diretor, o gerente ou o fiscal que promove, por qualquer artifício, falsa cotação das ações ou de outros títulos da sociedade;

III – o diretor ou o gerente que toma empréstimo à sociedade ou usa, em proveito próprio ou de terceiro, dos bens ou haveres sociais, sem prévia autorização da assembleia geral;

Veja art. 154, § 2º, *b*, Lei n. 6.404, de 15.12.1976 (sociedades anônimas).

IV – o diretor ou o gerente que compra ou vende, por conta da sociedade, ações por ela emitidas, salvo quando a lei o permite;

Veja art. 30, § 1º, *b*, Lei n. 6.404, de 15.12.1976 (sociedades anônimas).

V – o diretor ou o gerente que, como garantia de crédito social, aceita em penhor ou em caução ações da própria sociedade;

VI – o diretor ou o gerente que, na falta de balanço, em desacordo com este, ou mediante balanço falso, distribui lucros ou dividendos fictícios;

VII – o diretor, o gerente ou o fiscal que, por interposta pessoa, ou conluiado com acionista, consegue a aprovação de conta ou parecer;

VIII – o liquidante, nos casos dos ns. I, II, III, IV, V e VII;

IX – o representante da sociedade anônima estrangeira, autorizada a funcionar no País, que pratica os atos mencionados nos ns. I e II, ou dá falsa informação ao Governo.

§ 2º Incorre na pena de detenção, de 6 (seis) meses a 2 (dois) anos, e multa, o acionista que, a fim de obter vantagem para si ou para outrem, negocia o voto nas deliberações de assembleia geral.

Veja art. 118 e parágrafos, Lei n. 6.404, de 15.12.1976 (sociedades anônimas).

Emissão irregular de conhecimento de depósito ou *warrant*

Art. 178. Emitir conhecimento de depósito ou *warrant*, em desacordo com disposição legal:

Pena – reclusão, de 1 (um) a 4 (quatro) anos, e multa.

Veja art. 15, Decreto n. 1.102, de 21.11.1903 (armazéns gerais).

Fraude à execução

Art. 179. Fraudar execução, alienando, desviando, destruindo ou danificando bens, ou simulando dívidas:

Pena – detenção, de 6 (seis) meses a 2 (dois) anos, ou multa.

Parágrafo único. Somente se procede mediante queixa.

Veja art. 24, § 2º, CPP.

CAPÍTULO VII
DA RECEPTAÇÃO

Veja arts. 155 a 179, CP.

Receptação

Art. 180. Adquirir, receber, transportar, conduzir ou ocultar, em proveito próprio ou alheio, coisa que sabe ser produto de crime, ou influir para que terceiro, de boa-fé, a adquira, receba ou oculte:

Pena – reclusão, de 1 (um) a 4 (quatro) anos, e multa.

Caput com redação dada pela Lei n. 9.426, de 24.12.1996.

Veja art. 278-A, CTB.

Veja art. 2º, § 1º, Lei n. 8.176, de 08.02.1991 (crimes contra a ordem econômica).

Receptação qualificada

§ 1º Adquirir, receber, transportar, conduzir, ocultar, ter em depósito, desmontar, montar, remontar, vender, expor à venda, ou de qualquer forma utilizar, em proveito próprio ou alheio, no exercício de atividade comercial ou industrial, coisa que deve saber ser produto de crime:

Pena – reclusão, de 3 (três) a 8 (oito) anos, e multa.

Parágrafo com redação dada pela Lei n. 9.426, de 24.12.1996.

§ 2º Equipara-se à atividade comercial, para efeito do parágrafo anterior, qualquer forma de comércio irregular ou clandestino, inclusive o exercido em residência.

Parágrafo com redação dada pela Lei n. 9.426, de 24.12.1996.

§ 3º Adquirir ou receber coisa que, por sua natureza ou pela desproporção entre o valor e o preço, ou pela condição de quem a oferece, deve presumir-se obtida por meio criminoso:

Pena – detenção, de 1 (um) mês a 1 (um) ano, ou multa, ou ambas as penas.

Parágrafo com redação dada pela Lei n. 9.426, de 24.12.1996.

§ 4º A receptação é punível, ainda que desconhecido ou isento de pena o autor do crime de que proveio a coisa.

Parágrafo com redação dada pela Lei n. 9.426, de 24.12.1996.

Veja arts. 26 e 27, CP.

§ 5º Na hipótese do § 3º, se o criminoso é primário, pode o juiz, tendo em consideração as circunstâncias, deixar de aplicar a pena. Na receptação dolosa aplica-se o disposto no § 2º do art. 155.

Parágrafo acrescentado pela Lei n. 9.426, de 24.12.1996.

Veja art. 59, CP.

§ 6º Tratando-se de bens do patrimônio da União, de Estado, do Distrito Federal, de Município ou de autarquia, fundação pública, empresa pública, sociedade de economia mista ou empresa concessionária de serviços públicos, aplica-se em dobro a pena prevista no *caput* deste artigo.

Parágrafo acrescentado pela Lei n. 13.531, de 07.12.2017.

§ 7º Se a receptação for de fios, cabos ou equipamentos utilizados para fornecimento ou transmissão de energia elétrica ou de telefonia, transferência de dados, ou de cargas transportadas em modais logísticos ferroviários ou metroviários, aplica-se em dobro a pena prevista no *caput* ou no § 1º deste artigo, conforme o caso.

Parágrafo acrescentado pela Lei n. 15.181, de 28.07.2025

Receptação de animal

Art. 180-A. Adquirir, receber, transportar, conduzir, ocultar, ter em depósito ou vender, com a finalidade de produção ou de comercialização, semovente domesticável de produção, ainda que abatido ou dividido em partes, que deve saber ser produto de crime:

Pena – reclusão, de 2 (dois) a 5 (cinco) anos, e multa.

Artigo acrescentado pela Lei n. 13.330, de 02.08.2016.

CAPÍTULO VIII
DISPOSIÇÕES GERAIS

Art. 181. É isento de pena quem comete qualquer dos crimes previstos neste título, em prejuízo:

I – do cônjuge, na constância da sociedade conjugal;

II – de ascendente ou descendente, seja o parentesco legítimo ou ilegítimo, seja civil ou natural.

Veja art. 95, Lei n. 10.741, de 01.10.2003 (Estatuto da Pessoa Idosa).

Art. 182. Somente se procede mediante representação, se o crime previsto neste título é cometido em prejuízo:

I – do cônjuge desquitado ou judicialmente separado;

Veja art. 39, Lei n. 6.515, de 26.12.1977, que substituiu as expressões "desquite por mútuo consentimento", "desquite" e "desquite litigioso" por "separação consensual" e "separação judicial".

Veja EC n. 66, de 13.07.2010.

Veja arts. 1.571 a 1.582, CC.

II – de irmão, legítimo ou ilegítimo;

III – de tio ou sobrinho, com quem o agente coabita.

Art. 183. Não se aplica o disposto nos dois artigos anteriores:

I – se o crime é de roubo ou de extorsão, ou, em geral, quando haja emprego de grave ameaça ou violência à pessoa;

II – ao estranho que participa do crime;

III – se o crime é praticado contra pessoa com idade igual ou superior a 60 (sessenta) anos.

Inciso acrescentado pela Lei n. 10.741, de 01.10.2003.

Art. 183-A. Nos crimes de que trata este Título, quando cometidos contra as instituições financeiras e os prestadores de serviço de segurança privada, de que trata o Estatuto da Segurança Privada e da Segurança das Instituições Financeiras, as penas serão aumentadas de 1/3 (um terço) até o dobro.

Artigo acrescentado pela Lei n. 14.967, de 09.09.2024.

TÍTULO III
DOS CRIMES CONTRA A PROPRIEDADE IMATERIAL

CAPÍTULO I
DOS CRIMES CONTRA A PROPRIEDADE INTELECTUAL

Violação de direito autoral

Art. 184. Violar direitos de autor e os que lhe são conexos:

Pena – detenção, de 3 (três) meses a 1 (um) ano, ou multa.

Caput com redação dada pela Lei n. 10.695, de 01.07.2003.

Veja art. 5º, XXVIII, CF.

Veja Lei n. 9.609, de 19.02.1998 (programas de computador).

Veja Lei n. 9.610, de 19.02.1998 (direitos autorais).

§ 1º Se a violação consistir em reprodução total ou parcial, com intuito de lucro direto ou indireto, por qualquer meio ou processo, de obra intelectual, interpretação, execução ou fonograma, sem autorização expressa do autor, do artista intérprete ou executante, do produtor, conforme o caso, ou de quem os represente:

Pena – reclusão, de 2 (dois) a 4 (quatro) anos, e multa.

Parágrafo com redação dada pela Lei n. 10.695, de 01.07.2003.

§ 2º Na mesma pena do § 1º incorre quem, com o intuito de lucro direto ou indireto, distribui, vende, expõe à venda, aluga, introduz no País, adquire, oculta, tem em depósito, original ou cópia de obra intelectual ou fonograma reproduzido com violação do direito de autor, do direito de artista intérprete ou executante ou do direito do produtor de fonograma, ou, ainda, aluga original ou cópia de obra intelectual ou fonograma, sem a expressa autorização dos titulares dos direitos ou de quem os represente.

Parágrafo com redação dada pela Lei n. 10.695, de 01.07.2003.

Veja Súmula n. 574, STJ.

§ 3º Se a violação consistir no oferecimento ao público, mediante cabo, fibra ótica, satélite, ondas ou qualquer outro sistema que permita ao usuário realizar a seleção da obra ou produção para recebê-la em um tempo e lugar previamente determinados por quem formula a demanda, com intuito de lucro, direto ou indireto, sem autorização expressa, conforme o caso, do autor, do artista intérprete ou executante, do produtor de fonograma, ou de quem os represente:

Parágrafo com redação dada pela Lei n. 10.695, de 01.07.2003.

Pena – reclusão, de 2 (dois) a 4 (quatro) anos, e multa.

Pena acrescentada pela Lei n. 10.695, de 01.07.2003.

Veja art. 186, IV, CP.

§ 4º O disposto nos §§ 1º, 2º e 3º não se aplica quando se tratar de exceção ou limitação ao direito de autor ou os que lhe são conexos, em conformidade com o previsto na Lei n. 9.610, de 19 de fevereiro de 1998, nem a cópia de obra intelectual ou fonograma, em um só exemplar, para uso privado do copista, sem intuito de lucro direto ou indireto.

Parágrafo acrescentado pela Lei n. 10.695, de 01.07.2003.

Veja art. 46, II, Lei n. 9.610, de 19.02.1998.

Usurpação de nome ou pseudônimo alheio

Art. 185. (*Revogado pela Lei n. 10.695, de 01.07.2003.*)

Art. 186. Procede-se mediante:

Caput com redação dada pela Lei n. 10.695, de 01.07.2003.

I – queixa, nos crimes previstos no *caput* do art. 184;

Inciso acrescentado pela Lei n. 10.695, de 01.07.2003.

II – ação penal pública incondicionada, nos crimes previstos nos §§ 1º e 2º do art. 184;

Inciso acrescentado pela Lei n. 10.695, de 01.07.2003.

III – ação penal pública incondicionada, nos crimes cometidos em desfavor de entidades de direito público, autarquia, empresa pública, sociedade de economia mista ou fundação instituída pelo Poder Público;

Inciso acrescentado pela Lei n. 10.695, de 01.07.2003.

IV – ação penal pública condicionada à representação, nos crimes previstos no § 3º do art. 184.

Inciso acrescentado pela Lei n. 10.695, de 01.07.2003.

CAPÍTULO II
DOS CRIMES CONTRA O PRIVILÉGIO DE INVENÇÃO

Veja arts. 183 a 195, Lei n. 9.279, de 14.05.1996.

Arts. 187 a 191. (*Revogados pela Lei n. 9.279, de 14.05.1996.*)

CAPÍTULO III
DOS CRIMES CONTRA AS MARCAS DE INDÚSTRIA E COMÉRCIO

Arts. 192 a 195. (*Revogados pela Lei n. 9.279, de 14.05.1996.*)

CAPÍTULO IV
DOS CRIMES DE CONCORRÊNCIA DESLEAL

Art. 196. (*Revogado pela Lei n. 9.279, de 14.05.1996.*)

TÍTULO IV
DOS CRIMES CONTRA A ORGANIZAÇÃO DO TRABALHO

Veja art. 109, VI, CF.
Veja arts. 47 a 49, LCP.
Veja art. 722, CLT.
Veja art. 4º, Lei n. 7.716, de 05.01.1989 (crimes resultantes de preconceitos).
Veja Lei n. 7.783, de 28.06.1989 (Lei de Greve).
Veja Lei n. 7.853, de 24.10.1989 (portadores de deficiência).
Veja art. 2º, Lei n. 9.029, de 13.04.1995 (atestados de gravidez e de esterilização).

Atentado contra a liberdade de trabalho

Art. 197. Constranger alguém, mediante violência ou grave ameaça:

I – a exercer ou não exercer arte, ofício, profissão ou indústria, ou a trabalhar ou não trabalhar durante certo período ou em determinados dias:

Pena – detenção, de 1 (um) mês a 1 (um) ano, e multa, além da pena correspondente à violência;

II – a abrir ou fechar o seu estabelecimento de trabalho, ou a participar de parede ou paralisação de atividade econômica:

Pena – detenção, de 3 (três) meses a 1 (um) ano, e multa, além da pena correspondente à violência.

Veja art. 722, CLT.
Veja Lei n. 7.783, de 28.06.1989 (Lei de Greve).

Atentado contra a liberdade de contrato de trabalho e boicotagem violenta

Art. 198. Constranger alguém, mediante violência ou grave ameaça, a celebrar contrato de trabalho, ou a não fornecer a outrem ou não adquirir de outrem matéria-prima ou produto industrial ou agrícola:

Pena – detenção, de 1 (um) mês a 1 (um) ano, e multa, além da pena correspondente à violência.

Atentado contra a liberdade de associação

Art. 199. Constranger alguém, mediante violência ou grave ameaça, a participar ou deixar de participar de determinado sindicato ou associação profissional:

Pena – detenção, de 1 (um) mês a 1 (um) ano, e multa, além da pena correspondente à violência.

Veja arts. 511 a 514, CLT.

Paralisação de trabalho, seguida de violência ou perturbação da ordem

Art. 200. Participar de suspensão ou abandono coletivo de trabalho, praticando violência contra pessoa ou contra coisa:

Pena – detenção, de 1 (um) mês a 1 (um) ano, e multa, além da pena correspondente à violência.

Parágrafo único. Para que se considere coletivo o abandono de trabalho é indispensável o concurso de, pelo menos, três empregados.

Paralisação de trabalho de interesse coletivo

Art. 201. Participar de suspensão ou abandono coletivo de trabalho, provocando a interrupção de obra pública ou serviço de interesse coletivo:

Pena – detenção, de 6 (seis) meses a 2 (dois) anos, e multa.

Veja art. 3º, II, Lei n. 1.521, de 26.12.1951 (crimes contra a economia popular).

Invasão de estabelecimento industrial, comercial ou agrícola. Sabotagem

Art. 202. Invadir ou ocupar estabelecimento industrial, comercial ou agrícola, com o intuito de impedir ou embaraçar o curso normal do trabalho, ou com o mesmo fim danificar o estabelecimento ou as coisas nele existentes ou delas dispor:

Pena – reclusão, de 1 (um) a 3 (três) anos, e multa.

Frustração de direito assegurado por lei trabalhista

Art. 203. Frustrar, mediante fraude ou violência, direito assegurado pela legislação do trabalho:

Pena – detenção, de 1 (um) ano a 2 (dois) anos, e multa, além da pena correspondente à violência.

Pena com redação dada pela Lei n. 9.777, de 29.12.1998.

Veja art. 4º, Lei n. 7.716, de 05.01.1989 (crimes de preconceito).

Veja Súmula n. 115, TFR.

§ 1º Na mesma pena incorre quem:

Parágrafo acrescentado pela Lei n. 9.777, de 29.12.1998.

I – obriga ou coage alguém a usar mercadorias de determinado estabelecimento, para impossibilitar o desligamento do serviço em virtude de dívida;

Inciso acrescentado pela Lei n. 9.777, de 29.12.1998.

II – impede alguém de se desligar de serviços de qualquer natureza, mediante coação ou por meio da retenção de seus documentos pessoais ou contratuais.

Inciso acrescentado pela Lei n. 9.777, de 29.12.1998.

§ 2º A pena é aumentada de 1/6 (um sexto) a 1/3 (um terço) se a vítima é menor de 18 (dezoito) anos, idosa, gestante, indígena ou portadora de deficiência física ou mental.

Parágrafo acrescentado pela Lei n. 9.777, de 29.12.1998.

Frustração de lei sobre a nacionalização do trabalho

Art. 204. Frustrar, mediante fraude ou violência, obrigação legal relativa à nacionalização do trabalho:

Pena – detenção, de 1 (um) mês a 1 (um) ano, e multa, além da pena correspondente à violência.

Veja arts. 352 a 371, CLT.

Exercício de atividade com infração de decisão administrativa

Art. 205. Exercer atividade, de que está impedido por decisão administrativa:

Pena – detenção, de 3 (três) meses a 2 (dois) anos, ou multa.

Veja arts. 47 e 48, LCP.

Aliciamento para o fim de emigração

Art. 206. Recrutar trabalhadores, mediante fraude, com o fim de levá-los para território estrangeiro:

Pena – detenção, de 1 (um) a 3 (três) anos e multa.

Artigo com redação dada pela Lei n. 8.683, de 15.07.1993.

Aliciamento de trabalhadores de um local para outro do território nacional

Art. 207. Aliciar trabalhadores, com o fim de levá-los de uma para outra localidade do território nacional:

Pena – detenção, de 1 (um) a 3 (três) anos, e multa.

Pena com redação dada pela Lei n. 9.777, de 29.12.1998.

§ 1º Incorre na mesma pena quem recrutar trabalhadores fora da localidade de execução do trabalho, dentro do território nacional, mediante fraude ou cobrança de qualquer quantia do trabalhador, ou, ainda, não assegurar condições do seu retorno ao local de origem.

Parágrafo acrescentado pela Lei n. 9.777, de 29.12.1998.

§ 2º A pena é aumentada de 1/6 (um sexto) a 1/3 (um terço) se a vítima é menor de 18 (dezoito) anos, idosa, gestante, indígena ou portadora de deficiência física ou mental.

Parágrafo acrescentado pela Lei n. 9.777, de 29.12.1998.

TÍTULO V
DOS CRIMES CONTRA O SENTIMENTO RELIGIOSO E CONTRA O RESPEITO AOS MORTOS

CAPÍTULO I
DOS CRIMES CONTRA O SENTIMENTO RELIGIOSO

Veja art. 5º, VI a VIII, CF.

Veja art. 40, LCP.

Ultraje a culto e impedimento ou perturbação de ato a ele relativo

Art. 208. Escarnecer de alguém publicamente, por motivo de crença ou função religiosa; impedir ou perturbar cerimônia ou prática de culto religioso; vilipendiar publicamente ato ou objeto de culto religioso:

Pena – detenção, de 1 (um) mês a 1 (um) ano, ou multa.

Veja arts. 40 e 65, LCP.

Veja art. 59, I, Lei n. 6.001, de 19.12.1973 (Estatuto do Índio).

Parágrafo único. Se há emprego de violência, a pena é aumentada de um terço, sem prejuízo da correspondente à violência.

CAPÍTULO II
DOS CRIMES CONTRA O RESPEITO AOS MORTOS

Impedimento ou perturbação de cerimônia funerária

Art. 209. Impedir ou perturbar enterro ou cerimônia funerária:

Pena – detenção, de 1 (um) mês a 1 (um) ano, ou multa.

Veja arts. 40 e 65, LCP.

Parágrafo único. Se há emprego de violência, a pena é aumentada de um terço, sem prejuízo da correspondente à violência.

Violação de sepultura

Art. 210. Violar ou profanar sepultura ou urna funerária:

Pena – reclusão, de 1 (um) a 3 (três) anos, e multa.

Veja art. 67, LCP.

Destruição, subtração ou ocultação de cadáver

Art. 211. Destruir, subtrair ou ocultar cadáver ou parte dele:

Pena – reclusão, de 1 (um) a 3 (três) anos, e multa.

Veja arts. 8º, 14 e 19, Lei n. 9.434, de 04.02.1997 (transplantes).

Vilipêndio a cadáver

Art. 212. Vilipendiar cadáver ou suas cinzas:

Pena – detenção, de 1 (um) a 3 (três) anos, e multa.

Veja arts. 8º, 14 e 19, Lei n. 9.434, de 04.02.1997 (transplantes).

TÍTULO VI
DOS CRIMES CONTRA A DIGNIDADE SEXUAL

Título com denominação dada pela Lei n. 12.015, de 07.08.2009.

CAPÍTULO I
DOS CRIMES CONTRA A LIBERDADE SEXUAL

Capítulo com denominação mantida pela Lei n. 12.015, de 07.08.2009.

Veja art. 225, CP.

Estupro

Art. 213. Constranger alguém, mediante violência ou grave ameaça, a ter conjunção carnal ou a praticar ou permitir que com ele se pratique outro ato libidinoso:

Pena – reclusão, de 6 (seis) a 10 (dez) anos.

Caput e pena com redação dada pela Lei n. 12.015, de 07.08.2009.

Veja art. 234-B, § 1º, CP.

Veja art. 1º, V, Lei n. 8.072, de 25.07.1990.

Veja art. 3º, § 2º, I, *f*, Lei n. 14.022, de 07.07.2020.

Veja Lei n. 14.069, de 01.10.2020.

Veja Súmula n. 608, STF.

§ 1º Se da conduta resulta lesão corporal de natureza grave ou se a vítima é menor de 18 (dezoito) ou maior de 14 (catorze) anos:

Pena – reclusão, de 8 (oito) a 12 (doze) anos.

Parágrafo e pena acrescentados pela Lei n. 12.015, de 07.08.2009.

Veja art. 1º, V, Lei n. 8.072, de 25.07.1990.

§ 2º Se da conduta resulta morte:

Pena – reclusão, de 12 (doze) a 30 (trinta) anos.

Parágrafo e pena acrescentados pela Lei n. 12.015, de 07.08.2009.

Veja art. 1º, V, Lei n. 8.072, de 25.07.1990.

Atentado violento ao pudor

Art. 214. (*Revogado pela Lei n. 12.015, de 07.08.2009.*)

Violação sexual mediante fraude

Art. 215. Ter conjunção carnal ou praticar outro ato libidinoso com alguém, mediante fraude ou outro meio que impeça ou dificulte a livre manifestação de vontade da vítima:

Pena – reclusão, de 2 (dois) a 6 (seis) anos.

Nomen juris, caput e pena com redação dada pela Lei n. 12.015, de 07.08.2009.

Veja art. 1º, XI, Decreto n. 12.338, de 23.12.2024.

Parágrafo único. Se o crime é cometido com o fim de obter vantagem econômica, aplica-se também multa.

Parágrafo com redação dada pela Lei n. 12.015, de 07.08.2009.

Importunação sexual

Art. 215-A. Praticar contra alguém e sem a sua anuência ato libidinoso com o objetivo de satisfazer a própria lascívia ou a de terceiro:

Artigo acrescentado pela Lei n. 13.718, de 24.09.2018.

Pena – reclusão, de 1 (um) a 5 (cinco) anos, se o ato não constitui crime mais grave.

Atentado ao pudor mediante fraude

Art. 216. (*Revogado pela Lei n. 12.015, de 07.08.2009.*)

Assédio sexual

Art. 216-A. Constranger alguém com o intuito de obter vantagem ou favorecimento sexual, prevalecendo-se o agente da sua condição de superior hierárquico ou ascendência inerentes ao exercício de emprego, cargo ou função:

Pena – detenção, de 1 (um) a 2 (dois) anos.

Caput e parágrafo único acrescentados pela Lei n. 10.224, de 15.05.2001.

Veja art. 1º, XI, Decreto n. 12.338, de 23.12.2024.

Parágrafo único. (*Vetado.*)

A Lei n. 12.015, de 07.08.2009, não renumerou este parágrafo.

§ 2º A pena é aumentada em até um terço se a vítima é menor de 18 (dezoito) anos.

Parágrafo acrescentado pela Lei n. 12.015, de 07.08.2009.

CAPÍTULO I-A
DA EXPOSIÇÃO DA INTIMIDADE SEXUAL

Capítulo acrescentado pela Lei n. 13.772, de 19.12.2018.

Registro não autorizado da intimidade sexual

Art. 216-B. Produzir, fotografar, filmar ou registrar, por qualquer meio, conteúdo com cena de nudez ou ato sexual ou libidinoso de caráter íntimo e privado sem autorização dos participantes:

Pena – detenção, de 6 (seis) meses a 1 (um) ano, e multa.

Artigo acrescentado pela Lei n. 13.772, de 19.12.2018.

Veja art. 234-B, § 1º, CP.

Parágrafo único. Na mesma pena incorre quem realiza montagem em fotografia, vídeo, áudio ou qualquer outro registro com o fim de incluir pessoa em cena de nudez ou ato sexual ou libidinoso de caráter íntimo.

CAPÍTULO II
DOS CRIMES SEXUAIS CONTRA VULNERÁVEL

Capítulo com denominação dada pela Lei n. 12.015, de 07.08.2009.

Veja art. 225, CP.

Sedução

Art. 217. (*Revogado pela Lei n. 11.106, de 28.03.2005.*)

Estupro de vulnerável

Art. 217-A. Ter conjunção carnal ou praticar outro ato libidinoso com menor de 14 (catorze) anos:

Caput acrescentado pela Lei n. 12.015, de 07.08.2009.

Veja art. 234-B, § 1º, CP.

Veja art. 1º, VI, Lei n. 8.072, de 25.07.1990.

Veja arts. 190-A e 190-C, ECA.

Veja art. 3º, § 2º, I, *g*, Lei n. 14.022, de 07.07.2020.

Veja art. 1º, XI, Decreto n. 12.338, de 23.12.2024.

Veja Súmula n. 599, STJ.

Pena – reclusão, de 8 (oito) a 15 (quinze) anos.

Pena acrescentado pela Lei n. 12.015, de 07.08.2009.

§ 1º Incorre na mesma pena quem pratica as ações descritas no *caput* com alguém que, por enfermidade ou deficiência mental, não tem o necessário discernimento para a prática do ato, ou que, por qualquer outra causa, não pode oferecer resistência.

Parágrafo acrescentado pela Lei n. 12.015, de 07.08.2009.

Veja art. 3º, § 2º, I, *g*, Lei n. 14.022, de 07.07.2020.

§ 2º (*Vetado.*)

Parágrafo acrescentado pela Lei n. 12.015, de 07.08.2009.

§ 3º Se da conduta resulta lesão corporal de natureza grave:

Pena – reclusão, de 10 (dez) a 20 (vinte) anos.

Parágrafo e pena acrescentados pela Lei n. 12.015, de 07.08.2009.

Veja art. 3º, § 2º, I, *g*, Lei n. 14.022, de 07.07.2020.

§ 4º Se da conduta resulta morte:

Pena – reclusão, de 12 (doze) a 30 (trinta) anos.

Parágrafo e pena acrescentados pela Lei n. 12.015, de 07.08.2009.

Veja art. 3º, § 2º, I, *g*, Lei n. 14.022, de 07.07.2020.

§ 5º As penas previstas no *caput* e nos §§ 1º, 3º e 4º deste artigo aplicam-se independentemente do consentimento da vítima ou do fato de ela ter mantido relações sexuais anteriormente ao crime.

Parágrafo acrescentado pela Lei n. 13.718, de 24.09.2018.

Art. 218. Induzir alguém menor de 14 (catorze) anos a satisfazer a lascívia de outrem:

Pena – reclusão, de 2 (dois) a 5 (cinco) anos.

Caput e pena com redação dada pela Lei n. 12.015, de 07.08.2009.

Veja arts. 190-A, 190-C, 240 a 241-E, 244-A e 244-B, ECA.

Veja art. 3º, § 2º, I, *h*, Lei n. 14.022, de 07.07.2020.

Veja art. 1º, XI, Decreto n. 12.338, de 23.12.2024.

Parágrafo único. *(Vetado.)*

Parágrafo acrescentado pela Lei n. 12.015, de 07.08.2009.

Satisfação de lascívia mediante presença de criança ou adolescente

Art. 218-A. Praticar, na presença de alguém menor de 14 (catorze) anos, ou induzi-lo a presenciar, conjunção carnal ou outro ato libidinoso, a fim de satisfazer lascívia própria ou de outrem:

Pena – reclusão, de 2 (dois) a 4 (quatro) anos.

Artigo acrescentado pela Lei n. 12.015, de 07.08.2009.

Veja arts. 190-A e 190-C, ECA.

Veja art. 3º, § 2º, I, *i*, Lei n. 14.022, de 07.07.2020.

Veja art. 1º, XI, Decreto n. 12.338, de 23.12.2024.

Favorecimento da prostituição ou de outra forma de exploração sexual de criança ou adolescente ou de vulnerável

Nomen juris com redação dada pela Lei n. 12.978, de 21.05.2014.

Art. 218-B. Submeter, induzir ou atrair à prostituição ou outra forma de exploração sexual alguém menor de 18 (dezoito) anos ou que, por enfermidade ou deficiência mental, não tem o necessário discernimento para a prática do ato, facilitá-la, impedir ou dificultar que a abandone:

Pena – reclusão, de 4 (quatro) a 10 (dez) anos.

Artigo acrescentado pela Lei n. 12.015, de 07.08.2009.

Veja art. 234-B, § 1º, CP.

Veja arts. 190-A, 190-C e 244-A, ECA.

Veja art. 1º, XI, Decreto n. 12.338, de 23.12.2024.

§ 1º Se o crime é praticado com o fim de obter vantagem econômica, aplica-se também multa.

§ 2º Incorre nas mesmas penas:

I – quem pratica conjunção carnal ou outro ato libidinoso com alguém menor de 18 (dezoito) e maior de 14 (catorze) anos na situação descrita no *caput* deste artigo;

II – o proprietário, o gerente ou o responsável pelo local em que se verifiquem as práticas referidas no *caput* deste artigo.

§ 3º Na hipótese do inciso II do § 2º, constitui efeito obrigatório da condenação a cassação da licença de localização e de funcionamento do estabelecimento.

Divulgação de cena de estupro ou de cena de estupro de vulnerável, de cena de sexo ou de pornografia

Art. 218-C. Oferecer, trocar, disponibilizar, transmitir, vender ou expor à venda, distribuir, publicar ou divulgar, por qualquer meio – inclusive por meio de comunicação de massa ou sistema de informática ou telemática –, fotografia, vídeo ou outro registro audiovisual que contenha cena de estupro ou de estupro de vulnerável ou que faça apologia ou induza a sua prática, ou, sem o consentimento da vítima, cena de sexo, nudez ou pornografia:

Artigo acrescentado pela Lei n. 13.718, de 24.09.2018.

Veja art. 1º, XI, Decreto n. 12.338, de 23.12.2024.

Pena – reclusão, de 1 (um) a 5 (cinco) anos, se o fato não constitui crime mais grave.

Aumento de pena

§ 1º A pena é aumentada de 1/3 (um terço) a 2/3 (dois terços) se o crime é praticado por agente que mantém ou tenha mantido relação íntima de afeto com a vítima ou com o fim de vingança ou humilhação.

Exclusão de ilicitude

§ 2º Não há crime quando o agente pratica as condutas descritas no *caput* deste artigo em publicação de natureza jornalística, científica, cultural ou acadêmica com a adoção de recurso que impossibilite a identificação da vítima, ressalvada sua prévia autorização, caso seja maior de 18 (dezoito) anos.

CAPÍTULO III
DO RAPTO

Rapto violento ou mediante fraude

Art. 219. (*Revogado pela Lei n. 11.106, de 28.03.2005.*)

Rapto consensual

Art. 220. (*Revogado pela Lei n. 11.106, de 28.03.2005.*)

Diminuição de pena

Art. 221. (*Revogado pela Lei n. 11.106, de 28.03.2005.*)

Concurso de rapto e outro crime

Art. 222. (*Revogado pela Lei n. 11.106, de 28.03.2005.*)

CAPÍTULO IV
DISPOSIÇÕES GERAIS

Formas qualificadas

Art. 223. (*Revogado pela Lei n. 12.015, de 07.08.2009.*)

Presunção de violência

Art. 224. (*Revogado pela Lei n. 12.015, de 07.08.2009.*)

Ação penal

Art. 225. Nos crimes definidos nos Capítulos I e II deste Título, procede-se mediante ação penal pública incondicionada.

Caput com redação dada pela Lei n. 13.718, de 24.09.2018.

Veja Súmula n. 608, STF.

Veja Súmula n. 671, STJ.

Parágrafo único. (*Revogado pela Lei n. 13.718, de 24.09.2018.*)

Aumento de pena

Art. 226. A pena é aumentada:

Caput com redação dada pela Lei n. 11.106, de 28.03.2005.

I – de quarta parte, se o crime é cometido com o concurso de 2 (duas) ou mais pessoas;

Inciso com redação dada pela Lei n. 11.106, de 28.03.2005.

II – de metade, se o agente é ascendente, padrasto ou madrasta, tio, irmão, cônjuge, companheiro, tutor, curador, preceptor ou empregador da vítima ou por qualquer outro título tiver autoridade sobre ela;

Inciso com redação dada pela Lei n. 11.718, de 24.09.2018.

III – (*Revogado pela Lei n. 11.106, de 28.03.2005.*)

IV – de 1/3 (um terço) a 2/3 (dois terços), se o crime é praticado:

Inciso acrescentado pela Lei n. 13.718, de 24.09.2018.

Estupro coletivo

a) mediante concurso de 2 (dois) ou mais agentes;

Rubrica e alínea acrescentada pela Lei n. 13.718, de 24.09.2018.

Estupro corretivo

b) para controlar o comportamento social ou sexual da vítima.

Rubrica e alínea acrescentada pela Lei n. 13.718, de 24.09.2018.

CAPÍTULO V
DO LENOCÍNIO E DO TRÁFICO DE PESSOA PARA FIM DE PROSTITUIÇÃO OU OUTRA FORMA DE EXPLORAÇÃO SEXUAL

Capítulo com denominação dada pela Lei n. 12.015, de 07.08.2009.

Mediação para servir a lascívia de outrem

Art. 227. Induzir alguém a satisfazer a lascívia de outrem:

Pena – reclusão, de 1 (um) a 3 (três) anos.

Veja art. 234-B, § 1º, CP.

§ 1º Se a vítima é maior de 14 (catorze) e menor de 18 (dezoito) anos, ou se o agente é seu ascendente, descendente, cônjuge ou companheiro, irmão, tutor ou curador ou pessoa a quem esteja confiada para fins de educação, de tratamento ou de guarda:

Parágrafo com redação dada pela Lei n. 11.106, de 28.03.2005.

Pena – reclusão, de 2 (dois) a 5 (cinco) anos.

§ 2º Se o crime é cometido com emprego de violência, grave ameaça ou fraude:

Pena – reclusão, de 2 (dois) a 8 (oito) anos, além da pena correspondente à violência.

§ 3º Se o crime é cometido com o fim de lucro, aplica-se também multa.

Favorecimento da prostituição ou outra forma de exploração sexual

Art. 228. Induzir ou atrair alguém à prostituição ou outra forma de exploração sexual, facilitá-la, impedir ou dificultar que alguém a abandone:

Pena – reclusão, de 2 (dois) a 5 (cinco) anos, e multa.

Nomen juris, caput e pena com redação dada pela Lei n. 12.015, de 07.08.2009.

Veja art. 234-B, § 1º, CP.

§ 1º Se o agente é ascendente, padrasto, madrasta, irmão, enteado, cônjuge, companheiro, tutor ou curador, preceptor ou empregador da vítima, ou se assumiu, por lei ou outra forma, obrigação de cuidado, proteção ou vigilância:

Pena – reclusão, de 3 (três) a 8 (oito) anos.

Parágrafo e pena com redação dada pela Lei n. 12.015, de 07.08.2009.

§ 2º Se o crime é cometido com emprego de violência, grave ameaça ou fraude:

Pena – reclusão de 4 (quatro) a 10 (dez) anos, além da pena correspondente à violência.

§ 3º Se o crime é cometido com o fim de lucro, aplica-se também multa.

Art. 229. Manter, por conta própria ou de terceiro, estabelecimento em que ocorra exploração sexual, haja, ou não, intuito de lucro ou mediação direta do proprietário ou gerente:

Caput com redação dada pela Lei n. 12.015, de 07.08.2009.

Veja art. 234-B, § 1º, CP.

Pena – reclusão, de 2 (dois) a 5 (cinco) anos, e multa.

Rufianismo

Art. 230. Tirar proveito da prostituição alheia, participando diretamente de seus lucros ou fazendo-se sustentar, no todo ou em parte, por quem a exerça:

Pena – reclusão, de 1 (um) a 4 (quatro) anos, e multa.

Veja art. 234-B, § 1º, CP.

§ 1º Se a vítima é menor de 18 (dezoito) e maior de 14 (catorze) anos ou se o crime é cometido por ascendente, padrasto, madrasta, irmão, enteado, cônjuge, companheiro, tutor ou curador, preceptor ou empregador da vítima, ou por quem assumiu, por lei ou outra forma, obrigação de cuidado, proteção ou vigilância:

Pena – reclusão, de 3 (três) a 6 (seis) anos, e multa.

Parágrafo e pena com redação dada pela Lei n. 12.015, de 07.08.2009.

§ 2º Se o crime é cometido mediante violência, grave ameaça, fraude ou outro meio que impeça ou dificulte a livre manifestação da vontade da vítima:

Pena – reclusão, de 2 (dois) a 8 (oito) anos, sem prejuízo da pena correspondente à violência.

Parágrafo e pena com redação dada pela Lei n. 12.015, de 07.08.2009.

Tráfico internacional de pessoa para fim de exploração sexual

Art. 231. (*Revogado pela Lei n. 13.344, de 06.10.2016.*)

Tráfico interno de pessoa para fim de exploração sexual

Art. 231-A. (*Revogado pela Lei n. 13.344, de 06.10.2016.*)

Art. 232. (*Revogado pela Lei n. 12.015, de 07.08.2009.*)

Promoção de migração ilegal

Art. 232-A. Promover, por qualquer meio, com o fim de obter vantagem econômica, a entrada ilegal de estrangeiro em território nacional ou de brasileiro em país estrangeiro:

Artigo acrescentado pela Lei n. 13.445, de 24.05.2017.

Pena – reclusão, de 2 (dois) a 5 (cinco) anos, e multa.

§ 1º Na mesma pena incorre quem promover, por qualquer meio, com o fim de obter vantagem econômica, a saída de estrangeiro do território nacional para ingressar ilegalmente em país estrangeiro.

§ 2º A pena é aumentada de 1/6 (um sexto) a 1/3 (um terço) se:

I – o crime é cometido com violência; ou

II – a vítima é submetida a condição desumana ou degradante.

§ 3º A pena prevista para o crime será aplicada sem prejuízo das correspondentes às infrações conexas.

CAPÍTULO VI
DO ULTRAJE PÚBLICO AO PUDOR

Ato obsceno

Art. 233. Praticar ato obsceno em lugar público, ou aberto ou exposto ao público:

Pena – detenção, de 3 (três) meses a 1 (um) ano, ou multa.

Veja arts. 40 e 61, LCP.

Escrito ou objeto obsceno

Art. 234. Fazer, importar, exportar, adquirir ou ter sob sua guarda, para fim de comércio, de distribuição ou de exposição pública, escrito, desenho, pintura, estampa ou qualquer objeto obsceno:

Pena – detenção, de 6 (seis) meses a 2 (dois) anos, ou multa.

Veja art. 5º, IX, CF.

Veja arts. 40 e 61, LCP.

Veja arts. 240 e 241, ECA.

Parágrafo único. Incorre na mesma pena quem:

I – vende, distribui ou expõe à venda ou ao público qualquer dos objetos referidos neste artigo;

II – realiza, em lugar público ou acessível ao público, representação teatral, ou exibição cinematográfica de caráter obsceno, ou qualquer outro espetáculo, que tenha o mesmo caráter;

Veja art. 240, ECA.

III – realiza, em lugar público ou acessível ao público, ou pelo rádio, audição ou recitação de caráter obsceno.

CAPÍTULO VII
DISPOSIÇÕES GERAIS

Capítulo acrescentado pela Lei n. 12.015, de 07.08.2009.

Aumento de pena

Art. 234-A. Nos crimes previstos neste Título a pena é aumentada:

Caput acrescentado pela Lei n. 12.015, de 07.08.2009.

I e II – (*vetados*)

Incisos acrescentados pela Lei n. 12.015, de 07.08.2009.

III – de metade a 2/3 (dois terços), se do crime resulta gravidez;

Inciso com redação dada pela Lei n. 13.718, de 24.09.2018.

IV – de 1/3 (um terço) a 2/3 (dois terços), se o agente transmite à vítima doença sexualmente transmissível de que sabe ou deveria saber ser portador, ou se a vítima é idosa ou pessoa com deficiência.

Inciso com redação dada pela Lei n. 13.718, de 24.09.2018.

Art. 234-B. Os processos em que se apuram crimes definidos neste Título correrão em segredo de justiça.

Caput acrescentado pela Lei n. 12.015, de 07.08.2009.

§ 1º O sistema de consulta processual tornará de acesso público o nome completo do réu, seu número de inscrição no Cadastro de Pessoas Físicas (CPF) e a tipificação penal do fato a partir da condenação em primeira instância pelos crimes tipificados nos arts. 213, 216-B, 217-A, 218-B, 227, 228, 229 e 230 deste Código, inclusive com os dados da pena ou da medida de segurança imposta, ressalvada a possibilidade de o juiz fundamentadamente determinar a manutenção do sigilo.

Parágrafo acrescentado pela Lei n. 15.035, de 27.11.2024.

§ 2º Caso o réu seja absolvido em grau recursal, será restabelecido o sigilo sobre as informações a que se refere o § 1º deste artigo.

Parágrafo acrescentado pela Lei n. 15.035, de 27.11.2024.

§ 3º O réu condenado passará a ser monitorado por dispositivo eletrônico.

Parágrafo acrescentado pela Lei n. 15.035, de 27.11.2024.

Art. 234-C. (*Vetado.*)

Artigo acrescentado pela Lei n. 12.015, de 07.08.2009.

TÍTULO VII
DOS CRIMES CONTRA A FAMÍLIA

CAPÍTULO I
DOS CRIMES CONTRA O CASAMENTO

Veja art. 107, VII e VIII, CP.

Veja arts. 1.511 a 1.590, CC.

Decreto n. 66.605, de 20.05.1970 (Convenção sobre Consentimento para Casamento).

Veja arts. 70 a 76, LRP.

Veja art. 14, Lei n. 7.716, de 05.01.1989 (crimes resultantes de preconceitos).

Bigamia

Art. 235. Contrair alguém, sendo casado, novo casamento:

Pena – reclusão, de 2 (dois) a 6 (seis) anos.

§ 1º Aquele que, não sendo casado, contrai casamento com pessoa casada, conhecendo essa circunstância, é punido com reclusão ou detenção, de 1 (um) a 3 (três) anos.

§ 2º Anulado por qualquer motivo o primeiro casamento, ou o outro por motivo que não a bigamia, considera-se inexistente o crime.

Veja arts. 1.548 a 1.564, CC.

Induzimento a erro essencial e ocultação de impedimento

Art. 236. Contrair casamento, induzindo em erro essencial o outro contraente, ou ocultando-lhe impedimento que não seja casamento anterior:

Pena – detenção, de 6 (seis) meses a 2 (dois) anos.

Veja arts. 1.521 e 1.522, CC.

Parágrafo único. A ação penal depende de queixa do contraente enganado e não pode ser intentada senão depois de transitar em julgado a sentença que, por motivo de erro ou impedimento, anule o casamento.

Veja art. 30, CPP.

Veja arts. 1.548 a 1.562, CC.

Conhecimento prévio de impedimento

Art. 237. Contrair casamento, conhecendo a existência de impedimento que lhe cause a nulidade absoluta:

Pena – detenção, de 3 (três) meses a 1 (um) ano.

Veja arts. 1.522, 1.524 e 1.530, CC.

Veja art. 3º, DL n. 3.200, de 19.04.1941 (proteção da família).

Simulação de autoridade para celebração de casamento

Art. 238. Atribuir-se falsamente autoridade para celebração de casamento:

Pena – detenção, de 1 (um) a 3 (três) anos, se o fato não constitui crime mais grave.

Veja art. 47, LCP.

Veja arts. 1.533 a 1.542, CC.

Simulação de casamento

Art. 239. Simular casamento mediante engano de outra pessoa:

Pena – detenção, de 1 (um) a 3 (três) anos, se o fato não constitui elemento de crime mais grave.

Adultério

Art. 240. *(Revogado pela Lei n. 11.106, de 28.03.2005.)*

CAPÍTULO II
DOS CRIMES CONTRA O ESTADO DE FILIAÇÃO

Registro de nascimento inexistente

Art. 241. Promover no registro civil a inscrição de nascimento inexistente:

Pena – reclusão, de 2 (dois) a 6 (seis) anos.

Veja arts. 50 a 66, Lei n. 6.015, de 31.12.1973 (LRP).

Veja arts. 102, § 1º, 148, parágrafo único, *h*, 163, 165, IV, e 228, ECA.

Parto suposto. Supressão ou alteração de direito inerente ao estado civil de recém-nascido

Art. 242. Dar parto alheio como próprio; registrar como seu o filho de outrem; ocultar recém-nascido ou substituí-lo, suprimindo ou alterando direito inerente ao estado civil:

Pena – reclusão, de 2 (dois) a 6 (seis) anos.

Caput com redação dada pela Lei n. 6.898, de 30.03.1981.

Veja art. 134, CP.

Parágrafo único. Se o crime é praticado por motivo de reconhecida nobreza:

Pena – detenção, de 1 (um) a 2 (dois) anos, podendo o juiz deixar de aplicar a pena.

Parágrafo com redação dada pela Lei n. 6.898, de 30.03.1981.

Veja Súmula n. 18, STJ.

Sonegação de estado de filiação

Art. 243. Deixar em asilo de expostos ou outra instituição de assistência filho próprio ou alheio, ocultando-lhe a filiação ou atribuindo-lhe outra, com o fim de prejudicar direito inerente ao estado civil:

Pena – reclusão, de 1 (um) a 5 (cinco) anos, e multa.

CAPÍTULO III
DOS CRIMES CONTRA A ASSISTÊNCIA FAMILIAR

Veja arts. 229 e 230, CF.

Abandono material

Art. 244. Deixar, sem justa causa, de prover a subsistência do cônjuge, ou de filho menor de 18 (dezoito) anos ou inapto para o trabalho, ou de ascendente inválido ou maior de 60 (sessenta) anos, não lhes proporcionando os recursos necessários ou faltando ao pagamento de pensão alimentícia judicialmente acordada, fixada ou majorada; deixar, sem justa causa, de socorrer descendente ou ascendente, gravemente enfermo:

Caput com redação dada pela Lei n. 10.741, de 01.10.2003.

Pena – detenção, de 1 (um) a 4 (quatro) anos, e multa, de uma a dez vezes o maior salário mínimo vigente no País.

Pena com redação dada pela Lei n. 5.478, de 25.07.1968.

Veja art. 22, Lei n. 5.478, de 25.07.1968 (ação de alimentos).

Parágrafo único. Nas mesmas penas incide quem, sendo solvente, frustra ou ilide, de qualquer modo, inclusive por abandono injustificado de emprego ou função, o pagamento de pensão alimentícia judicialmente acordada, fixada ou majorada.

Parágrafo acrescentado pela Lei n. 5.478, de 25.07.1968.

Entrega de filho menor a pessoa inidônea

Art. 245. Entregar filho menor de 18 (dezoito) anos a pessoa em cuja companhia saiba ou deva saber que o menor fica moral ou materialmente em perigo:

Pena – detenção, de 1 (um) a 2 (dois) anos.

Caput com redação dada pela Lei n. 7.251, de 19.11.1984.

§ 1º A pena é de 1 (um) a 4 (quatro) anos de reclusão, se o agente pratica delito para obter lucro, ou se o menor é enviado para o exterior.

Parágrafo acrescentado pela Lei n. 7.251, de 19.11.1984.

Veja art. 238, ECA.

§ 2º Incorre, também, na pena do parágrafo anterior quem, embora excluído o perigo moral ou material, auxilia a efetivação de ato destinado ao envio de menor para o exterior, com o fito de obter lucro.

Parágrafo acrescentado pela Lei n. 7.251, de 19.11.1984.

Veja art. 239, ECA.

Abandono intelectual

Art. 246. Deixar, sem justa causa, de prover à instrução primária de filho em idade escolar:

Pena – detenção, de 15 (quinze) dias a 1 (um) mês, ou multa.

Veja arts. 55, 98, 100 e 101, ECA.

Art. 247. Permitir alguém que menor de 18 (dezoito) anos, sujeito a seu poder ou confiado à sua guarda ou vigilância:

I – frequente casa de jogo ou mal-afamada, ou conviva com pessoa viciosa ou de má vida;

II – frequente espetáculo capaz de pervertê-lo ou de ofender-lhe o pudor, ou participe de representação de igual natureza;

Veja art. 240, ECA.

III – resida ou trabalhe em casa de prostituição;

IV – mendigue ou sirva a mendigo para excitar a comiseração pública:

Veja art. 60, LCP.

Pena – detenção, de 1 (um) a 3 (três) meses, ou multa.

CAPÍTULO IV
DOS CRIMES CONTRA O PÁTRIO PODER, TUTELA OU CURATELA

A expressão "pátrio poder" foi atualizado para "poder familiar" pelo CC/2002.

Induzimento a fuga, entrega arbitrária ou sonegação de incapazes

Art. 248. Induzir menor de 18 (dezoito) anos, ou interdito, a fugir do lugar em que se acha por determinação de quem sobre ele exerce autoridade, em virtude de lei ou de ordem judicial; confiar a outrem sem ordem do pai, do tutor ou do curador algum menor de 18 (dezoito) anos ou interdito, ou deixar, sem justa causa, de entregá-lo a quem legitimamente o reclame:

Pena – detenção, de 1 (um) mês a 1 (um) ano, ou multa.

Subtração de incapazes

Art. 249. Subtrair menor de 18 (dezoito) anos ou interdito ao poder de quem o tem sob sua guarda em virtude de lei ou de ordem judicial:

Pena – detenção, de 2 (dois) meses a 2 (dois) anos, se o fato não constitui elemento de outro crime.

Veja art. 237, ECA.

§ 1º O fato de ser o agente pai ou tutor do menor ou curador do interdito não o exime de pena, se destituído ou temporariamente privado do pátrio poder, tutela, curatela ou guarda.

A expressão "pátrio poder" foi atualizado para "poder familiar" pelo CC/2002.

§ 2º No caso de restituição do menor ou do interdito, se este não sofreu maus-tratos ou privações, o juiz pode deixar de aplicar pena.

TÍTULO VIII
DOS CRIMES CONTRA A INCOLUMIDADE PÚBLICA

Veja arts. 28 a 38, LCP.

CAPÍTULO I
DOS CRIMES DE PERIGO COMUM

Incêndio

Art. 250. Causar incêndio, expondo a perigo a vida, a integridade física ou o patrimônio de outrem:

Pena – reclusão, de 3 (três) a 6 (seis) anos, e multa.

Veja art. 173, CPP.

Veja art. 28, parágrafo único, LCP.

Veja art. 10, *a*, Lei n. 5.197, de 03.01.1967 (proteção à fauna).

Veja art. 26, *e*, Lei n. 12.651, de 25.05.2012 (Código Florestal).

Aumento de pena

§ 1º As penas aumentam-se de um terço:

I – se o crime é cometido com intuito de obter vantagem pecuniária em proveito próprio ou alheio;

II – se o incêndio é:

Veja Lei n. 9.605, de 12.02.1998 (crimes ambientais).

a) em casa habitada ou destinada a habitação;

b) em edifício público ou destinado a uso público ou a obra de assistência social ou de cultura;

c) em embarcação, aeronave, comboio ou veículo de transporte coletivo;

d) em estação ferroviária ou aeródromo;

e) em estaleiro, fábrica ou oficina;

f) em depósito de explosivo, combustível ou inflamável;

g) em poço petrolífero ou galeria de mineração;

h) em lavoura, pastagem, mata ou floresta.

Incêndio culposo

§ 2º Se culposo o incêndio, a pena é de detenção, de 6 (seis) meses a 2 (dois) anos.

Explosão

Art. 251. Expor a perigo a vida, a integridade física ou o patrimônio de outrem, mediante explosão, arremesso ou simples colocação de engenho de dinamite ou de substância de efeitos análogos:

Pena – reclusão, de 3 (três) a 6 (seis) anos, e multa.

§ 1º Se a substância utilizada não é dinamite ou explosivo de efeitos análogos:

Pena – reclusão, de 1 (um) a 4 (quatro) anos, e multa.

Veja art. 28, parágrafo único, LCP.

Aumento de pena

§ 2º As pena aumentam-se de um terço, se ocorre qualquer das hipóteses previstas no § 1º, I, do artigo anterior, ou é visada ou atingida qualquer das coisas enumeradas no n. II do mesmo parágrafo.

Modalidade culposa

§ 3º No caso de culpa, se a explosão é de dinamite ou substância de efeitos análogos, a pena é de detenção, de 6 (seis) meses a 2 (dois) anos; nos demais casos, é de detenção, de 3 (três) meses a 1 (um) ano.

Uso de gás tóxico ou asfixiante

Art. 252. Expor a perigo a vida, a integridade física ou o patrimônio de outrem, usando de gás tóxico ou asfixiante:

Pena – reclusão, de 1 (um) a 4 (quatro) anos, e multa.

Veja art. 38, LCP.

Veja art. 54, Lei n. 9.605, de 12.02.1998 (crimes ambientais).

Modalidade culposa

Parágrafo único. Se o crime é culposo:

Pena – detenção, de 3 (três) meses a 1 (um) ano.

Fabrico, fornecimento, aquisição, posse ou transporte de explosivos ou gás tóxico, ou asfixiante

Art. 253. Fabricar, fornecer, adquirir, possuir ou transportar, sem licença da autoridade, substância ou engenho explosivo, gás tóxico ou asfixiante, ou material destinado à sua fabricação:

Pena – detenção, de 6 (seis) meses a 2 (dois) anos, e multa.

Veja art. 18, LCP.

Veja arts. 20, 22 e 26, Lei n. 6.453, de 17.10.1977 (danos nucleares).

Inundação

Art. 254. Causar inundação, expondo a perigo a vida, a integridade física ou o patrimônio de outrem:

Pena – reclusão, de 3 (três) a 6 (seis) anos, e multa, no caso de dolo, ou detenção, de 6 (seis) meses a 2 (dois) anos, no caso de culpa.

Perigo de inundação

Art. 255. Remover, destruir ou inutilizar, em prédio próprio ou alheio, expondo a perigo a vida, a integridade física ou o patrimônio de outrem, obstáculo natural ou obra destinada a impedir inundação:

Pena – reclusão, de 1 (um) a 3 (três) anos, e multa.

Desabamento ou desmoronamento

Art. 256. Causar desabamento ou desmoronamento, expondo a perigo a vida, a integridade física ou o patrimônio de outrem:

Pena – reclusão, de 1 (um) a 4 (quatro) anos, e multa.

Veja arts. 29 e 30, LCP.

Modalidade culposa

Parágrafo único. Se o crime é culposo:

Pena – detenção, de 6 (seis) meses a 1 (um) ano.

Subtração, ocultação ou inutilização de material de salvamento

Art. 257. Subtrair, ocultar ou inutilizar, por ocasião de incêndio, inundação, naufrágio, ou outro desastre ou calamidade, aparelho, material ou qualquer meio destinado a serviço de combate ao perigo, de socorro ou salvamento; ou impedir ou dificultar serviço de tal natureza:

Pena – reclusão, de 2 (dois) a 5 (cinco) anos, e multa.

Veja art. 36, LCP.

Formas qualificadas de crime de perigo comum

Art. 258. Se do crime doloso de perigo comum resulta lesão corporal de natureza grave, a pena privativa de liberdade é aumentada de metade; se resulta morte, é aplicada em dobro. No caso de culpa, se do fato resulta lesão corporal, a pena aumenta-se de metade; se resulta morte, aplica-se a pena cominada ao homicídio culposo, aumentada de um terço.

Veja arts. 263 e 285, CP.

Difusão de doença ou praga

Art. 259. Difundir doença ou praga que possa causar dano a floresta, plantação ou animais de utilidade econômica:

Pena – reclusão, de 2 (dois) a 5 (cinco) anos, e multa.

Veja Lei n. 5.197, de 03.01.1967 (proteção à fauna).

Veja Lei n. 7.347, de 24.07.1985.

Veja Lei n. 12.651, de 25.05.2012 (Código Florestal).

Modalidade culposa

Parágrafo único. No caso de culpa, a pena é de detenção, de 1 (um) a 6 (seis) meses, ou multa.

CAPÍTULO II
DOS CRIMES CONTRA A SEGURANÇA DOS MEIOS DE COMUNICAÇÃO E TRANSPORTE E OUTROS SERVIÇOS PÚBLICOS

Perigo de desastre ferroviário

Art. 260. Impedir ou perturbar serviço de estrada de ferro:

I – destruindo, danificando ou desarranjando, total ou parcialmente, linha férrea, material rodante ou de tração, obra de arte ou instalação;

II – colocando obstáculo na linha;

III – transmitindo falso aviso acerca do movimento dos veículos ou interrompendo ou embaraçando o funcionamento de telégrafo, telefone ou radiotelegrafia;

Veja art. 41, LCP.

IV – praticando outro ato de que possa resultar desastre:

Pena – reclusão, de 2 (dois) a 5 (cinco) anos, e multa.

Veja arts. 258 e 263, CP.

Veja arts. 10, *b* e *g*, e 27, § 1º, Lei n. 5.197, de 03.01.1967 (proteção à fauna).

Desastre ferroviário

§ 1º Se do fato resulta desastre:

Pena – reclusão, de 4 (quatro) a 12 (doze) anos, e multa.

§ 2º No caso de culpa, ocorrendo desastre:

Pena – detenção, de 6 (seis) meses a 2 (dois) anos.

§ 3º Para os efeitos deste artigo, entende-se por estrada de ferro qualquer via de comunicação em que circulem veículos de tração mecânica, em trilhos ou por meio de cabo aéreo.

Atentado contra a segurança de transporte marítimo, fluvial ou aéreo

Art. 261. Expor a perigo embarcação ou aeronave, própria ou alheia, ou praticar qualquer ato tendente a impedir ou dificultar navegação marítima, fluvial ou aérea:

Pena – reclusão, de 2 (dois) a 5 (cinco) anos.

Veja arts. 258 e 263, CP.

Veja art. 35, LCP.

Sinistro em transporte marítimo, fluvial ou aéreo

§ 1º Se do fato resulta naufrágio, submersão ou encalhe de embarcação ou a queda ou destruição de aeronave:

Pena – reclusão, de 4 (quatro) a 12 (doze) anos.

Prática do crime com o fim de lucro

§ 2º Aplica-se, também, a pena de multa, se o agente pratica o crime com intuito de obter vantagem econômica, para si ou para outrem.

Modalidade culposa

§ 3º No caso de culpa, se ocorre o sinistro:

Pena – detenção, de 6 (seis) meses a 2 (dois) anos.

Atentado contra a segurança de outro meio de transporte

Art. 262. Expor a perigo outro meio de transporte público, impedir-lhe ou dificultar-lhe o funcionamento:

Pena – detenção, de 1 (um) a 2 (dois) anos.

Veja arts. 258 e 263, CP.

Veja art. 36, parágrafo único, *a*, LCP.

Veja art. 27, Lei n. 6.453, de 17.10.1977 (responsabilidade por danos nucleares).

§ 1º Se do fato resulta desastre, a pena é de reclusão, de 2 (dois) a 5 (cinco) anos.

§ 2º No caso de culpa, se ocorre desastre:

Pena – detenção, de 3 (três) meses a 1 (um) ano.

Forma qualificada

Art. 263. Se de qualquer dos crimes previstos nos arts. 260 a 262, no caso de desastre ou sinistro, resulta lesão corporal ou morte, aplica-se o disposto no art. 258.

Arremesso de projétil

Art. 264. Arremessar projétil contra veículo, em movimento, destinado ao transporte público por terra, por água ou pelo ar:

Pena – detenção, de 1 (um) a 6 (seis) meses.

Veja art. 37, LCP.

Parágrafo único. Se do fato resulta lesão corporal, a pena é de detenção, de 6 (seis) meses a 2 (dois) anos; se resulta morte, a pena é a do art. 121, § 3º, aumentada de um terço.

Atentado contra a segurança de serviço de utilidade pública

Art. 265. Atentar contra a segurança ou o funcionamento de serviço de água, luz, força ou calor, ou qualquer outro de utilidade pública:

Pena – reclusão, de 1 (um) a 5 (cinco) anos, e multa.

Veja art. 36, parágrafo único, *b*, LCP.

Veja art. 27, Lei n. 6.453, de 17.10.1977 (responsabilidade por danos nucleares).

Parágrafo único. Aumentar-se-á a pena de um terço até a metade, se o dano ocorrer em virtude de subtração de material essencial ao funcionamento dos serviços.

Parágrafo acrescentado pela Lei n. 5.346, de 03.11.1967.

Interrupção ou perturbação de serviço telegráfico, telefônico, informático, telemático ou de informação de utilidade pública

Nomen juris com redação dada pela Lei n. 12.737, de 30.11.2012.

Art. 266. Interromper ou perturbar serviço telegráfico, radiotelegráfico ou telefônico, impedir ou dificultar-lhe o restabelecimento:

Pena – detenção, de 1 (um) a 3 (três) anos, e multa.

Veja art. 41, LCP.

§ 1º Incorre na mesma pena quem interrompe serviço telemático ou de informação de utilidade pública, ou impede ou dificulta-lhe o restabelecimento.

Parágrafo acrescentado pela Lei n. 12.737, de 30.11.2012.

§ 2º Aplicam-se as penas em dobro se o crime é cometido por ocasião de calamidade pública ou mediante a subtração, dano ou destruição de equipamentos utilizados na prestação de serviços de telecomunicações.

Parágrafo com redação dada pela Lei n. 15.181, de 28.07.2025.

CAPÍTULO III
DOS CRIMES CONTRA A SAÚDE PÚBLICA

Epidemia

Art. 267. Causar epidemia, mediante a propagação de germes patogênicos:

Pena – reclusão, de 10 (dez) a 15 (quinze) anos.

Pena com redação dada pela Lei n. 8.072, de 25.07.1990.

Veja art. 285, CP.

Veja art. 1º, Lei n. 8.072, de 25.07.1990 (crimes hediondos).

§ 1º Se do fato resulta morte, a pena é aplicada em dobro.

Veja art. 1º, III, *i*, Lei n. 7.960, de 21.12.1989 (prisão temporária).

Veja art. 1º, VII, Lei n. 8.072, de 25.07.1990 (crimes hediondos).

§ 2º No caso de culpa, a pena é de detenção, de 1 (um) a 2 (dois) anos, ou, se resulta morte, de 2 (dois) a 4 (quatro) anos.

Infração de medida sanitária preventiva

Art. 268. Infringir determinação do poder público, destinada a impedir introdução ou propagação de doença contagiosa:

Pena – detenção, de 1 (um) mês a 1 (um) ano, e multa.

Veja art. 9º, Lei n. 7.649, de 25.01.1988 (banco de sangue).

Veja art. 167, Lei n. 7.802, de 11.07.1989 (agrotóxicos).

Veja arts. 228 e 229, ECA.

Parágrafo único. A pena é aumentada de um terço, se o agente é funcionário da saúde pública ou exerce a profissão de médico, farmacêutico, dentista ou enfermeiro.

Omissão de notificação de doença

Art. 269. Deixar o médico de denunciar à autoridade pública doença cuja notificação é compulsória:

Pena – detenção, de 6 (seis) meses a 2 (dois) anos, e multa.

Veja art. 169, CLT.

Veja Lei n. 6.259, de 30.10.1975, regulamentada pelo Decreto n. 78.231, de 12.08.1976 (notificação compulsória de doenças).

Envenenamento de água potável ou de substância alimentícia ou medicinal

Art. 270. Envenenar água potável, de uso comum ou particular, ou substância alimentícia ou medicinal destinada a consumo:

Pena – reclusão, de 10 (dez) a 15 (quinze) anos.

Pena com redação dada pela Lei n. 8.072, de 25.07.1990.

Veja art. 1º, III, *j*, Lei n. 7.960, de 21.12.1989 (prisão temporária).

Veja art. 1º, Lei n. 8.072, de 25.07.1990 (crimes hediondos).

Veja art. 7º, Lei n. 8.137, de 27.12.1990 (crimes contra as relações de consumo).

Veja art. 54, Lei n. 9.605, de 12.02.1998 (crimes ambientais).

§ 1º Está sujeito à mesma pena quem entrega a consumo ou tem em depósito, para o fim de ser distribuída, a água ou a substância envenenada.

Veja art. 56, Lei n. 9.605, de 12.02.1998 (crimes ambientais).

Modalidade culposa

§ 2º Se o crime é culposo:

Pena – detenção, de 6 (seis) meses a 2 (dois) anos.

Corrupção ou poluição de água potável

Art. 271. Corromper ou poluir água potável, de uso comum ou particular, tornando-a imprópria para consumo ou nociva à saúde:

Pena – reclusão, de 2 (dois) a 5 (cinco) anos.

Veja art. 54, Lei n. 9.605, de 12.02.1998 (crimes ambientais).

Modalidade culposa

Parágrafo único. Se o crime é culposo:

Pena – detenção, de 2 (dois) meses a 1 (um) ano.

Falsificação, corrupção, adulteração ou alteração de substância ou produtos alimentícios

Art. 272. Corromper, adulterar, falsificar ou alterar substância ou produto alimentício destinado a consumo, tornando-o nocivo à saúde ou reduzindo-lhe o valor nutritivo:

Pena – reclusão, de 4 (quatro) a 8 (oito) anos, e multa.

Caput com redação dada pela Lei n. 9.677, de 02.07.1998.

§ 1º-A. Incorre nas penas deste artigo quem fabrica, vende, expõe à venda, importa, tem em depósito para vender ou, de qualquer forma, distribui ou entrega a consumo a substância alimentícia ou o produto falsificado, corrompido ou adulterado.

Parágrafo com redação dada pela Lei n. 9.677, de 02.07.1998.

§ 1º Está sujeito às mesmas penas quem pratica as ações previstas neste artigo em relação a bebidas, com ou sem teor alcoólico.

Parágrafo com redação dada pela Lei n. 9.677, de 02.07.1998.

Modalidade culposa

§ 2º Se o crime é culposo:

Pena – detenção, de 1 (um) a 2 (dois) anos, e multa.

Parágrafo com redação dada pela Lei n. 9.677, de 02.07.1998.

Falsificação, corrupção, adulteração ou alteração de produto destinado a fins terapêuticos ou medicinais

Art. 273. Falsificar, corromper, adulterar ou alterar produto destinado a fins terapêuticos ou medicinais:

Pena – reclusão, de 10 (dez) a 15 (quinze) anos, e multa.

Caput com redação dada pela Lei n. 9.677, de 02.07.1998.

Veja art. 1º, VII-B, Lei n. 8.072, de 25.07.1990 (crimes hediondos).

§ 1º Nas mesmas penas incorre quem importa, vende, expõe à venda, tem em depósito para vender ou, de qualquer forma, distribui ou entrega a consumo o produto falsificado, corrompido, adulterado ou alterado.

Parágrafo com redação dada pela Lei n. 9.677, de 02.07.1998.

Veja art. 1º, VII-B, Lei n. 8.072, de 25.07.1990 (crimes hediondos).

§ 1º-A. Incluem-se entre os produtos a que se refere este artigo os medicamentos, as matérias-primas, os insumos farmacêuticos, os cosméticos, os saneantes e os de uso em diagnóstico.

Parágrafo acrescentado pela Lei n. 9.677, de 02.07.1998.

Veja art. 1º, VII-B, Lei n. 8.072, de 25.07.1990 (crimes hediondos).

§ 1º-B. Está sujeito às penas deste artigo quem pratica as ações previstas no § 1º em relação a produtos em qualquer das seguintes condições:

Parágrafo e incisos acrescentados pela Lei n. 9.677, de 02.07.1998.

Veja art. 1º, VII-B, Lei n. 8.072, de 25.07.1990 (crimes hediondos).

I – sem registro, quando exigível, no órgão de vigilância sanitária competente;

II – em desacordo com a fórmula constante do registro previsto no inciso anterior;

III – sem as características de identidade e qualidade admitidas para a sua comercialização;

IV – com redução de seu valor terapêutico ou de sua atividade;

V – de procedência ignorada;

VI – adquiridos de estabelecimento sem licença da autoridade sanitária competente.

Modalidade culposa

§ 2º Se o crime é culposo:

Pena – detenção, de 1 (um) a 3 (três) anos, e multa.

Parágrafo acrescentado pela Lei n. 9.677, de 02.07.1998.

Emprego de processo proibido ou de substância não permitida

Art. 274. Empregar, no fabrico de produto destinado a consumo, revestimento, gaseificação artificial, matéria corante, substância aromática, antisséptica, conservadora ou qualquer outra não expressamente permitida pela legislação sanitária:

Pena – reclusão, de 1 (um) a 5 (cinco) anos, e multa.

Pena com redação dada pela Lei n. 9.677, de 02.07.1998.

Veja art. 276, CP.

Veja art. 2º, Lei n. 1.521, de 26.12.1951 (crimes contra a economia popular).

Invólucro ou recipiente com falsa indicação

Art. 275. Inculcar, em invólucro ou recipiente de produtos alimentícios, terapêuticos ou medicinais, a existência de substância que não se encontra em seu conteúdo ou que nele existe em quantidade menor que a mencionada:

Pena – reclusão, de 1 (um) a 5 (cinco) anos, e multa.

Artigo com redação dada pela Lei n. 9.677, de 02.07.1998.

Veja art. 276, CP.

Veja art. 7º, IV, *d*, Lei n. 8.137, de 27.12.1990 (crimes contra as relações de consumo).

Produto ou substância nas condições dos dois artigos anteriores

Art. 276. Vender, expor à venda, ter em depósito para vender ou, de qualquer forma, entregar a consumo produto nas condições dos arts. 274 e 275:

Pena – reclusão, de 1 (um) a 5 (cinco) anos, e multa.

Pena com redação dada pela Lei n. 9.677, de 02.07.1998.

Veja art. 7º, II e IV, *d*, Lei n. 8.137, de 27.12.1990 (crimes contra as relações de consumo).

Substância destinada à falsificação

Art. 277. Vender, expor à venda, ter em depósito ou ceder substância destinada à falsificação de produtos alimentícios, terapêuticos ou medicinais:

Pena – reclusão, de 1 (um) a 5 (cinco) anos, e multa.

Artigo com redação dada pela Lei n. 9.677, de 02.07.1998.

Outras substâncias nocivas à saúde pública

Art. 278. Fabricar, vender, expor à venda, ter em depósito para vender ou, de qualquer forma, entregar a consumo coisa ou substância nociva à saúde, ainda que não destinada à alimentação ou a fim medicinal:

Pena – detenção, de 1 (um) a 3 (três) anos, e multa.

Veja Lei n. 10.357, de 27.12.2001, regulamentada pelo Decreto n. 4.262, de 10.06.2002 (controle de produtos químicos).

Modalidade culposa

Parágrafo único. Se o crime é culposo:

Pena – detenção, de 2 (dois) meses a 1 (um) ano.

Substância avariada

Art. 279. (*Revogado pela Lei n. 8.137, de 27.12.1990.*)

Medicamento em desacordo com receita médica

Art. 280. Fornecer substância medicinal em desacordo com receita médica:

Pena – detenção, de 1 (um) a 3 (três) anos, ou multa.

Modalidade culposa

Parágrafo único. Se o crime é culposo:

Pena – detenção, de 2 (dois) meses a 1 (um) ano.

Art. 281. (*Revogado pela Lei n. 6.368, de 21.10.1976.*)

Exercício ilegal da medicina, arte dentária ou farmacêutica

Art. 282. Exercer, ainda que a título gratuito, a profissão de médico, dentista ou farmacêutico, sem autorização legal ou excedendo-lhe os limites:

Pena – detenção, de 6 (seis) meses a 2 (dois) anos.

Veja art. 47, LCP.

Veja art. 5º, DL n. 211, de 27.02.1967 (hemoterapia).

Parágrafo único. Se o crime é praticado com o fim de lucro, aplica-se também multa.

Charlatanismo

Art. 283. Inculcar ou anunciar cura por meio secreto ou infalível:

Pena – detenção, de 3 (três) meses a 1 (um) ano, e multa.

Veja art. 47, LCP.

Curandeirismo

Art. 284. Exercer o curandeirismo:

I – prescrevendo, ministrando ou aplicando, habitualmente, qualquer substância;

II – usando gestos, palavras ou qualquer outro meio;
III – fazendo diagnósticos:
Pena – detenção, de 6 (seis) meses a 2 (dois) anos.
Veja art. 47, LCP.

Parágrafo único. Se o crime é praticado mediante remuneração, o agente fica também sujeito à multa.

Forma qualificada

Art. 285. Aplica-se o disposto no art. 258 aos crimes previstos neste Capítulo, salvo quanto ao definido no art. 267.
Veja art. 1º, III, *j*, Lei n. 7.960, de 21.12.1989 (prisão temporária).
Veja art. 1º, Lei n. 8.072, de 25.07.1990 (crimes hediondos).

TÍTULO IX
DOS CRIMES CONTRA A PAZ PÚBLICA

Veja arts. 39 a 42, LCP.

Incitação ao crime

Art. 286. Incitar, publicamente, a prática de crime:
Pena – detenção, de 3 (três) a 6 (seis) meses, ou multa.
Veja art. 3º, Lei n. 2.889, de 01.10.1956 (genocídio).
Veja art. 20, Lei n. 7.716, de 05.01.1989 (crimes resultantes de preconceito).

Parágrafo único. Incorre na mesma pena quem incita, publicamente, animosidade entre as Forças Armadas, ou delas contra os poderes constitucionais, as instituições civis ou a sociedade.
Parágrafo com acrescentado pela Lei n. 14.197, de 01.09.2021.

Apologia de crime ou criminoso

Art. 287. Fazer, publicamente, apologia de fato criminoso ou de autor de crime:
Pena – detenção, de 3 (três) a 6 (seis) meses, ou multa.

Associação criminosa

Art. 288. Associarem-se 3 (três) ou mais pessoas, para o fim específico de cometer crimes:
Pena – reclusão, de 1 (um) a 3 (três) anos.
Nomen juris, caput e pena com redação dada pela Lei n. 12.850, de 02.08.2013.
Veja art. 159, § 1º, CP.
Veja art. 2º, Lei n. 2.889, de 01.10.1956 (genocídio).
Veja art. 25, § 2º, Lei n. 7.492, de 16.06.1986 (crimes contra o sistema financeiro).
Veja art. 1º, III, *l*, Lei n. 7.960, de 21.12.1989 (prisão temporária).
Veja art. 1º, Lei n. 8.072, de 25.07.1990 (crimes hediondos).
Veja art. 16, parágrafo único, Lei n. 8.137, de 27.12.1990 (crimes contra a ordem tributária).
Veja art. 1º, § 4º, Lei n. 9.613, de 03.03.1998 (lavagem de capitais).
Veja art. 35, Lei n. 11.343, de 23.08.2006.

Parágrafo único. A pena aumenta-se até a metade se a associação é armada ou se houver a participação de criança ou adolescente.
Parágrafo com redação dada pela Lei n. 12.850, de 02.08.2013.

Constituição de milícia privada

Art. 288-A. Constituir, organizar, integrar, manter ou custear organização paramilitar, milícia particular, grupo ou esquadrão com a finalidade de praticar qualquer dos crimes previstos neste Código:

Artigo acrescentado pela Lei n. 12.720, de 27.09.2012.

Veja art. 1º-A, II, Lei n. 12.694, de 24.07.2012.

Veja art. 1º, IV, Decreto n. 12.338, de 23.12.2024.

Pena – reclusão, de 4 (quatro) a 8 (oito) anos.

TÍTULO X
DOS CRIMES CONTRA A FÉ PÚBLICA

Veja arts. 43 a 46, LCP.

CAPÍTULO I
DA MOEDA FALSA

Moeda falsa

Art. 289. Falsificar, fabricando-a ou alterando-a, moeda metálica ou papel-moeda de curso legal no país ou no estrangeiro:

Pena – reclusão, de 3 (três) a 12 (doze) anos, e multa.

Veja art. 171, CP.

Veja arts. 43 e 44, LCP.

Veja Súmula n. 73, STJ.

§ 1º Nas mesmas penas incorre quem, por conta própria ou alheia, importa ou exporta, adquire, vende, troca, cede, empresta, guarda ou introduz na circulação moeda falsa.

§ 2º Quem, tendo recebido de boa-fé, como verdadeira, moeda falsa ou alterada, a restitui à circulação, depois de conhecer a falsidade, é punido com detenção, de 6 (seis) meses a 2 (dois) anos, e multa.

§ 3º É punido com reclusão, de 3 (três) a 15 (quinze) anos, e multa, o funcionário público ou diretor, gerente, ou fiscal de banco de emissão que fabrica, emite ou autoriza a fabricação ou emissão:

I – de moeda com título ou peso inferior ao determinado em lei;

II – de papel-moeda em quantidade superior à autorizada.

§ 4º Nas mesmas penas incorre quem desvia e faz circular moeda, cuja circulação não estava ainda autorizada.

Crimes assimilados ao de moeda falsa

Art. 290. Formar cédula, nota ou bilhete representativo de moeda com fragmentos de cédulas, notas ou bilhetes verdadeiros; suprimir, em nota, cédula ou bilhete recolhidos, para o fim de restituí-los à circulação, sinal indicativo de sua inutilização; restituir à circulação cédula, nota ou bilhete em tais condições, ou já recolhidos para o fim de inutilização:

Pena – reclusão, de 2 (dois) a 8 (oito) anos, e multa.

Veja art. 171, CP.

Veja arts. 43 e 44, LCP.

Parágrafo único. O máximo da reclusão é elevado a 12 (doze) anos e o da multa a Cr$ 40.000 (quarenta mil cruzeiros), se o crime é cometido por funcionário que trabalha na repartição onde o dinheiro se achava recolhido, ou nela tem fácil ingresso, em razão do cargo.

Veja art. 2º, Lei n. 7.209, de 11.07.1984 (Parte Geral do CP).

Petrechos para falsificação de moeda

Art. 291. Fabricar, adquirir, fornecer, a título oneroso ou gratuito, possuir ou guardar maquinismo, aparelho, instrumento ou qualquer objeto especialmente destinado à falsificação de moeda:

Pena – reclusão, de 2 (dois) a 6 (seis) anos, e multa.

Veja art. 171, CP.

Emissão de título ao portador sem permissão legal

Art. 292. Emitir, sem permissão legal, nota, bilhete, ficha, vale ou título que contenha promessa de pagamento em dinheiro ao portador ou a que falte indicação do nome da pessoa a quem deva ser pago:

Pena – detenção, de 1 (um) a 6 (seis) meses, ou multa.

Veja art. 171, CP.

Veja art. 3º, Decreto n. 177-A, de 15.09.1893 (debêntures).

Parágrafo único. Quem recebe ou utiliza como dinheiro qualquer dos documentos referidos neste artigo incorre na pena de detenção, de 15 (quinze) dias a 3 (três) meses, ou multa.

CAPÍTULO II
DA FALSIDADE DE TÍTULOS E OUTROS PAPÉIS PÚBLICOS

Veja art. 64, Lei n. 8.383, de 30.12.1991 (Ufir).

Falsificação de papéis públicos

Art. 293. Falsificar, fabricando-os ou alterando-os:

I – selo destinado a controle tributário, papel selado ou qualquer papel de emissão legal destinado à arrecadação de tributo;

Inciso com redação dada pela Lei n. 11.035, de 22.12.2004.

Veja art. 36, *caput* e parágrafo único, Lei n. 6.538, de 22.06.1978 (serviços postais).

II – papel de crédito público que não seja moeda de curso legal;

III – vale postal;

Veja art. 36, *caput* e parágrafo único, Lei n. 6.538, de 22.06.1978 (serviços postais).

IV – cautela de penhor, caderneta de depósito de caixa econômica ou de outro estabelecimento mantido por entidade de direito público;

Veja art. 39, Lei n. 6.538, de 22.06.1978 (serviços postais).

V – talão, recibo, guia, alvará ou qualquer outro documento relativo a arrecadação de rendas públicas ou a depósito ou caução por que o poder público seja responsável;

VI – bilhete, passe ou conhecimento de empresa de transporte administrada pela União, por Estado ou por Município:

Pena – reclusão, de 2 (dois) a 8 (oito) anos, e multa.

Veja art. 171, CP.

§ 1º Incorre na mesma pena quem:

Parágrafo com redação dada pela Lei n. 11.035, de 22.12.2004.

Veja art. 36, *caput* e parágrafo único, Lei n. 6.538, de 22.06.1978 (serviços postais).

I – usa, guarda, possui ou detém qualquer dos papéis falsificados a que se refere este artigo;

Inciso acrescentado pela Lei n. 11.035, de 22.12.2004.

II – importa, exporta, adquire, vende, troca, cede, empresta, guarda, fornece ou restitui à circulação selo falsificado destinado a controle tributário;

Inciso acrescentado pela Lei n. 11.035, de 22.12.2004.

III – importa, exporta, adquire, vende, expõe à venda, mantém em depósito, guarda, troca, cede, empresta, fornece, porta ou, de qualquer forma, utiliza em proveito próprio ou alheio, no exercício de atividade comercial ou industrial, produto ou mercadoria:

Inciso acrescentado pela Lei n. 11.035, de 22.12.2004.

a) em que tenha sido aplicado selo que se destine a controle tributário, falsificado;

Alínea acrescentada pela Lei n. 11.035, de 22.12.2004.

b) sem selo oficial, nos casos em que a legislação tributária determina a obrigatoriedade de sua aplicação.

Alínea acrescentada pela Lei n. 11.035, de 22.12.2004.

§ 2º Suprimir, em qualquer desses papéis, quando legítimos, com o fim de torná-los novamente utilizáveis, carimbo ou sinal indicativo de sua inutilização:

Pena – reclusão, de 1 (um) a 4 (quatro) anos, e multa.

Veja art. 37, Lei n. 6.538, de 22.06.1978 (serviços postais).

§ 3º Incorre na mesma pena quem usa, depois de alterado, qualquer dos papéis a que se refere o parágrafo anterior.

§ 4º Quem usa ou restitui à circulação, embora recebido de boa-fé, qualquer dos papéis falsificados ou alterados, a que se referem este artigo e o seu § 2º, depois de conhecer a falsidade ou alteração, incorre na pena de detenção, de 6 (seis) meses a 2 (dois) anos, ou multa.

§ 5º Equipara-se a atividade comercial, para os fins do inciso III do § 1º, qualquer forma de comércio irregular ou clandestino, inclusive o exercido em vias, praças ou outros logradouros públicos e em residências.

Parágrafo acrescentado pela Lei n. 11.035, de 22.12.2004.

Petrechos de falsificação

Art. 294. Fabricar, adquirir, fornecer, possuir ou guardar objeto especialmente destinado à falsificação de qualquer dos papéis referidos no artigo anterior:

Pena – reclusão, de 1 (um) a 3 (três) anos, e multa.

Veja art. 171, CP.

Veja arts. 1º e 38, Lei n. 6.538, de 22.06.1978 (serviços postais).

Art. 295. Se o agente é funcionário público, e comete o crime prevalecendo-se do cargo, aumenta-se a pena de sexta parte.

CAPÍTULO III
DA FALSIDADE DOCUMENTAL

Veja art. 145, CPP.

Veja art. 350, CE.

Veja art. 64, Lei n. 8.383, de 30.12.1991 (Ufir).

Veja Súmulas ns. 17, 104 e 200, STF.

Falsificação do selo ou sinal público

Art. 296. Falsificar, fabricando-os ou alterando-os:

Veja art. 27, § 2º, II, Lei n. 14.973, de 16.09.2024.

I – selo público destinado a autenticar atos oficiais da União, de Estado ou de Município;

II – selo ou sinal atribuído por lei a entidade de direito público, ou a autoridade, ou sinal público de tabelião:

Pena – reclusão, de 2 (dois) a 6 (seis) anos, e multa.

Veja art. 171, CP.

Veja art. 38, Lei n. 6.538, de 22.06.1978 (serviços postais).

§ 1º Incorre nas mesmas penas:

I – quem faz uso do selo ou sinal falsificado;

II – quem utiliza indevidamente o selo ou sinal verdadeiro em prejuízo de outrem ou em proveito próprio ou alheio;

III – quem altera, falsifica ou faz uso indevido de marcas, logotipos, siglas ou quaisquer outros símbolos utilizados ou identificadores de órgãos ou entidades da Administração Pública.

Inciso acrescentado pela Lei n. 9.983, de 14.07.2000.

§ 2º Se o agente é funcionário público, e comete o crime prevalecendo-se do cargo, aumenta-se a pena de sexta parte.

Falsificação de documento público

Art. 297. Falsificar, no todo ou em parte, documento público, ou alterar documento público verdadeiro:

Pena – reclusão, de 2 (dois) a 6 (seis) anos, e multa.

Veja arts. 171 e 304, CP.

Veja art. 49, IV, CLT.

Veja art. 64, Lei n. 8.383, de 30.12.1991 (Ufir).

Veja art. 27, § 2º, II, Lei n. 14.973, de 16.09.2024.

Veja art. 30, § 4º, Decreto n. 10.854, de 10.11.2021.

§ 1º Se o agente é funcionário público, e comete o crime prevalecendo-se do cargo, aumenta-se a pena de sexta parte.

§ 2º Para os efeitos penais, equiparam-se a documento público o emanado de entidade paraestatal, o título ao portador ou transmissível por endosso, as ações de sociedade comercial, os livros mercantis e o testamento particular.

Veja art. 304, CP.

Veja art. 348, §§ 1º e 2º, CE.

Veja art. 65, Lei n. 7.357, de 02.09.1985 (Lei do Cheque).

Veja art. 2º, Lei n. 7.492, de 16.06.1986 (crimes contra o sistema financeiro).

§ 3º Nas mesmas penas incorre quem insere ou faz inserir:

Parágrafo acrescentado pela Lei n. 9.983, de 14.07.2000.

I – na folha de pagamento ou em documento de informações que seja destinado a fazer prova perante a previdência social, pessoa que não possua a qualidade de segurado obrigatório;

Inciso acrescentado pela Lei n. 9.983, de 14.07.2000.

II – na Carteira de Trabalho e Previdência Social do empregado ou em documento que deva produzir efeito perante a previdência social, declaração falsa ou diversa da que deveria ter sido escrita;

Inciso acrescentado pela Lei n. 9.983, de 14.07.2000.

III – em documento contábil ou em qualquer outro documento relacionado com as obrigações da empresa perante a previdência social, declaração falsa ou diversa da que deveria ter constado.

Inciso acrescentado pela Lei n. 9.983, de 14.07.2000.

§ 4º Nas mesmas penas incorre quem omite, nos documentos mencionados no § 3º, nome do segurado e seus dados pessoais, a remuneração, a vigência do contrato de trabalho ou de prestação de serviços.

Parágrafo acrescentado pela Lei n. 9.983, de 14.07.2000.

Falsificação de documento particular

Art. 298. Falsificar, no todo ou em parte, documento particular ou alterar documento particular verdadeiro:

Pena – reclusão, de 1 (um) a 5 (cinco) anos, e multa.

Veja arts. 171 e 304, CP.

Veja art. 54, DL n. 6.259, de 10.02.1944 (serviço de loterias).

Veja art. 349, CE.

Veja art. 1º, III e IV, Lei n. 8.137, de 27.12.1990 (crimes contra a ordem tributária).

Veja art. 30, § 4º, Decreto n. 10.854, de 10.11.2021.

Falsificação de cartão

Parágrafo único. Para fins do disposto no *caput*, equipara-se a documento particular o cartão de crédito ou débito.

Nomen juris e parágrafo acrescentado pela Lei n. 12.737, de 30.11.2012.

Falsidade ideológica

Art. 299. Omitir, em documento público ou particular, declaração que dele devia constar, ou nele inserir ou fazer inserir declaração falsa ou diversa da que devia ser escrita, com o fim de prejudicar direito, criar obrigação ou alterar a verdade sobre fato juridicamente relevante:

Pena – reclusão, de 1 (um) a 5 (cinco) anos, e multa, se o documento é público, e reclusão de 1 (um) a 3 (três) anos, e multa, se o documento é particular.

Veja arts. 171 e 304, CP.

Veja art. 68, LCP.

Veja art. 130, LEP.

Veja arts. 49, I a V, e 50, CLT.

Veja art. 315, CE.

Veja arts. 9º, 10 e 21, parágrafo único, Lei n. 7.492, de 16.06.1986 (crimes contra o sistema financeiro).

Veja art. 37, LC n. 123, de 14.12.2006 (microempresa).

Veja art. 45, VIII, Lei n. 13.445, de 24.05.2017 (Lei de Migração).

Veja art. 30, § 4º, Decreto n. 10.854, de 10.11.2021.

Parágrafo único. Se o agente é funcionário público, e comete o crime prevalecendo-se do cargo, ou se a falsificação ou alteração é de assentamento de registro civil, aumenta-se a pena de sexta parte.

Veja art. 304, CP.

Veja art. 350, CE.

Falso reconhecimento de firma ou letra

Art. 300. Reconhecer, como verdadeira, no exercício de função pública, firma ou letra que o não seja:

Pena – reclusão, de 1 (um) a 5 (cinco) anos, e multa, se o documento é público; e de 1 (um) a 3 (três) anos, e multa, se o documento é particular.

Veja arts. 171 e 304, CP.

Veja art. 352, CE.

Certidão ou atestado ideologicamente falso

Art. 301. Atestar ou certificar falsamente, em razão de função pública, fato ou circunstância que habilite alguém a obter cargo público, isenção de ônus ou de serviço de caráter público, ou qualquer outra vantagem:

Pena – detenção, de 2 (dois) meses a 1 (um) ano.

Veja arts. 171 e 304, CP.

Falsidade material de atestado ou certidão

§ 1º Falsificar, no todo ou em parte, atestado ou certidão, ou alterar o teor de certidão ou de atestado verdadeiro, para prova de fato ou circunstância que habilite alguém a obter cargo público, isenção de ônus ou de serviço de caráter público, ou qualquer outra vantagem:

Pena – detenção, de 3 (três) meses a 2 (dois) anos.

Veja art. 304, CP.

§ 2º Se o crime é praticado com o fim de lucro, aplica-se, além da pena privativa de liberdade, a de multa.

Falsidade de atestado médico

Art. 302. Dar o médico, no exercício da sua profissão, atestado falso:

Pena – detenção, de 1 (um) mês a 1 (um) ano.

Veja arts. 171 e 304, CP.

Veja art. 47, LCP.

Parágrafo único. Se o crime é cometido com o fim de lucro, aplica-se também multa.

Reprodução ou adulteração de selo ou peça filatélica

Art. 303. Reproduzir ou alterar selo ou peça filatélica que tenha valor para coleção, salvo quando a reprodução ou a alteração está visivelmente anotada na face ou no verso do selo ou peça:

Pena – detenção, de 1 (um) a 3 (três) anos, e multa.

Veja art. 39, Lei n. 6.538, de 22.06.1978 (serviços postais).

Parágrafo único. Na mesma pena incorre quem, para fins de comércio, faz uso do selo ou peça filatélica.

Veja art. 39, Lei n. 6.538, de 22.06.1978 (serviços postais).

Uso de documento falso

Art. 304. Fazer uso de qualquer dos papéis falsificados ou alterados, a que se referem os arts. 297 a 302:

Pena – a cominada à falsificação ou à alteração.

Veja art. 171, CP.

Veja art. 49, III, CLT.

Veja arts. 7º e 14, Lei n. 7.492, de 16.06.1986 (crimes contra o sistema financeiro).

Veja Súmulas ns. 104, 200, 522 e 546, STJ.

Supressão de documento

Art. 305. Destruir, suprimir ou ocultar, em benefício próprio ou de outrem, ou em prejuízo alheio, documento público ou particular verdadeiro, de que não podia dispor:

Pena – reclusão, de 2 (dois) a 6 (seis) anos, e multa, se o documento é público, e reclusão, de 1 (um) a 5 (cinco) anos, e multa, se o documento é particular.

CAPÍTULO IV
DE OUTRAS FALSIDADES

Falsificação do sinal empregado no contraste de metal precioso ou na fiscalização alfandegária, ou para outros fins

Art. 306. Falsificar, fabricando-o ou alterando-o, marca ou sinal empregado pelo poder público no contraste de metal precioso ou na fiscalização alfandegária, ou usar marca ou sinal dessa natureza, falsificado por outrem:

Pena – reclusão, de 2 (dois) a 6 (seis) anos, e multa.

Parágrafo único. Se a marca ou sinal falsificado é o que usa a autoridade pública para o fim de fiscalização sanitária, ou para autenticar ou encerrar determinados objetos, ou comprovar o cumprimento de formalidade legal:

Pena – reclusão ou detenção, de 1 (um) a 3 (três) anos, e multa.

Falsa identidade

Art. 307. Atribuir-se ou atribuir a terceiro falsa identidade para obter vantagem, em proveito próprio ou alheio, ou para causar dano a outrem:

Pena – detenção, de 3 (três) meses a 1 (um) ano, ou multa, se o fato não constitui elemento de crime mais grave.

Veja art. 203, CPP.

Veja arts. 45, 46 e 68, LCP.

Veja art. 49, II, CLT.

Veja art. 21, Lei n. 7.492, de 16.06.1986 (crimes contra o sistema financeiro).

Veja Súmula n. 522, STJ.

Art. 308. Usar, como próprio, passaporte, título de eleitor, caderneta de reservista ou qualquer documento de identidade alheia ou ceder a outrem, para que dele se utilize, documento dessa natureza, próprio ou de terceiro:

Pena – detenção, de 4 (quatro) meses a 2 (dois) anos, e multa, se o fato não constitui elemento de crime mais grave.

Veja arts. 45 e 46, LCP.

Veja Súmula n. 200, STJ.

Fraude de lei sobre estrangeiros

Art. 309. Usar o estrangeiro, para entrar ou permanecer no território nacional, nome que não é o seu:

Pena – detenção, de 1 (um) a 3 (três) anos, e multa.

Veja art. 54, § 1º, Lei n. 13.445, de 24.05.2017 (Lei de Migração).

Parágrafo único. Atribuir a estrangeiro falsa qualidade para promover-lhe a entrada em território nacional:

Pena – reclusão, de 1 (um) a 4 (quatro) anos, e multa.

Parágrafo acrescentado pela Lei n. 9.426, de 24.12.1996.

Art. 310. Prestar-se a figurar como proprietário ou possuidor de ação, título ou valor pertencente a estrangeiro, nos casos em que a este é vedada por lei a propriedade ou a posse de tais bens:

Pena – detenção, de 6 (seis) meses a 3 (três) anos, e multa.

Artigo com redação dada pela Lei n. 9.426, de 24.12.1996.

Adulteração de sinal identificador de veículo

Rubrica com redação dada pela Lei n. 14.562, de 26.04.2023.

Art. 311. Adulterar, remarcar ou suprimir número de chassi, monobloco, motor, placa de identificação, ou qualquer sinal identificador de veículo automotor, elétrico, híbrido, de reboque, de semirreboque ou de suas combinações, bem como de seus componentes ou equipamentos, sem autorização do órgão competente:

Caput com redação dada pela Lei n. 14.562, de 26.04.2023.

Pena – reclusão, de 3 (três) a 6 (seis) anos, e multa.

Pena com redação dada pela Lei n. 9.426, de 24.12.1996.

§ 1º Se o agente comete o crime no exercício da função pública ou em razão dela, a pena é aumentada de 1/3 (um terço).

Parágrafo acrescentado pela Lei n. 9.426, de 24.12.1996.

§ 2º Incorrem nas mesmas penas do *caput* deste artigo:

Parágrafo com redação dada e incisos acrescentados pela Lei n. 14.562, de 26.04.2023.

I – o funcionário público que contribui para o licenciamento ou registro do veículo remarcado ou adulterado, fornecendo indevidamente material ou informação oficial;

II – aquele que adquire, recebe, transporta, oculta, mantém em depósito, fabrica, fornece, a título oneroso ou gratuito, possui ou guarda maquinismo, aparelho, instrumento ou objeto especialmente destinado à falsificação e/ou adulteração de que trata o *caput* deste artigo; ou

III – aquele que adquire, recebe, transporta, conduz, oculta, mantém em depósito, desmonta, monta, remonta, vende, expõe à venda, ou de qualquer forma utiliza, em proveito próprio ou alheio, veículo automotor, elétrico, híbrido, de reboque, semirreboque ou suas combinações ou partes, com número de chassi ou monobloco, placa de identificação ou qualquer sinal identificador veicular que devesse saber estar adulterado ou remarcado.

§ 3º Praticar as condutas de que tratam os incisos II ou III do § 2º deste artigo no exercício de atividade comercial ou industrial:

Parágrafo acrescentado pela Lei n. 14.562, de 26.04.2023.

Pena – reclusão, de 4 (quatro) a 8 (oito) anos, e multa.

Pena acrescentada pela Lei n. 14.562, de 26.04.2023.

§ 4º Equipara-se a atividade comercial, para efeito do disposto no § 3º deste artigo, qualquer forma de comércio irregular ou clandestino, inclusive aquele exercido em residência.

Parágrafo acrescentado pela Lei n. 14.562, de 26.04.2023.

CAPÍTULO V
DAS FRAUDES EM CERTAMES DE INTERESSE PÚBLICO

Capítulo acrescentado pela Lei n. 12.550, de 15.12.2011.

Fraudes em certames de interesse público

Art. 311-A. Utilizar ou divulgar, indevidamente, com o fim de beneficiar a si ou a outrem, ou de comprometer a credibilidade do certame, conteúdo sigiloso de:

Artigo acrescentado pela Lei n. 12.550, de 15.12.2011.

I – concurso público;

II – avaliação ou exame públicos;

III – processo seletivo para ingresso no ensino superior; ou

IV – exame ou processo seletivo previstos em lei:

Pena – reclusão, de 1 (um) a 4 (quatro) anos, e multa.

§ 1º Nas mesmas penas incorre quem permite ou facilita, por qualquer meio, o acesso de pessoas não autorizadas às informações mencionadas no *caput*.

§ 2º Se da ação ou omissão resulta dano à administração pública:

Pena – reclusão, de 2 (dois) a 6 (seis) anos, e multa.

§ 3º Aumenta-se a pena de 1/3 (um terço) se o fato é cometido por funcionário público.

TÍTULO XI
DOS CRIMES CONTRA A ADMINISTRAÇÃO PÚBLICA

Veja arts. 513 a 518, CPP.

Veja arts. 66 a 70, LCP.

Veja art. 728, CLT.

CAPÍTULO I
DOS CRIMES PRATICADOS POR FUNCIONÁRIO PÚBLICO CONTRA A ADMINISTRAÇÃO EM GERAL

Veja arts. 513 a 518, CPP.

Veja art. 1º, DL n. 3.240, de 08.05.1941 (crimes contra a Fazenda Pública).

Veja arts. 19 e 20, Lei n. 4.947, de 06.04.1966 (direito agrário).

Veja arts. 50 a 52, Lei n. 6.766, de 19.12.1979 (parcelamento do solo).

Veja art. 3º, Lei n. 7.716, de 05.01.1989 (crimes resultantes de preconceito).

Veja art. 3º, Lei n. 8.137, de 27.12.1990 (crimes contra a ordem tributária).

Veja arts. 66 a 69, Lei n. 9.605, de 12.02.1998 (crimes ambientais).

Veja art. 1º, Lei n. 9.613, de 03.03.1998 (crimes de lavagem de capitais).

Peculato

Art. 312. Apropriar-se o funcionário público de dinheiro, valor ou qualquer outro bem móvel, público ou particular, de que tem a posse em razão do cargo, ou desviá-lo, em proveito próprio ou alheio:

Pena – reclusão, de 2 (dois) a 12 (doze) anos, e multa.

Veja arts. 155 e 168, CP.

Veja art. 552, CLT.

Veja art. 1º, DL n. 3.240, de 08.05.1941 (crimes contra a Fazenda Pública).

Veja art. 346, CE.

Veja art. 1º, I, DL n. 201, de 27.02.1967 (reforma administrativa).

Veja DL n. 502, de 17.03.1969 (sequestro de bens).

Veja art. 5º, Lei n. 7.492, de 16.06.1986 (crimes contra o sistema financeiro).

Veja arts. 174 e 177, Lei n. 11.101, de 09.02.2005.

Veja art. 1º, XII, Decreto n. 12.338, de 23.12.2024.

Veja Súmula n. 599, STJ.

§ 1º Aplica-se a mesma pena, se o funcionário público, embora não tendo a posse do dinheiro, valor ou bem, o subtrai, ou concorre para que seja subtraído, em proveito próprio ou alheio, valendo-se de facilidade que lhe proporciona a qualidade de funcionário.

Peculato culposo

§ 2º Se o funcionário concorre culposamente para o crime de outrem:

Pena – detenção, de 3 (três) meses a 1 (um) ano.

§ 3º No caso do parágrafo anterior, a reparação do dano, se precede à sentença irrecorrível, extingue a punibilidade; se lhe é posterior, reduz de metade a pena imposta.

Peculato mediante erro de outrem

Art. 313. Apropriar-se de dinheiro ou qualquer utilidade que, no exercício do cargo, recebeu por erro de outrem:

Pena – reclusão, de 1 (um) a 4 (quatro) anos, e multa.

Veja art. 1º, XII, Decreto n. 12.338, de 23.12.2024.

Inserção de dados falsos em sistema de informações

Art. 313-A. Inserir ou facilitar, o funcionário autorizado, a inserção de dados falsos, alterar ou excluir indevidamente dados corretos nos sistemas informatizados ou bancos de dados da Administração Pública com o fim de obter vantagem indevida para si ou para outrem ou para causar dano:

Pena – reclusão, de 2 (dois) a 12 (doze) anos, e multa.

Artigo acrescentado pela Lei n. 9.983, de 14.07.2000.

Veja art. 27, § 2º, II, Lei n. 14.973, de 16.09.2024.

Veja art. 1º, XII, Decreto n. 12.338, de 23.12.2024.

Modificação ou alteração não autorizada de sistema de informações

Art. 313-B. Modificar ou alterar, o funcionário, sistema de informações ou programa de informática sem autorização ou solicitação de autoridade competente:

Pena – detenção, de 3 (três) meses a 2 (dois) anos, e multa.

Artigo acrescentado pela Lei n. 9.983, de 14.07.2000.

Veja art. 27, § 2º, II, Lei n. 14.973, de 16.09.2024.

Veja art. 1º, XII, Decreto n. 12.338, de 23.12.2024.

Parágrafo único. As penas são aumentadas de um terço até a metade se da modificação ou alteração resulta dano para a Administração Pública ou para o administrado.

Extravio, sonegação ou inutilização de livro ou documento

Art. 314. Extraviar livro oficial ou qualquer documento, de que tem a guarda em razão do cargo; sonegá-lo ou inutilizá-lo, total ou parcialmente:

Pena – reclusão, de 1 (um) a 4 (quatro) anos, se o fato não constitui crime mais grave.

Veja art. 3º, I, Lei n. 8.137, de 27.12.1990 (crimes contra a ordem tributária).

Veja art. 1º, XII, Decreto n. 12.338, de 23.12.2024.

Emprego irregular de verbas ou rendas públicas

Art. 315. Dar às verbas ou rendas públicas aplicação diversa da estabelecida em lei:

Pena – detenção, de 1 (um) a 3 (três) meses, ou multa.

Veja art. 346, CE.

Veja art. 1º, II, DL n. 201, de 27.02.1967 (reforma administrativa).

Veja art. 20, Lei n. 7.492, de 16.06.1986 (crimes contra o sistema financeiro).

Veja art. 52, Lei n. 8.080, de 19.09.1990 (Lei Orgânica da Saúde).

Veja art. 1º, XII, Decreto n. 12.338, de 23.12.2024.

Concussão

Art. 316. Exigir, para si ou para outrem, direta ou indiretamente, ainda que fora da função ou antes de assumi-la, mas em razão dela, vantagem indevida:

Pena – reclusão, de 2 (dois) a 12 (doze) anos, e multa.

Pena com redação dada pela Lei n. 13.964, de 24.12.2019.

Veja art. 445, CPP.

Veja art. 38, Lei n. 4.357, de 16.07.1964 (OTN).

Veja art. 1º, Lei n. 9.613, de 03.03.1998 (crimes de lavagem de capitais).

Veja art. 1º, XII, Decreto n. 12.338, de 23.12.2024.

Excesso de exação

§ 1º Se o funcionário exige tributo ou contribuição social que sabe ou deveria saber indevido, ou, quando devido, emprega na cobrança meio vexatório ou gravoso, que a lei não autoriza:

Pena – reclusão, de 3 (três) a 8 (oito) anos, e multa.

Parágrafo com redação dada pela Lei n. 8.137, de 27.12.1990.

Veja art. 38, Lei n. 4.357, de 16.07.1964 (OTN).

Veja art. 71, CDC.

Veja art. 3º, II, Lei n. 8.137, de 27.12.1990 (crimes contra a ordem tributária).

§ 2º Se o funcionário desvia, em proveito próprio ou de outrem, o que recebeu indevidamente para recolher aos cofres públicos:

Pena – reclusão, de 2 (dois) a 12 (doze) anos, e multa.

Veja art. 38, Lei n. 4.357, de 16.07.1964 (OTN).

Corrupção passiva

Art. 317. Solicitar ou receber, para si ou para outrem, direta ou indiretamente, ainda que fora da função ou antes de assumi-la, mas em razão dela, vantagem indevida, ou aceitar promessa de tal vantagem:

Pena – reclusão, de 2 (dois) a 12 (doze) anos, e multa.

Pena com redação dada pela Lei n. 10.763, de 12.11.2003.

Veja arts. 333 e 337-B, CP.

Veja art. 1º, XII, Decreto n. 12.338, de 23.12.2024.

§ 1º A pena é aumentada de um terço, se, em consequência da vantagem ou promessa, o funcionário retarda ou deixa de praticar qualquer ato de ofício ou o pratica infringindo dever funcional.

Veja art. 445, CPP.

§ 2º Se o funcionário pratica, deixa de praticar ou retarda ato de ofício, com infração de dever funcional, cedendo a pedido ou influência de outrem:

Pena – detenção, de 3 (três) meses a 1 (um) ano, ou multa.

Veja art. 445, CPP.

Facilitação de contrabando ou descaminho

Art. 318. Facilitar, com infração de dever funcional, a prática de contrabando ou descaminho (art. 334):

Pena – reclusão, de 3 (três) a 8 (oito) anos, e multa.

Pena com redação dada pela Lei n. 8.137, de 27.12.1990.

Veja art. 334-A, CP.

Veja art. 144, § 1º, II, CF.

Veja art. 7º, Lei n. 4.729, de 14.07.1965 (sonegação fiscal).

Veja art. 61, Lei n. 5.010, de 30.05.1966 (organiza a Justiça Federal de 1ª Instância).

Veja art. 3º, DL n. 16, de 10.08.1966 (produção de açúcar e álcool).

Veja art. 21, Lei n. 8.137, de 27.12.1990 (crimes contra a ordem tributária).

Veja arts. 740 e 741, Decreto n. 6.759, de 05.02.2009.

Veja art. 1º, XII, Decreto n. 12.338, de 23.12.2024.

Veja Súmula n. 560, STF.

Veja Súmula n. 151, STJ.

Prevaricação

Art. 319. Retardar ou deixar de praticar, indevidamente, ato de ofício, ou praticá-lo contra disposição expressa de lei, para satisfazer interesse ou sentimento pessoal:

Veja ADPF n. 881.

Pena – detenção, de 3 (três) meses a 1 (um) ano, e multa.

Veja art. 445, CPP.

Veja art. 66, I, LCP.

Veja art. 10, § 4º, Lei n. 1.521, de 26.12.1951 (crimes contra a economia popular).

Veja art. 23, Lei n. 7.492, de 16.06.1986 (crimes contra o sistema financeiro nacional).

Veja art. 1º, XII, Decreto n. 12.338, de 23.12.2024.

Art. 319-A. Deixar o Diretor de Penitenciária e/ou agente público, de cumprir seu dever de vedar ao preso o acesso a aparelho telefônico, de rádio ou similar, que permita a comunicação com outros presos ou com o ambiente externo:

Pena – detenção, de 3 (três) meses a 1 (um) ano.

Artigo acrescentado pela Lei n. 11.466, de 28.03.2007.

Condescendência criminosa

Art. 320. Deixar o funcionário, por indulgência, de responsabilizar subordinado que cometeu infração no exercício do cargo ou, quando lhe falte competência, não levar o fato ao conhecimento da autoridade competente:

Pena – detenção, de 15 (quinze) dias a 1 (um) mês, ou multa.

Advocacia administrativa

Art. 321. Patrocinar, direta ou indiretamente, interesse privado perante a administração pública, valendo-se da qualidade de funcionário:

Pena – detenção, de 1 (um) a 3 (três) meses, ou multa.

Veja art. 3º, III, Lei n. 8.137, de 27.12.1990 (crimes contra a ordem tributária).

Parágrafo único. Se o interesse é ilegítimo:

Pena – detenção, de 3 (três) meses a 1 (um) ano, além da multa.

Violência arbitrária

Art. 322. Praticar violência, no exercício de função ou a pretexto de exercê-la:

Pena – detenção, de 6 (seis) meses a 3 (três) anos, além da pena correspondente à violência.

Abandono de função

Art. 323. Abandonar cargo público, fora dos casos permitidos em lei:

Pena – detenção, de 15 (quinze) dias a 1 (um) mês, ou multa.

§ 1º Se do fato resulta prejuízo público:

Pena – detenção, de 3 (três) meses a 1 (um) ano, e multa.

§ 2º Se o fato ocorre em lugar compreendido na faixa de fronteira:

Pena – detenção, de 1 (um) a 3 (três) anos, e multa.

Exercício funcional ilegalmente antecipado ou prolongado

Art. 324. Entrar no exercício de função pública antes de satisfeitas as exigências legais, ou continuar a exercê-la, sem autorização, depois de saber oficialmente que foi exonerado, removido, substituído ou suspenso:

Pena – detenção, de 15 (quinze) dias a 1 (um) mês, ou multa.

Veja art. 45, LCP.

Violação de sigilo funcional

Art. 325. Revelar fato de que tem ciência em razão do cargo e que deva permanecer em segredo, ou facilitar-lhe a revelação:

Pena – detenção, de 6 (seis) meses a 2 (dois) anos, ou multa, se o fato não constitui crime mais grave.

Veja art. 23, Lei n. 6.453, de 17.10.1977 (danos nucleares).

Veja art. 3º, § 5º, Lei n. 11.671, de 08.05.2008.

§ 1º Nas mesmas penas deste artigo incorre quem:

Parágrafo e incisos acrescentados pela Lei n. 9.983, de 14.07.2000.

I – permite ou facilita, mediante atribuição, fornecimento e empréstimo de senha ou qualquer outra forma, o acesso de pessoas não autorizadas a sistemas de informações ou banco de dados da Administração Pública;

II – se utiliza, indevidamente, do acesso restrito.

§ 2º Se da ação ou omissão resulta dano à Administração Pública ou a outrem:

Pena – reclusão, de 2 (dois) a 6 (seis) anos, e multa.

Parágrafo acrescentado pela Lei n. 9.983, de 14.07.2000.

Violação do sigilo de proposta de concorrência

Art. 326. Devassar o sigilo de proposta de concorrência pública, ou proporcionar a terceiro o ensejo de devassá-lo:

Pena – detenção, de 3 (três) meses a 1 (um) ano, e multa.

Funcionário público

Art. 327. Considera-se funcionário público, para os efeitos penais, quem, embora transitoriamente ou sem remuneração, exerce cargo, emprego ou função pública.

Veja art. 337-J, CP.

§ 1º Equipara-se a funcionário público quem exerce cargo, emprego ou função em entidade paraestatal, e quem trabalha para empresa prestadora de serviço contratada ou conveniada para a execução de atividade típica da Administração Pública.

Parágrafo com redação dada pela Lei n. 9.983, de 14.07.2000.

Veja art. 337-D, CP.

§ 2º A pena será aumentada da terça parte quando os autores dos crimes previstos neste Capítulo forem ocupantes de cargos em comissão ou de função de direção ou assessoramento de órgão da administração direta, sociedade de economia mista, empresa pública ou fundação instituída pelo poder público.

Parágrafo acrescentado pela Lei n. 6.799, de 23.06.1980.

CAPÍTULO II
DOS CRIMES PRATICADOS POR PARTICULAR CONTRA A ADMINISTRAÇÃO EM GERAL

Usurpação de função pública

Art. 328. Usurpar o exercício de função pública:

Pena – detenção, de 3 (três) meses a 2 (dois) anos, e multa.

Veja arts. 45 a 47, LCP.

Parágrafo único. Se do fato o agente aufere vantagem:

Pena – reclusão, de 2 (dois) a 5 (cinco) anos, e multa.

Resistência

Art. 329. Opor-se à execução de ato legal, mediante violência ou ameaça a funcionário competente para executá-lo ou a quem lhe esteja prestando auxílio:

Pena – detenção, de 2 (dois) meses a 2 (dois) anos.

Veja art. 28, II, CP.

Veja arts. 284, 292 e 795, parágrafo único, CPP.

Veja art. 4º, I, Lei n. 1.579, de 18.03.1952 (Comissões Parlamentares de Inquérito).

Veja art. 8º, I, Lei n. 4.319, de 16.03.1964 (Conselho de Defesa dos Direitos da Pessoa Humana).

Veja art. 111, Lei n. 12.529, de 30.11.2011.

§ 1º Se o ato, em razão da resistência, não se executa:

Pena – reclusão, de 1 (um) a 3 (três) anos.

§ 2º As penas deste artigo são aplicáveis sem prejuízo das correspondentes à violência.

Desobediência

Art. 330. Desobedecer a ordem legal de funcionário público:

Pena – detenção, de 15 (quinze) dias a 6 (seis) meses, e multa.

Veja arts. 163, parágrafo único, 219, 245, § 2º, 453, 656, parágrafo único, e 688, § 2º, CPP.

Veja art. 68, LCP.

Veja art. 161, § 4º, CLT.

Veja art. 26, Lei n. 12.016, de 07.08.2009.

Veja art. 111, Lei n. 12.529, de 30.11.2011.

Desacato

Art. 331. Desacatar funcionário público no exercício da função ou em razão dela:

Pena – detenção, de 6 (seis) meses a 2 (dois) anos, ou multa.

Veja art. 28, II, CP.

Veja art. 68, LCP.

Veja arts. 75 e 351, CLT.

Veja art. 200, CTN.

Tráfico de influência

Art. 332. Solicitar, exigir, cobrar ou obter, para si ou para outrem, vantagem ou promessa de vantagem, a pretexto de influir em ato praticado por funcionário público no exercício da função:

Pena – reclusão, de 2 (dois) a 5 (cinco) anos, e multa.

Nomen juris, caput, pena e parágrafo com redação dada pela Lei n. 9.127, de 16.11.1995.

Veja arts. 337-C e 357, CP.

Parágrafo único. A pena é aumentada da metade, se o agente alega ou insinua que a vantagem é também destinada ao funcionário.

Corrupção ativa

Art. 333. Oferecer ou prometer vantagem indevida a funcionário público, para determiná-lo a praticar, omitir ou retardar ato de ofício:

Pena – reclusão, de 2 (dois) a 12 (doze) anos, e multa.

Pena com redação dada pela Lei n. 10.763, de 12.11.2003.

Veja arts. 317 e 337-B, CP.

Veja art. 6º, n. 2, Lei n. 1.079, de 10.04.1950 (crimes de responsabilidade).

Veja art. 299, CE.

Veja art. 1º, XII, Decreto n. 12.338, de 23.12.2024.

Parágrafo único. A pena é aumentada de um terço, se, em razão da vantagem ou promessa, o funcionário retarda ou omite ato de ofício, ou o pratica infringindo dever funcional.

Descaminho

Nomen juris com redação dada pela Lei n. 13.008, de 26.06.2014.

Art. 334. Iludir, no todo ou em parte, o pagamento de direito ou imposto devido pela entrada, pela saída ou pelo consumo de mercadoria:

Pena – reclusão, de 1 (um) a 4 (quatro) anos.

Caput e pena com redação dada pela Lei n. 13.008, de 26.06.2014.

Veja art. 144, § 1º, II, CF.

Veja art. 318, CP.

Veja art. 18, LCP.

Veja art. 278-A, CTB.

Veja art. 61, Lei n. 5.010, de 30.06.1966 (Justiça Federal).

Veja art. 18, § 2º, DL n. 157, de 10.02.1967 (estímulos fiscais).

Veja arts. 39 e 40, DL n. 288, de 28.02.1967 (Zona Franca de Manaus).

Veja art. 111, Lei n. 12.529, de 30.11.2011.

Veja Súmula n. 560, STF.

Veja Súmula n. 151, STJ.

§ 1º Incorre na mesma pena quem:

Parágrafo com redação dada pela 13.008, de 26.06.2014.

Veja art. 1º, Lei n. 6.910, de 27.05.1981.

I – pratica navegação de cabotagem, fora dos casos permitidos em lei;

Inciso com redação dada pela Lei n. 13.008, de 26.06.2014.

II – pratica fato assimilado, em lei especial, a descaminho;

Inciso com redação dada pela Lei n. 13.008, de 26.06.2014.

III – vende, expõe à venda, mantém em depósito ou, de qualquer forma, utiliza em proveito próprio ou alheio, no exercício de atividade comercial ou industrial, mercadoria de procedência estrangeira que introduziu clandestinamente no País ou importou fraudulentamente ou que sabe ser produto de introdução clandestina no território nacional ou de importação fraudulenta por parte de outrem;

Inciso com redação dada pela Lei n. 13.008, de 26.06.2014.

IV – adquire, recebe ou oculta, em proveito próprio ou alheio, no exercício de atividade comercial ou industrial, mercadoria de procedência estrangeira, desacompanhada de documentação legal ou acompanhada de documentos que sabe serem falsos.

Inciso com redação dada pela Lei n. 13.008, de 26.06.2014.

§ 2º Equipara-se às atividades comerciais, para os efeitos deste artigo, qualquer forma de comércio irregular ou clandestino de mercadorias estrangeiras, inclusive o exercido em residências.

Parágrafo com redação dada pela 13.008, de 26.06.2014.

Veja art. 1º, Lei n. 6.910, de 27.05.1981.

§ 3º A pena aplica-se em dobro se o crime de descaminho é praticado em transporte aéreo, marítimo ou fluvial.

Parágrafo com redação dada pela Lei n. 13.008, de 26.06.2014.

Contrabando

Art. 334-A. Importar ou exportar mercadoria proibida:

Artigo acrescentado pela Lei n. 13.008, de 26.06.2014.

Veja art. 278-A, CTB.

Pena – reclusão, de 2 (dois) a 5 (cinco) anos.

§ 1º Incorre na mesma pena quem:

I – pratica fato assimilado, em lei especial, a contrabando;

II – importa ou exporta clandestinamente mercadoria que dependa de registro, análise ou autorização de órgão público competente;

III – reinsere no território nacional mercadoria brasileira destinada à exportação;

IV – vende, expõe à venda, mantém em depósito ou, de qualquer forma, utiliza em proveito próprio ou alheio, no exercício de atividade comercial ou industrial, mercadoria proibida pela lei brasileira;

V – adquire, recebe ou oculta, em proveito próprio ou alheio, no exercício de atividade comercial ou industrial, mercadoria proibida pela lei brasileira.

§ 2º Equipara-se às atividades comerciais, para os efeitos deste artigo, qualquer forma de comércio irregular ou clandestino de mercadorias estrangeiras, inclusive o exercido em residências.

§ 3º A pena aplica-se em dobro se o crime de contrabando é praticado em transporte aéreo, marítimo ou fluvial.

Impedimento, perturbação ou fraude de concorrência

Art. 335. Impedir, perturbar ou fraudar concorrência pública ou venda em hasta pública, promovida pela administração federal, estadual ou municipal, ou por entidade paraestatal; afastar ou procurar afastar concorrente ou licitante, por meio de violência, grave ameaça, fraude ou oferecimento de vantagem:

Pena – detenção, de 6 (seis) meses a 2 (dois) anos, ou multa, além da pena correspondente à violência.

Veja art. 337-K, parágrafo único, CP.

Parágrafo único. Incorre na mesma pena quem se abstém de concorrer ou licitar, em razão da vantagem oferecida.

Veja art. 337-K, CP.

Inutilização de edital ou de sinal

Art. 336. Rasgar ou, de qualquer forma, inutilizar ou conspurcar edital afixado por ordem de funcionário público; violar ou inutilizar selo ou sinal empregado, por determinação legal ou por ordem de funcionário público, para identificar ou cerrar qualquer objeto:

Pena – detenção, de 1 (um) mês a 1 (um) ano, ou multa.

Subtração ou inutilização de livro ou documento

Art. 337. Subtrair, ou inutilizar, total ou parcialmente, livro oficial, processo ou documento confiado à custódia de funcionário, em razão de ofício, ou de particular em serviço público:

Pena – reclusão, de 2 (dois) a 5 (cinco) anos, se o fato não constitui crime mais grave.

Sonegação de contribuição previdenciária

Art. 337-A. Suprimir ou reduzir contribuição social previdenciária e qualquer acessório, mediante as seguintes condutas:

Artigo acrescentado pela Lei n. 9.983, de 14.07.2000.

Veja art. 83, Lei n. 9.430, de 27.12.1996.

Veja arts. 68 e 69, Lei n. 11.941, de 27.05.2009.

I – omitir de folha de pagamento da empresa ou de documento de informações previsto pela legislação previdenciária segurados empregado, empresário, trabalhador avulso ou trabalhador autônomo ou a este equiparado que lhe prestem serviços;

II – deixar de lançar mensalmente nos títulos próprios da contabilidade da empresa as quantias descontadas dos segurados ou as devidas pelo empregador ou pelo tomador de serviços;

III – omitir, total ou parcialmente, receitas ou lucros auferidos, remunerações pagas ou creditadas e demais fatos geradores de contribuições sociais previdenciárias:

Pena – reclusão, de 2 (dois) a 5 (cinco) anos, e multa.

§ 1º É extinta a punibilidade se o agente, espontaneamente, declara e confessa as contribuições, importâncias ou valores e presta as informações devidas à previdência social, na forma definida em lei ou regulamento, antes do início da ação fiscal.

§ 2º É facultado ao juiz deixar de aplicar a pena ou aplicar somente a de multa se o agente for primário e de bons antecedentes, desde que:

I – (*vetado*)

II – o valor das contribuições devidas, inclusive acessórios, seja igual ou inferior àquele estabelecido pela previdência social, administrativamente, como sendo o mínimo para o ajuizamento de suas execuções fiscais.

§ 3º Se o empregador não é pessoa jurídica e sua folha de pagamento mensal não ultrapassa R$ 1.510,00 (um mil, quinhentos e dez reais), o juiz poderá reduzir a pena de um terço até a metade ou aplicar apenas a de multa.

Veja Portaria do Ministério da Previdência Social sobre o valor estabelecido no parágrafo.

§ 4º O valor a que se refere o parágrafo anterior será reajustado nas mesmas datas e nos mesmos índices do reajuste dos benefícios da previdência social.

CAPÍTULO II-A
DOS CRIMES PRATICADOS POR PARTICULAR CONTRA A ADMINISTRAÇÃO PÚBLICA ESTRANGEIRA

Capítulo acrescentado pela Lei n. 10.467, de 11.06.2002.

Corrupção ativa em transação comercial internacional

Art. 337-B. Prometer, oferecer ou dar, direta ou indiretamente, vantagem indevida a funcionário público estrangeiro, ou a terceira pessoa, para determiná-lo a praticar, omitir ou retardar ato de ofício relacionado à transação comercial internacional:

Pena – reclusão, de 1 (um) a 8 (oito) anos, e multa.

Artigo acrescentado pela Lei n. 10.467, de 11.06.2002.

Veja arts. 317 e 333, CP.

Parágrafo único. A pena é aumentada de 1/3 (um terço), se, em razão da vantagem ou promessa, o funcionário público estrangeiro retarda ou omite o ato de ofício, ou o pratica infringindo dever funcional.

Tráfico de influência em transação comercial internacional

Art. 337-C. Solicitar, exigir, cobrar ou obter, para si ou para outrem, direta ou indiretamente, vantagem ou promessa de vantagem a pretexto de influir em ato praticado por funcionário público estrangeiro no exercício de suas funções, relacionado a transação comercial internacional:

Pena – reclusão, de 2 (dois) a 5 (cinco) anos, e multa.

Artigo acrescentado pela Lei n. 10.467, de 11.06.2002.

Veja arts. 332 e 357, CP.

Parágrafo único. A pena é aumentada da metade, se o agente alega ou insinua que a vantagem é também destinada a funcionário estrangeiro.

Funcionário público estrangeiro

Art. 337-D. Considera-se funcionário público estrangeiro, para os efeitos penais, quem, ainda que transitoriamente ou sem remuneração, exerce cargo, emprego ou função pública em entidades estatais ou em representações diplomáticas de país estrangeiro.

Artigo acrescentado pela Lei n. 10.467, de 11.06.2002.

Parágrafo único. Equipara-se a funcionário público estrangeiro quem exerce cargo, emprego ou função em empresas controladas, diretamente ou indiretamente, pelo Poder Público de país estrangeiro ou em organizações públicas internacionais.

Veja art. 327, § 1º, CP.

CAPÍTULO II-B
DOS CRIMES EM LICITAÇÕES E CONTRATOS ADMINISTRATIVOS

Capítulo acrescentado pela Lei n. 14.133, de 01.04.2021.

Contratação direta ilegal

Art. 337-E. Admitir, possibilitar ou dar causa à contratação direta fora das hipóteses previstas em lei:

Pena – reclusão, de 4 (quatro) a 8 (oito) anos, e multa.

Artigo acrescentado pela Lei n. 14.133, de 01.04.2021.

Frustração do caráter competitivo de licitação

Art. 337-F. Frustrar ou fraudar, com o intuito de obter para si ou para outrem vantagem decorrente da adjudicação do objeto da licitação, o caráter competitivo do processo licitatório:

Pena – reclusão, de 4 (quatro) anos a 8 (oito) anos, e multa.

Artigo acrescentado pela Lei n. 14.133, de 01.04.2021.

Patrocínio de contratação indevida

Art. 337-G. Patrocinar, direta ou indiretamente, interesse privado perante a Administração Pública, dando causa à instauração de licitação ou à celebração de contrato cuja invalidação vier a ser decretada pelo Poder Judiciário:

Pena – reclusão, de 6 (seis) meses a 3 (três) anos, e multa.

Artigo acrescentado pela Lei n. 14.133, de 01.04.2021.

Modificação ou pagamento irregular em contrato administrativo

Art. 337-H. Admitir, possibilitar ou dar causa a qualquer modificação ou vantagem, inclusive prorrogação contratual, em favor do contratado, durante a execução dos contratos celebrados com a Administração Pública, sem autorização em lei, no edital da licitação ou nos respectivos instrumentos contratuais, ou, ainda, pagar fatura com preterição da ordem cronológica de sua exigibilidade:

Pena – reclusão, de 4 (quatro) anos a 8 (oito) anos, e multa.

Artigo acrescentado pela Lei n. 14.133, de 01.04.2021.

Perturbação de processo licitatório

Art. 337-I. Impedir, perturbar ou fraudar a realização de qualquer ato de processo licitatório:

Pena – detenção, de 6 (seis) meses a 3 (três) anos, e multa.

Artigo acrescentado pela Lei n. 14.133, de 01.04.2021.

Violação de sigilo em licitação

Art. 337-J. Devassar o sigilo de proposta apresentada em processo licitatório ou proporcionar a terceiro o ensejo de devassá-lo:

Pena – detenção, de 2 (dois) anos a 3 (três) anos, e multa.

Artigo acrescentado pela Lei n. 14.133, de 01.04.2021.

Afastamento de licitante

Art. 337-K. Afastar ou tentar afastar licitante por meio de violência, grave ameaça, fraude ou oferecimento de vantagem de qualquer tipo:

Pena – reclusão, de 3 (três) anos a 5 (cinco) anos, e multa, além da pena correspondente à violência.

Artigo acrescentado pela Lei n. 14.133, de 01.04.2021.

Parágrafo único. Incorre na mesma pena quem se abstém ou desiste de licitar em razão de vantagem oferecida.

Fraude em licitação ou contrato

Art. 337-L. Fraudar, em prejuízo da Administração Pública, licitação ou contrato dela decorrente, mediante:

Artigo acrescentado pela Lei n. 14.133, de 01.04.2021.

I – entrega de mercadoria ou prestação de serviços com qualidade ou em quantidade diversas das previstas no edital ou nos instrumentos contratuais;

II – fornecimento, como verdadeira ou perfeita, de mercadoria falsificada, deteriorada, inservível para consumo ou com prazo de validade vencido;

III – entrega de uma mercadoria por outra;

IV – alteração da substância, qualidade ou quantidade da mercadoria ou do serviço fornecido;

V – qualquer meio fraudulento que torne injustamente mais onerosa para a Administração Pública a proposta ou a execução do contrato:

Pena – reclusão, de 4 (quatro) anos a 8 (oito) anos, e multa.

Contratação inidônea

Art. 337-M. Admitir à licitação empresa ou profissional declarado inidôneo:

Artigo acrescentado pela Lei n. 14.133, de 01.04.2021.

Pena – reclusão, de 1 (um) ano a 3 (três) anos, e multa.

§ 1º Celebrar contrato com empresa ou profissional declarado inidôneo:

Pena – reclusão, de 3 (três) anos a 6 (seis) anos, e multa.

§ 2º Incide na mesma pena do caput deste artigo aquele que, declarado inidôneo, venha a participar de licitação e, na mesma pena do § 1º deste artigo, aquele que, declarado inidôneo, venha a contratar com a Administração Pública.

Impedimento indevido

Art. 337-N. Obstar, impedir ou dificultar injustamente a inscrição de qualquer interessado nos registros cadastrais ou promover indevidamente a alteração, a suspensão ou o cancelamento de registro do inscrito:

Pena – reclusão, de 6 (seis) meses a 2 (dois) anos, e multa.

Artigo acrescentado pela Lei n. 14.133, de 01.04.2021.

Omissão grave de dado ou de informação por projetista

Art. 337-O. Omitir, modificar ou entregar à Administração Pública levantamento cadastral ou condição de contorno em relevante dissonância com a realidade, em frustração ao caráter competitivo da licitação ou em detrimento da seleção da proposta mais vantajosa para a Administração Pública, em contratação para a elaboração de projeto básico, projeto executivo ou anteprojeto, em diálogo competitivo ou em procedimento de manifestação de interesse:

Pena – reclusão, de 6 (seis) meses a 3 (três) anos, e multa.

Artigo acrescentado pela Lei n. 14.133, de 01.04.2021.

§ 1º Consideram-se condição de contorno as informações e os levantamentos suficientes e necessários para a definição da solução de projeto e dos respectivos preços pelo licitante, incluídos sondagens, topografia, estudos de demanda, condições ambientais e demais elementos ambientais impactantes, considerados requisitos mínimos ou obrigatórios em normas técnicas que orientam a elaboração de projetos.

§ 2º Se o crime é praticado com o fim de obter benefício, direto ou indireto, próprio ou de outrem, aplica-se em dobro a pena prevista no caput deste artigo.

Art. 337-P. A pena de multa cominada aos crimes previstos neste Capítulo seguirá a metodologia de cálculo prevista neste Código e não poderá ser inferior a 2% (dois por cento) do valor do contrato licitado ou celebrado com contratação direta.

Artigo acrescentado pela Lei n. 14.133, de 01.04.2021.

CAPÍTULO III
DOS CRIMES CONTRA A ADMINISTRAÇÃO DA JUSTIÇA

Reingresso de estrangeiro expulso

Art. 338. Reingressar no território nacional o estrangeiro que dele foi expulso:

Pena – reclusão, de 1 (um) a 4 (quatro) anos, sem prejuízo de nova expulsão após o cumprimento da pena.

Veja Lei n. 13.445, de 24.05.2017 (Lei de Migração).

Denunciação caluniosa

Art. 339. Dar causa à instauração de inquérito policial, de procedimento investigatório criminal, de processo judicial, de processo administrativo disciplinar, de inquérito civil ou de ação de improbidade administrativa contra alguém, imputando-lhe crime, infração ético-disciplinar ou ato ímprobo de que o sabe inocente:

Caput com redação dada pela Lei n. 14.110, de 18.12.2020.

Pena – reclusão, de 2 (dois) a 8 (oito) anos, e multa.

Veja art. 19, Lei n. 8.429, de 02.06.1992 (improbidade administrativa).

§ 1º A pena é aumentada de sexta parte, se o agente se serve de anonimato ou de nome suposto.

Parágrafo com redação dada pela Lei n. 10.028, de 19.10.2000.

§ 2º A pena é diminuída de metade, se a imputação é de prática de contravenção.

Parágrafo com redação dada pela Lei n. 10.028, de 19.10.2000.

Comunicação falsa de crime ou de contravenção

Art. 340. Provocar a ação de autoridade, comunicando-lhe a ocorrência de crime ou de contravenção que sabe não se ter verificado:

Pena – detenção, de 1 (um) a 6 (seis) meses, ou multa.

Veja arts. 41 e 66, LCP.

Autoacusação falsa

Art. 341. Acusar-se, perante a autoridade, de crime inexistente ou praticado por outrem:

Pena – detenção, de 3 (três) meses a 2 (dois) anos, ou multa.

Veja arts. 197 a 200, CPP.

Falso testemunho ou falsa perícia

Art. 342. Fazer afirmação falsa, ou negar ou calar a verdade, como testemunha, perito, contador, tradutor ou intérprete em processo judicial, ou administrativo, inquérito policial, ou em juízo arbitral:

Caput com redação dada pela Lei n. 10.268, de 28.08.2001.

Pena – reclusão, de 2 (dois) a 4 (quatro) anos, e multa.

Pena com redação dada pela Lei n. 12.850, de 02.08.2013.

Veja arts. 158 a 184, 202 a 225, 236 e 275 a 281, CPP.

Veja art. 828, CLT.

Veja art. 4º, II, Lei n. 1.579, de 18.03.1952 (CPI).

Veja Súmula n. 165, STJ.

§ 1º As penas aumentam-se de um sexto a um terço, se o crime é praticado mediante suborno ou se cometido com o fim de obter prova destinada a produzir efeito em processo penal, ou em processo civil em que for parte entidade da administração pública direta ou indireta.

Parágrafo com redação dada pela Lei n. 10.268, de 28.08.2001.

§ 2º O fato deixa de ser punível se, antes da sentença no processo em que ocorreu o ilícito, o agente se retrata ou declara a verdade.

Parágrafo com redação dada pela Lei n. 10.268, de 28.08.2001.

Art. 343. Dar, oferecer, ou prometer dinheiro ou qualquer outra vantagem a testemunha, perito, contador, tradutor ou intérprete, para fazer afirmação falsa, negar ou calar a verdade em depoimento, perícia, cálculos, tradução ou interpretação:

Pena – reclusão, de 3 (três) a 4 (quatro) anos, e multa.

Caput com redação dada pela Lei n. 10.268, de 28.08.2001.

Veja arts. 158 a 184, 202 a 225, 236 e 275 a 281, CPP.

Parágrafo único. As penas aumentam-se de um sexto a um terço, se o crime é cometido com o fim de obter prova destinada a produzir efeito em processo penal ou em processo civil em que for parte entidade da administração pública direta ou indireta.

Parágrafo com redação dada pela Lei n. 10.268, de 28.08.2001.

Coação no curso do processo

Art. 344. Usar de violência ou grave ameaça, com o fim de favorecer interesse próprio ou alheio, contra autoridade, parte, ou qualquer outra pessoa que funciona ou é chamada a intervir em processo judicial, policial ou administrativo, ou em juízo arbitral:

Pena – reclusão, de 1 (um) a 4 (quatro) anos, e multa, além da pena correspondente à violência.

Veja art. 111, Lei n. 12.529, de 30.11.2011.

Parágrafo único. A pena aumenta-se de 1/3 (um terço) até a metade se o processo envolver crime contra a dignidade sexual.

Parágrafo acrescentado pela Lei n. 14.245, de 22.11.2021.

Exercício arbitrário das próprias razões

Art. 345. Fazer justiça pelas próprias mãos, para satisfazer pretensão, embora legítima, salvo quando a lei o permite:

Pena – detenção, de 15 (quinze) dias a 1 (um) mês, ou multa, além da pena correspondente à violência.

Parágrafo único. Se não há emprego de violência, somente se procede mediante queixa.

Art. 346. Tirar, suprimir, destruir ou danificar coisa própria, que se acha em poder de terceiro por determinação judicial ou convenção:

Pena – detenção, de 6 (seis) meses a 2 (dois) anos, e multa.

Fraude processual

Art. 347. Inovar artificiosamente, na pendência de processo civil ou administrativo, o estado de lugar, de coisa ou de pessoa, com o fim de induzir a erro o juiz ou o perito:

Pena – detenção, de 3 (três) meses a 2 (dois) anos, e multa.

Parágrafo único. Se a inovação se destina a produzir efeito em processo penal, ainda que não iniciado, as penas aplicam-se em dobro.

Favorecimento pessoal

Art. 348. Auxiliar a subtrair-se à ação de autoridade pública autor de crime a que é cominada pena de reclusão:

Pena – detenção, de 1 (um) a 6 (seis) meses, e multa.

Veja art. 293, CPP.

§ 1º Se ao crime não é cominada pena de reclusão:

Pena – detenção, de 15 (quinze) dias a 3 (três) meses, e multa.

§ 2º Se quem presta o auxílio é ascendente, descendente, cônjuge ou irmão do criminoso, fica isento de pena.

Favorecimento real

Art. 349. Prestar a criminoso, fora dos casos de coautoria ou de receptação, auxílio destinado a tornar seguro o proveito do crime:

Pena – detenção, de 1 (um) a 6 (seis) meses, e multa.

Art. 349-A. Ingressar, promover, intermediar, auxiliar ou facilitar a entrada de aparelho telefônico de comunicação móvel, de rádio ou similar, sem autorização legal, em estabelecimento prisional.

Artigo acrescentado pela Lei n. 12.012, de 06.08.2009.

Pena – detenção, de 3 (três) meses a 1 (um) ano.

Exercício arbitrário ou abuso de poder

Art. 350. (*Revogado pela Lei n. 13.869, de 05.09.2019.*)

Fuga de pessoa presa ou submetida a medida de segurança

Art. 351. Promover ou facilitar a fuga de pessoa legalmente presa ou submetida a medida de segurança detentiva:

Pena – detenção, de 6 (seis) meses a 2 (dois) anos.

Veja Súmula n. 75, STJ.

§ 1º Se o crime é praticado a mão armada, ou por mais de uma pessoa, ou mediante arrombamento, a pena é de reclusão, de 2 (dois) a 6 (seis) anos.

§ 2º Se há emprego de violência contra pessoa, aplica-se também a pena correspondente à violência.

§ 3º A pena é de reclusão, de 1 (um) a 4 (quatro) anos, se o crime é praticado por pessoa sob cuja custódia ou guarda está o preso ou o internado.

§ 4º No caso de culpa do funcionário incumbido da custódia ou guarda, aplica-se a pena de detenção, de 3 (três) meses a 1 (um) ano, ou multa.

Evasão mediante violência contra a pessoa

Art. 352. Evadir-se ou tentar evadir-se o preso ou o indivíduo submetido a medida de segurança detentiva, usando de violência contra a pessoa:

Pena – detenção, de 3 (três) meses a 1 (um) ano, além da pena correspondente à violência.

Veja art. 284, CPP.

Arrebatamento de preso

Art. 353. Arrebatar preso, a fim de maltratá-lo, do poder de quem o tenha sob custódia ou guarda:

Pena – reclusão, de 1 (um) a 4 (quatro) anos, além da pena correspondente à violência.

Motim de presos

Art. 354. Amotinarem-se presos, perturbando a ordem ou disciplina da prisão:

Pena – detenção, de 6 (seis) meses a 2 (dois) anos, além da pena correspondente à violência.

Veja art. 50, LEP.

Patrocínio infiel

Art. 355. Trair, na qualidade de advogado ou procurador, o dever profissional, prejudicando interesse, cujo patrocínio, em juízo, lhe é confiado:

Pena – detenção, de 6 (seis) meses a 3 (três) anos, e multa.

Patrocínio simultâneo ou tergiversação

Parágrafo único. Incorre na pena deste artigo o advogado ou procurador judicial que defende na mesma causa, simultânea ou sucessivamente, partes contrárias.

Sonegação de papel ou objeto de valor probatório

Art. 356. Inutilizar, total ou parcialmente, ou deixar de restituir autos, documento ou objeto de valor probatório, que recebeu na qualidade de advogado ou procurador:

Pena – detenção, de 6 (seis) meses a 3 (três) anos, e multa.

Exploração de prestígio

Art. 357. Solicitar ou receber dinheiro ou qualquer outra utilidade, a pretexto de influir em juiz, jurado, órgão do Ministério Público, funcionário de justiça, perito, tradutor, intérprete ou testemunha:

Pena – reclusão, de 1 (um) a 5 (cinco) anos, e multa.

Veja arts. 332 e 337-C, CP.

Parágrafo único. As penas aumentam-se de um terço, se o agente alega ou insinua que o dinheiro ou utilidade também se destina a qualquer das pessoas referidas neste artigo.

Violência ou fraude em arrematação judicial

Art. 358. Impedir, perturbar ou fraudar arrematação judicial; afastar ou procurar afastar concorrente ou licitante, por meio de violência, grave ameaça, fraude ou oferecimento de vantagem:

Pena – detenção, de 2 (dois) meses a 1 (um) ano, ou multa, além da pena correspondente à violência.

Desobediência a decisão judicial sobre perda ou suspensão de direito

Art. 359. Exercer função, atividade, direito, autoridade ou múnus, de que foi suspenso ou privado por decisão judicial:

Pena – detenção, de 3 (três) meses a 2 (dois) anos, ou multa.

CAPÍTULO IV
DOS CRIMES CONTRA AS FINANÇAS PÚBLICAS

Capítulo acrescentado pela Lei n. 10.028, de 19.10.2000.

Veja arts. 70 a 75, CF.

Veja arts. 513 a 518, CPP.

Veja arts. 10, 39-A e 40-A, Lei n. 1.079, de 10.04.1950 (crimes de responsabilidade).

Veja LC n. 101, de 04.05.2000 (responsabilidade fiscal).

Contratação de operação de crédito

Art. 359-A. Ordenar, autorizar ou realizar operação de crédito, interno ou externo, sem prévia autorização legislativa:

Pena – reclusão, de 1 (um) a 2 (dois) anos.

Artigo acrescentado pela Lei n. 10.028, de 19.10.2000.

Parágrafo único. Incide na mesma pena quem ordena, autoriza ou realiza operação de crédito, interno ou externo:

I – com inobservância de limite, condição ou montante estabelecido em lei ou em resolução do Senado Federal;

II – quando o montante da dívida consolidada ultrapassa o limite máximo autorizado por lei.

Inscrição de despesas não empenhadas em restos a pagar

Art. 359-B. Ordenar ou autorizar a inscrição em restos a pagar, de despesa que não tenha sido previamente empenhada ou que exceda limite estabelecido em lei:

Pena – detenção, de 6 (seis) meses a 2 (dois) anos.

Artigo acrescentado pela Lei n. 10.028, de 19.10.2000.

Assunção de obrigação no último ano do mandato ou legislatura

Art. 359-C. Ordenar ou autorizar a assunção de obrigação, nos 2 (dois) últimos quadrimestres do último ano do mandato ou legislatura, cuja despesa não possa ser paga no mesmo exercício financeiro ou, caso reste parcela a ser paga no exercício seguinte, que não tenha contrapartida suficiente de disponibilidade de caixa:

Pena – reclusão, de 1 (um) a 4 (quatro) anos.

Artigo acrescentado pela Lei n. 10.028, de 19.10.2000.

Ordenação de despesa não autorizada

Art. 359-D. Ordenar despesa não autorizada por lei:

Pena – reclusão, de 1 (um) a 4 (quatro) anos.

Artigo acrescentado pela Lei n. 10.028, de 19.10.2000.

Veja Súmula n. 599, STJ.

Prestação de garantia graciosa

Art. 359-E. Prestar garantia em operação de crédito sem que tenha sido constituída contragarantia em valor igual ou superior ao valor da garantia prestada, na forma da lei:

Pena – detenção, de 3 (três) meses a 1 (um) ano.

Artigo acrescentado pela Lei n. 10.028, de 19.10.2000.

Não cancelamento de restos a pagar

Art. 359-F. Deixar de ordenar, de autorizar ou de promover o cancelamento do montante de restos a pagar inscrito em valor superior ao permitido em lei:

Pena – detenção, de 6 (seis) meses a 2 (dois) anos.

Artigo acrescentado pela Lei n. 10.028, de 19.10.2000.

Aumento de despesa total com pessoal no último ano do mandato ou legislatura

Art. 359-G. Ordenar, autorizar ou executar ato que acarrete aumento de despesa total com pessoal, nos 180 (cento e oitenta) dias anteriores ao final do mandato ou da legislatura:

Pena – reclusão, de 1 (um) a 4 (quatro) anos.

Artigo acrescentado pela Lei n. 10.028, de 19.10.2000.

Oferta pública ou colocação de títulos no mercado

Art. 359-H. Ordenar, autorizar ou promover a oferta pública ou a colocação no mercado financeiro de títulos da dívida pública sem que tenham sido criados por lei ou sem que estejam registrados em sistema centralizado de liquidação e de custódia:

Pena – reclusão, de 1 (um) a 4 (quatro) anos.

Artigo acrescentado pela Lei n. 10.028, de 19.10.2000.

TÍTULO XII
DOS CRIMES CONTRA O ESTADO DEMOCRÁTICO DE DIREITO

Título acrescentado pela Lei n. 14.197, de 01.09.2021.

CAPÍTULO I
DOS CRIMES CONTRA A SOBERANIA NACIONAL

Capítulo acrescentado pela Lei n. 14.197, de 01.09.2021.

Atentado à soberania

Art. 359-I. Negociar com governo ou grupo estrangeiro, ou seus agentes, com o fim de provocar atos típicos de guerra contra o País ou invadi-lo:

Artigo acrescentado pela Lei n. 14.197, de 01.09.2021.

Veja art. 1º, XV, Decreto n. 12.338, de 23.12.2024.

Pena – reclusão, de 3 (três) a 8 (oito) anos.

§ 1º Aumenta-se a pena de metade até o dobro, se declarada guerra em decorrência das condutas previstas no *caput* deste artigo.

§ 2º Se o agente participa de operação bélica com o fim de submeter o território nacional, ou parte dele, ao domínio ou à soberania de outro país:

Pena – reclusão, de 4 (quatro) a 12 (doze) anos.

Atentado à integridade nacional

Art. 359-J. Praticar violência ou grave ameaça com a finalidade de desmembrar parte do território nacional para constituir país independente:

Artigo acrescentado pela Lei n. 14.197, de 01.09.2021.

Veja art. 1º, XV, Decreto n. 12.338, de 23.12.2024.

Pena – reclusão, de 2 (dois) a 6 (seis) anos, além da pena correspondente à violência.

Espionagem

Art. 359-K. Entregar a governo estrangeiro, a seus agentes, ou a organização criminosa estrangeira, em desacordo com determinação legal ou regulamentar, documento ou informação classificados como secretos ou ultrassecretos nos termos da lei, cuja revelação possa colocar em perigo a preservação da ordem constitucional ou a soberania nacional:

Artigo acrescentado pela Lei n. 14.197, de 01.09.2021.

Veja art. 1º, XV, Decreto n. 12.338, de 23.12.2024.

Pena – reclusão, de 3 (três) a 12 (doze) anos.

§ 1º Incorre na mesma pena quem presta auxílio a espião, conhecendo essa circunstância, para subtraí-lo à ação da autoridade pública.

§ 2º Se o documento, dado ou informação é transmitido ou revelado com violação do dever de sigilo:

Pena – reclusão, de 6 (seis) a 15 (quinze) anos.

§ 3º Facilitar a prática de qualquer dos crimes previstos neste artigo mediante atribuição, fornecimento ou empréstimo de senha, ou de qualquer outra forma de acesso de pessoas não autorizadas a sistemas de informações:

Pena – detenção, de 1 (um) a 4 (quatro) anos.

§ 4º Não constitui crime a comunicação, a entrega ou a publicação de informações ou de documentos com o fim de expor a prática de crime ou a violação de direitos humanos.

CAPÍTULO II
DOS CRIMES CONTRA AS INSTITUIÇÕES DEMOCRÁTICAS

Capítulo acrescentado pela Lei n. 14.197, de 01.09. .

Abolição violenta do Estado Democrático de Direito

Art. 359-L. Tentar, com emprego de violência ou grave ameaça, abolir o Estado Democrático de Direito, impedindo ou restringindo o exercício dos poderes constitucionais:

Artigo acrescentado pela Lei n. 14.197, de 01.09.2021.

Veja art. 1º, XV, Decreto n. 12.338, de 23.12.2024.

Pena – reclusão, de 4 (quatro) a 8 (oito) anos, além da pena correspondente à violência.

Golpe de Estado

Art. 359-M. Tentar depor, por meio de violência ou grave ameaça, o governo legitimamente constituído:

Artigo acrescentado pela Lei n. 14.197, de 01.09.2021.

Veja art. 1º, XV, Decreto n. 12.338, de 23.12.2024.

Pena – reclusão, de 4 (quatro) a 12 (doze) anos, além da pena correspondente à violência.

CAPÍTULO III
DOS CRIMES CONTRA O FUNCIONAMENTO DAS INSTITUIÇÕES DEMOCRÁTICAS NO PROCESSO ELEITORAL

Capítulo acrescentado pela Lei n. 14.197, de 01.09.2021.

Interrupção do processo eleitoral

Art. 359-N. Impedir ou perturbar a eleição ou a aferição de seu resultado, mediante violação indevida de mecanismos de segurança do sistema eletrônico de votação estabelecido pela Justiça Eleitoral:

Artigo acrescentado pela Lei n. 14.197, de 01.09.2021.

Veja art. 1º, XV, Decreto n. 12.338, de 23.12.2024.

Pena – reclusão, de 3 (três) a 6 (seis) anos, e multa.

(*Vetado*)

Art. 359-O. (*Vetado.*)

Artigo acrescentado pela Lei n. 14.197, de 01.09.2021.

Violência política

Art. 359-P. Restringir, impedir ou dificultar, com emprego de violência física, sexual ou psicológica, o exercício de direitos políticos a qualquer pessoa em razão de seu sexo, raça, cor, etnia, religião ou procedência nacional:

Artigo acrescentado pela Lei n. 14.197, de 01.09.2021.

Veja art. 1º, XV, Decreto n. 12.338, de 23.12.2024.

Pena – reclusão, de 3 (três) a 6 (seis) anos, e multa, além da pena correspondente à violência.

(*Vetado*)

Art. 359-Q. (*Vetado.*)

Artigo acrescentado pela Lei n. 14.197, de 01.09.2021.

CAPÍTULO IV
DOS CRIMES CONTRA O FUNCIONAMENTO DOS SERVIÇOS ESSENCIAIS

Capítulo acrescentado pela Lei n. 14.197, de 01.09.2021.

Sabotagem

Art. 359-R. Destruir ou inutilizar meios de comunicação ao público, estabelecimentos, instalações ou serviços destinados à defesa nacional, com o fim de abolir o Estado Democrático de Direito:

Artigo acrescentado pela Lei n. 14.197, de 01.09.2021.

Veja art. 1º, XV, Decreto n. 12.338, de 23.12.2024.

Pena – reclusão, de 2 (dois) a 8 (oito) anos.

CAPÍTULO V

(*Vetado*)

Capítulo acrescentado pela Lei n. 14.197, de 01.09.2021.

CAPÍTULO VI
DISPOSIÇÕES COMUNS

Capítulo acrescentado pela Lei n. 14.197, de 01.09.2021.

Art. 359-T. Não constitui crime previsto neste Título a manifestação crítica aos poderes constitucionais nem a atividade jornalística ou a reivindicação de direitos e garantias constitucionais por meio de passeatas, de reuniões, de greves, de aglomerações ou de qualquer outra forma de manifestação política com propósitos sociais.

Artigo acrescentado pela Lei n. 14.197, de 01.09.2021.

(*Vetado*)

Art. 359-U. (*Vetado.*)

Artigo acrescentado pela Lei n. 14.197, de 01.09.2021.

DISPOSIÇÕES FINAIS

Art. 360. Ressalvada a legislação especial sobre os crimes contra a existência, a segurança e a integridade do Estado e contra a guarda e o emprego da economia popular, os crimes de imprensa e os de falência, os de responsabilidade do Presidente da República e dos Governadores ou Interventores, e os crimes militares, revogam-se as disposições em contrário.

Art. 361. Este Código entrará em vigor no dia 1º de janeiro de 1942.

Rio de Janeiro, 07 de dezembro de 1940;
119º da Independência e 52º da República.

GETÚLIO VARGAS

ÍNDICE ALFABÉTICO-REMISSIVO DO CÓDIGO PENAL

LEI N. 7.210, DE 11 DE JULHO DE 1984

Institui a Lei de Execução Penal.

O PRESIDENTE DA REPÚBLICA:

Faço saber que o CONGRESSO NACIONAL decreta e eu sanciono a seguinte Lei:

TÍTULO I
DO OBJETO E DA APLICAÇÃO DA LEI DE EXECUÇÃO PENAL

Art. 1º A execução penal tem por objetivo efetivar as disposições de sentença ou decisão criminal e proporcionar condições para a harmônica integração social do condenado e do internado.

Art. 2º A jurisdição penal dos juízes ou tribunais da justiça ordinária, em todo o território nacional, será exercida, no processo de execução, na conformidade desta Lei e do Código de Processo Penal.

Parágrafo único. Esta Lei aplicar-se-á igualmente ao preso provisório e ao condenado pela Justiça Eleitoral ou Militar, quando recolhido a estabelecimento sujeito à jurisdição ordinária.

Art. 3º Ao condenado e ao internado serão assegurados todos os direitos não atingidos pela sentença ou pela lei.

Parágrafo único. Não haverá qualquer distinção de natureza racial, social, religiosa ou política.

Art. 4º O Estado deverá recorrer à cooperação da comunidade nas atividades de execução da pena e da medida de segurança.

TÍTULO II
DO CONDENADO E DO INTERNADO

CAPÍTULO I
DA CLASSIFICAÇÃO

Art. 5º Os condenados serão classificados, segundo os seus antecedentes e personalidade, para orientar a individualização da execução penal.

Art. 6º A classificação será feita por Comissão Técnica de Classificação que elaborará o programa individualizador da pena privativa de liberdade adequada ao condenado ou preso provisório.

Artigo com redação dada pela Lei n. 10.792, de 01.12.2003.

Art. 7º A Comissão Técnica de Classificação, existente em cada estabelecimento, será presidida pelo diretor e composta, no mínimo, por dois chefes de serviço, um psiquiatra, um psicólogo e um assistente social, quando se tratar de condenado à pena privativa da liberdade.

Parágrafo único. Nos demais casos a Comissão atuará junto ao Juízo da Execução e será integrada por fiscais do Serviço Social.

Art. 8º O condenado ao cumprimento de pena privativa de liberdade, em regime fechado, será submetido a exame criminológico para a obtenção dos elementos necessários a uma adequada classificação e com vistas à individualização da execução.

Veja Súmula vinculante n. 26, STF.
Veja Súmula n. 439, STJ.

Parágrafo único. Ao exame de que trata este artigo poderá ser submetido o condenado ao cumprimento da pena privativa de liberdade em regime semiaberto.

Art. 9º A Comissão, no exame para a obtenção de dados reveladores da personalidade, observando a ética profissional e tendo sempre presentes peças ou informações do processo, poderá:

I – entrevistar pessoas;

II – requisitar, de repartições ou estabelecimentos privados, dados e informações a respeito do condenado;

III – realizar outras diligências e exames necessários.

Art. 9º-A. Os condenados por crime praticado, dolosamente, com violência de natureza grave contra pessoa, ou por qualquer dos crimes previstos no art. 1º da Lei n. 8.072, de 25 de julho de 1990, serão submetidos, obrigatoriamente, à identificação do perfil genético, mediante extração de DNA – ácido desoxirribonucleico, por técnica adequada e indolor.

Caput acrescentado pela Lei n. 12.654, de 28.05.2012.

§ 1º A identificação do perfil genético será armazenada em banco de dados sigiloso, conforme regulamento a ser expedido pelo Poder Executivo.

Parágrafo acrescentado pela Lei n. 12.654, de 28.05.2012.

§ 1º-A. A regulamentação deverá fazer constar garantias mínimas de proteção de dados genéticos, observando as melhores práticas da genética forense.

Parágrafo acrescentado pela Lei n. 13.964, de 24.12.2019.

§ 2º A autoridade policial, federal ou estadual, poderá requerer ao juiz competente, no caso de inquérito instaurado, o acesso ao banco de dados de identificação de perfil genético.

Parágrafo acrescentado pela Lei n. 12.654, de 28.05.2012.

§ 3º Deve ser viabilizado ao titular de dados genéticos o acesso aos seus dados constantes nos bancos de perfis genéticos, bem como a todos os documentos da cadeia de custódia que gerou esse dado, de maneira que possa ser contraditado pela defesa.

Parágrafo acrescentado pela Lei n. 13.964, de 24.12.2019.

§ 4º O condenado pelos crimes previstos no *caput* deste artigo que não tiver sido submetido à identificação do perfil genético por ocasião do ingresso no estabelecimento prisional deverá ser submetido ao procedimento durante o cumprimento da pena.

Parágrafo acrescentado pela Lei n. 13.964, de 24.12.2019.

§ 5º A amostra biológica coletada só poderá ser utilizada para o único e exclusivo fim de permitir a identificação pelo perfil genético, não estando autorizadas as práticas de fenotipagem genética ou de busca familiar.

Parágrafo acrescentado pela Lei n. 13.964, de 24.12.2019.

§ 6º Uma vez identificado o perfil genético, a amostra biológica recolhida nos termos do caput deste artigo deverá ser correta e imediatamente descartada, de maneira a impedir a sua utilização para qualquer outro fim.

Parágrafo acrescentado pela Lei n. 13.964, de 24.12.2019.

§ 7º A coleta da amostra biológica e a elaboração do respectivo laudo serão realizadas por perito oficial.

Parágrafo acrescentado pela Lei n. 13.964, de 24.12.2019.

§ 8º Constitui falta grave a recusa do condenado em submeter-se ao procedimento de identificação do perfil genético.

Parágrafo acrescentado pela Lei n. 13.964, de 24.12.2019.

CAPÍTULO II
DA ASSISTÊNCIA

Seção I
Disposições Gerais

Art. 10. A assistência ao preso e ao internado é dever do Estado, objetivando prevenir o crime e orientar o retorno à convivência em sociedade.

Veja art. 1º, Decreto n. 11.843, de 21.12.2023.

Parágrafo único. A assistência estende-se ao egresso.

Art. 11. A assistência será:

Veja art. 1º, Decreto n. 11.843, de 21.12.2023.

I – material;
II – à saúde;
III – jurídica;
IV – educacional;
V – social;
VI – religiosa.

Seção II
Da Assistência Material

Art. 12. A assistência material ao preso e ao internado consistirá no fornecimento de alimentação, vestuário e instalações higiênicas.

Art. 13. O estabelecimento disporá de instalações e serviços que atendam aos presos nas suas necessidades pessoais, além de locais destinados à venda de produtos e objetos permitidos e não fornecidos pela Administração.

Seção III
Da Assistência à Saúde

Art. 14. A assistência à saúde do preso e do internado, de caráter preventivo e curativo, compreenderá atendimento médico, farmacêutico e odontológico.

§ 1º (*Vetado.*)

§ 2º Quando o estabelecimento penal não estiver aparelhado para prover a assistência médica necessária, esta será prestada em outro local, mediante autorização da direção do estabelecimento.

§ 3º Será assegurado acompanhamento médico à mulher, principalmente no pré-natal e no pós-parto, extensivo ao recém-nascido.

Parágrafo acrescentado pela Lei n. 11.942, de 28.05.2009.

§ 4º Será assegurado tratamento humanitário à mulher grávida durante os atos médico-hospitalares preparatórios para a realização do parto e durante o trabalho de parto, bem como à mulher no período de puerpério, cabendo ao poder público promover a assistência integral à sua saúde e à do recém-nascido.

Parágrafo acrescentado pela Lei n. 14.326, de 12.04.2022.

Seção IV
Da Assistência Jurídica

Art. 15. A assistência jurídica é destinada aos presos e aos internados sem recursos financeiros para constituir advogado.

Art. 16. As Unidades da Federação deverão ter serviços de assistência jurídica, integral e gratuita, pela Defensoria Pública, dentro e fora dos estabelecimentos penais.

Caput com redação dada pela Lei n. 12.313, de 19.08.2010.

§ 1º As Unidades da Federação deverão prestar auxílio estrutural, pessoal e material à Defensoria Pública, no exercício de suas funções, dentro e fora dos estabelecimentos penais.

Parágrafo acrescentado pela Lei n. 12.313, de 19.08.2010.

§ 2º Em todos os estabelecimentos penais, haverá local apropriado destinado ao atendimento pelo Defensor Público.

Parágrafo acrescentado pela Lei n. 12.313, de 19.08.2010.

§ 3º Fora dos estabelecimentos penais, serão implementados Núcleos Especializados da Defensoria Pública para a prestação de assistência jurídica integral e gratuita aos réus, sentenciados em liberdade, egressos e seus familiares, sem recursos financeiros para constituir advogado.

Parágrafo acrescentado pela Lei n. 12.313, de 19.08.2010.

Seção V
Da Assistência Educacional

Art. 17. A assistência educacional compreenderá a instrução escolar e a formação profissional do preso e do internado.

Art. 18. O ensino de primeiro grau será obrigatório, integrando-se no sistema escolar da unidade federativa.

Art. 18-A. O ensino médio, regular ou supletivo, com formação geral ou educação profissional de nível médio, será implantado nos presídios, em obediência ao preceito constitucional de sua universalização.

Artigo acrescentado pela Lei n. 13.163, de 09.09.2015.

§ 1º O ensino ministrado aos presos e presas integrar-se-á ao sistema estadual e municipal de ensino e será mantido, administrativa e financeiramente, com o apoio da União, não só com os recursos destinados à educação, mas pelo sistema estadual de justiça ou administração penitenciária.

§ 2º Os sistemas de ensino oferecerão aos presos e às presas cursos supletivos de educação de jovens e adultos.

§ 3º A União, os Estados, os Municípios e o Distrito Federal incluirão em seus programas de educação à distância e de utilização de novas tecnologias de ensino, o atendimento aos presos e às presas.

Art. 19. O ensino profissional será ministrado em nível de iniciação ou de aperfeiçoamento técnico.

Parágrafo único. A mulher condenada terá ensino profissional adequado à sua condição.

Art. 20. As atividades educacionais podem ser objeto de convênio com entidades públicas ou particulares, que instalem escolas ou ofereçam cursos especializados.

Art. 21. Em atendimento às condições locais, dotar-se-á cada estabelecimento de uma biblioteca, para uso de todas as categorias de reclusos, provida de livros instrutivos, recreativos e didáticos.

Art. 21-A. O censo penitenciário deverá apurar:

Artigo acrescentado pela Lei n. 13.163, de 09.09.2015.

I – o nível de escolaridade dos presos e das presas;

II – a existência de cursos nos níveis fundamental e médio e o número de presos e presas atendidos;

III – a implementação de cursos profissionais em nível de iniciação ou aperfeiçoamento técnico e o número de presos e presas atendidos;

IV – a existência de bibliotecas e as condições de seu acervo;

V – outros dados relevantes para o aprimoramento educacional de presos e presas.

Seção VI
Da Assistência Social

Art. 22. A assistência social tem por finalidade amparar o preso e o internado e prepará-los para o retorno à liberdade.

Art. 23. Incumbe ao serviço de assistência social:

I – conhecer os resultados dos diagnósticos e exames;

II – relatar, por escrito, ao diretor do estabelecimento, os problemas e as dificuldades enfrentadas pelo assistido;

III – acompanhar o resultado das permissões de saídas e das saídas temporárias;

IV – promover, no estabelecimento, pelos meios disponíveis, a recreação;

V – promover a orientação do assistido, na fase final do cumprimento da pena, e do liberando, de modo a facilitar o seu retorno à liberdade;

VI – providenciar a obtenção de documentos, dos benefícios da previdência social e do seguro por acidente no trabalho;

VII – orientar e amparar, quando necessário, a família do preso, do internado e da vítima.

Seção VII
Da Assistência Religiosa

Art. 24. A assistência religiosa, com liberdade de culto, será prestada aos presos e aos internados, permitindo-se-lhes a participação nos serviços organizados no estabelecimento penal, bem como a posse de livros de instrução religiosa.

§ 1º No estabelecimento haverá local apropriado para os cultos religiosos.

§ 2º Nenhum preso ou internado poderá ser obrigado a participar de atividade religiosa.

Seção VIII
Da Assistência ao Egresso

Art. 25. A assistência ao egresso consiste:

Veja art. 1º, Decreto n. 11.843, de 21.12.2023.

I – na orientação e apoio para reintegrá-lo à vida em liberdade;

II – na concessão, se necessário, de alojamento e alimentação, em estabelecimento adequado, pelo prazo de 2 (dois) meses.

Parágrafo único. O prazo estabelecido no inciso II poderá ser prorrogado uma única vez, comprovado, por declaração do assistente social, o empenho na obtenção de emprego.

Art. 26. Considera-se egresso para os efeitos desta Lei:

Veja art. 78 desta Lei.

Veja art. 1º, Decreto n. 11.843, de 21.12.2023.

I – o liberado definitivo, pelo prazo de 1 (um) ano a contar da saída do estabelecimento;

II – o liberado condicional, durante o período de prova.

Art. 27. O serviço de assistência social colaborará com o egresso para a obtenção de trabalho.

Veja art. 1º, Decreto n. 11.843, de 21.12.2023.

CAPÍTULO III
DO TRABALHO

Seção I
Disposições Gerais

Art. 28. O trabalho do condenado, como dever social e condição de dignidade humana, terá finalidade educativa e produtiva.

§ 1º Aplicam-se à organização e aos métodos de trabalho as precauções relativas à segurança e à higiene.

§ 2º O trabalho do preso não está sujeito ao regime da Consolidação das Leis do Trabalho.

Art. 29. O trabalho do preso será remunerado, mediante prévia tabela, não podendo ser inferior a três quartos do salário mínimo.

§ 1º O produto da remuneração pelo trabalho deverá atender:

a) à indenização dos danos causados pelo crime, desde que determinados judicialmente e não reparados por outros meios;

b) à assistência à família;

c) a pequenas despesas pessoais;

d) ao ressarcimento ao Estado das despesas realizadas com a manutenção do condenado, em proporção a ser fixada e sem prejuízo da destinação prevista nas letras anteriores.

§ 2º Ressalvadas outras aplicações legais, será depositada a parte restante para constituição do pecúlio, em cadernetas de poupança, que será entregue ao condenado quando posto em liberdade.

Art. 30. As tarefas executadas como prestação de serviço à comunidade não serão remuneradas.

Seção II
Do Trabalho Interno

Art. 31. O condenado à pena privativa de liberdade está obrigado ao trabalho na medida de suas aptidões e capacidade.

Parágrafo único. Para o preso provisório, o trabalho não é obrigatório e só poderá ser executado no interior do estabelecimento.

Art. 32. Na atribuição do trabalho deverão ser levadas em conta a habilitação, a condição pessoal e as necessidades futuras do preso, bem como as oportunidades oferecidas pelo mercado.

§ 1º Deverá ser limitado, tanto quanto possível, o artesanato sem expressão econômica, salvo nas regiões de turismo.

§ 2º Os maiores de 60 (sessenta) anos poderão solicitar ocupação adequada à sua idade.

§ 3º Os doentes ou deficientes físicos somente exercerão atividades apropriadas ao seu estado.

Art. 33. A jornada normal de trabalho não será inferior a 6 (seis), nem superior a 8 (oito) horas, com descanso nos domingos e feriados.

Parágrafo único. Poderá ser atribuído horário especial de trabalho aos presos designados para os serviços de conservação e manutenção do estabelecimento penal.

Art. 34. O trabalho poderá ser gerenciado por fundação, ou empresa pública, com autonomia administrativa, e terá por objetivo a formação profissional do condenado.

§ 1º Nessa hipótese, incumbirá à entidade gerenciadora promover e supervisionar a produção, com critérios e métodos empresariais, encarregar-se de sua comercialização, bem como suportar despesas, inclusive pagamento de remuneração adequada.

Antigo parágrafo único renumerado pela Lei n. 10.792, de 01.12.2003.

§ 2º Os governos federal, estadual e municipal poderão celebrar convênio com a iniciativa privada, para implantação de oficinas de trabalho referentes a setores de apoio dos presídios.

Parágrafo acrescentado pela Lei n. 10.792, de 01.12.2003.

Art. 35. Os órgãos da administração direta ou indireta da União, Estados, Territórios, Distrito Federal e dos Municípios adquirirão, com dispensa de concorrência pública, os bens ou produtos do trabalho prisional, sempre que não for possível ou recomendável realizar-se a venda a particulares.

Parágrafo único. Todas as importâncias arrecadadas com as vendas reverterão em favor da fundação ou empresa pública a que alude o artigo anterior ou, na sua falta, do estabelecimento penal.

Seção III
Do Trabalho Externo

Art. 36. O trabalho externo será admissível para os presos em regime fechado somente em serviço ou obras públicas realizadas por órgãos da administração direta ou indireta, ou entidades privadas, desde que tomadas as cautelas contra a fuga e em favor da disciplina.

§ 1º O limite máximo do número de presos será de 10% (dez por cento) do total de empregados na obra.

§ 2º Caberá ao órgão da administração, à entidade ou à empresa empreiteira a remuneração desse trabalho.

§ 3º A prestação de trabalho a entidade privada depende do consentimento expresso do preso.

Art. 37. A prestação de trabalho externo, a ser autorizada pela direção do estabelecimento, dependerá de aptidão, disciplina e responsabilidade, além do cumprimento mínimo de 1/6 (um sexto) da pena.

Parágrafo único. Revogar-se-á a autorização de trabalho externo ao preso que vier a praticar fato definido como crime, for punido por falta grave, ou tiver comportamento contrário aos requisitos estabelecidos neste artigo.

CAPÍTULO IV
DOS DEVERES, DOS DIREITOS E DA DISCIPLINA

Seção I
Dos Deveres

Art. 38. Cumpre ao condenado, além das obrigações legais inerentes ao seu estado, submeter-se às normas de execução da pena.

Art. 39. Constituem deveres do condenado:

I – comportamento disciplinado e cumprimento fiel da sentença;

II – obediência ao servidor e respeito a qualquer pessoa com quem deva relacionar-se;

III – urbanidade e respeito no trato com os demais condenados;

IV – conduta oposta aos movimentos individuais ou coletivos de fuga ou de subversão à ordem ou à disciplina;

V – execução do trabalho, das tarefas e das ordens recebidas;

VI – submissão à sanção disciplinar imposta;

VII – indenização à vitima ou aos seus sucessores;

VIII – indenização ao Estado, quando possível, das despesas realizadas com a sua manutenção, mediante desconto proporcional da remuneração do trabalho;

IX – higiene pessoal e asseio da cela ou alojamento;

X – conservação dos objetos de uso pessoal.

Parágrafo único. Aplica-se ao preso provisório, no que couber, o disposto neste artigo.

Seção II
Dos Direitos

Art. 40. Impõe-se a todas as autoridades o respeito à integridade física e moral dos condenados e dos presos provisórios.

Art. 41. Constituem direitos do preso:

I – alimentação suficiente e vestuário;

II – atribuição de trabalho e sua remuneração;

III – previdência social;

IV – constituição de pecúlio;

V – proporcionalidade na distribuição do tempo para o trabalho, o descanso e a recreação;

VI – exercício das atividades profissionais, intelectuais, artísticas e desportivas anteriores, desde que compatíveis com a execução da pena;

VII – assistência material, à saúde, jurídica, educacional, social e religiosa;

VIII – proteção contra qualquer forma de sensacionalismo;

IX – entrevista pessoal e reservada com o advogado;

X – visita do cônjuge, da companheira, de parentes e amigos em dias determinados;

XI – chamamento nominal;

XII – igualdade de tratamento salvo quanto às exigências da individualização da pena;

XIII – audiência especial com o diretor do estabelecimento;

XIV – representação e petição a qualquer autoridade, em defesa de direito;

XV – contato com o mundo exterior por meio de correspondência escrita, da leitura e de outros meios de informação que não comprometam a moral e os bons costumes;

XVI – atestado de pena a cumprir, emitido anualmente, sob pena da responsabilidade da autoridade judiciária competente.

Inciso acrescentado pela Lei n. 10.713, de 13.08.2003.

§ 1º Os direitos previstos nos incisos V, X e XV poderão ser suspensos ou restringidos mediante ato motivado do juiz da execução penal.

Antigo parágrafo único renumerado e com redação dada pela Lei n. 14.994, de 09.10.2024.

§ 2º O preso condenado por crime contra a mulher por razões da condição do sexo feminino, nos termos do § 1º do art. 121-A do Decreto-lei n. 2.848, de 7 de dezembro de 1940 (Código Penal), não poderá usufruir do direito previsto no inciso X em relação à visita íntima ou conjugal.

Parágrafo acrescentado pela Lei n. 14.994, de 09.10.2024.

Art. 42. Aplica-se ao preso provisório e ao submetido à medida de segurança, no que couber, o disposto nesta Seção.

Art. 43. É garantida a liberdade de contratar médico de confiança pessoal do internado ou do submetido a tratamento ambulatorial, por seus familiares ou dependentes, a fim de orientar e acompanhar o tratamento.

Parágrafo único. As divergências entre o médico oficial e o particular serão resolvidas pelo juiz de execução.

Seção III
Da Disciplina

Subseção I
Disposições Gerais

Art. 44. A disciplina consiste na colaboração com a ordem, na obediência às determinações das autoridades e seus agentes e no desempenho do trabalho.

Parágrafo único. Estão sujeitos à disciplina o condenado à pena privativa de liberdade ou restritiva de direitos e o preso provisório.

Art. 45. Não haverá falta nem sanção disciplinar sem expressa e anterior previsão legal ou regulamentar.

§ 1º As sanções não poderão colocar em perigo a integridade física e moral do condenado.

§ 2º É vedado o emprego de cela escura.

§ 3º São vedadas as sanções coletivas.

Art. 46. O condenado ou denunciado, no início da execução da pena ou da prisão, será cientificado das normas disciplinares.

Art. 47. O poder disciplinar, na execução da pena privativa de liberdade, será exercido pela autoridade administrativa conforme as disposições regulamentares.

Art. 48. Na execução das penas restritivas de direitos, o poder disciplinar será exercido pela autoridade administrativa a que estiver sujeito o condenado.

Parágrafo único. Nas faltas graves, a autoridade representará ao juiz da execução para os fins dos arts. 118, I, 125, 127, 181, §§ 1º, *d*, e 2º desta Lei.

Subseção II
Das Faltas Disciplinares

Art. 49. As faltas disciplinares classificam-se em leves, médias e graves. A legislação local especificará as leves e médias, bem assim as respectivas sanções.

Parágrafo único. Pune-se a tentativa com a sanção correspondente à falta consumada.

Art. 50. Comete falta grave o condenado à pena privativa de liberdade que:

Veja Súmula n. 441, STJ.

I – incitar ou participar de movimento para subverter a ordem ou a disciplina;

II – fugir;

III – possuir, indevidamente, instrumento capaz de ofender a integridade física de outrem;

IV – provocar acidente de trabalho;

V – descumprir, no regime aberto, as condições impostas;

VI – inobservar os deveres previstos nos incisos II e V do art. 39 desta Lei;

VII – tiver em sua posse, utilizar ou fornecer aparelho telefônico, de rádio ou similar, que permita a comunicação com outros presos ou com o ambiente externo;

Inciso acrescentado pela Lei n. 11.466, de 28.03.2007.

Veja arts. 319-A e 349-A, CP.

Veja Súmulas ns. 660 e 661, STJ.

VIII – recusar submeter-se ao procedimento de identificação do perfil genético.

Inciso acrescentado pela Lei n. 13.964, de 24.12.2019.

Parágrafo único. O disposto neste artigo aplica-se, no que couber, ao preso provisório.

Art. 51. Comete falta grave o condenado à pena restritiva de direitos que:

I – descumprir, injustificadamente, a restrição imposta;

II – retardar, injustificadamente, o cumprimento da obrigação imposta;

III – inobservar os deveres previstos nos incisos II e V do art. 39 desta Lei.

Art. 52. A prática de fato previsto como crime doloso constitui falta grave e, quando ocasionar subversão da ordem ou disciplina internas, sujeitará o preso provisório, ou condenado, nacional ou estrangeiro, sem prejuízo da sanção penal, ao regime disciplinar diferenciado, com as seguintes características:

Caput com redação dada pela Lei n. 13.964, de 24.12.2019.

I – duração máxima de até 2 (dois) anos, sem prejuízo de repetição da sanção por nova falta grave de mesma espécie;

Inciso com redação dada pela Lei n. 13.964, de 24.12.2019.

II – recolhimento em cela individual;

Inciso com redação dada pela Lei n. 13.964, de 24.12.2019.

III – visitas quinzenais, de 2 (duas) pessoas por vez, a serem realizadas em instalações equipadas para impedir o contato físico e a passagem de objetos, por pessoa da família ou, no caso de terceiro, autorizado judicialmente, com duração de 2 (duas) horas;

Inciso com redação dada pela Lei n. 13.964, de 24.12.2019.

IV – direito do preso à saída da cela por 2 (duas) horas diárias para banho de sol, em grupos de até 4 (quatro) presos, desde que não haja contato com presos do mesmo grupo criminoso;

Inciso com redação dada pela Lei n. 13.964, de 24.12.2019.

V – entrevistas sempre monitoradas, exceto aquelas com seu defensor, em instalações equipadas para impedir o contato físico e a passagem de objetos, salvo expressa autorização judicial em contrário;

Inciso acrescentado pela Lei n. 13.964, de 24.12.2019.

VI – fiscalização do conteúdo da correspondência;

Inciso acrescentado pela Lei n. 13.964, de 24.12.2019.

VII – participação em audiências judiciais preferencialmente por videoconferência, garantindo-se a participação do defensor no mesmo ambiente do preso.

Inciso acrescentado pela Lei n. 13.964, de 24.12.2019.

§ 1º O regime disciplinar diferenciado também será aplicado aos presos provisórios ou condenados, nacionais ou estrangeiros:

Parágrafo com redação dada pela Lei n. 13.964, de 24.12.2019.

I – que apresentem alto risco para a ordem e a segurança do estabelecimento penal ou da sociedade;

Inciso acrescentado pela Lei n. 13.964, de 24.12.2019.

II – sob os quais recaiam fundadas suspeitas de envolvimento ou participação, a qualquer título, em organização criminosa, associação criminosa ou milícia privada, independentemente da prática de falta grave.

Inciso acrescentado pela Lei n. 13.964, de 24.12.2019.

§ 2º (*Revogado pela Lei n. 13.964, de 24.12.2019.*)

§ 3º Existindo indícios de que o preso exerce liderança em organização criminosa, associação criminosa ou milícia privada, ou que tenha atuação criminosa em 2 (dois) ou mais Estados da Federação, o regime disciplinar diferenciado será obrigatoriamente cumprido em estabelecimento prisional federal.

Parágrafo acrescentado pela Lei n. 13.964, de 24.12.2019.

§ 4º Na hipótese dos parágrafos anteriores, o regime disciplinar diferenciado poderá ser prorrogado sucessivamente, por períodos de 1 (um) ano, existindo indícios de que o preso:

Parágrafo acrescentado pela Lei n. 13.964, de 24.12.2019.

I – continua apresentando alto risco para a ordem e a segurança do estabelecimento penal de origem ou da sociedade;

Inciso acrescentado pela Lei n. 13.964, de 24.12.2019.

II – mantém os vínculos com organização criminosa, associação criminosa ou milícia privada, considerados também o perfil criminal e a função desempenhada por ele no grupo criminoso, a operação duradoura do grupo, a superveniência de novos processos criminais e os resultados do tratamento penitenciário.

Inciso acrescentado pela Lei n. 13.964, de 24.12.2019.

§ 5º Na hipótese prevista no § 3º deste artigo, o regime disciplinar diferenciado deverá contar com alta segurança interna e externa, principalmente no que diz respeito à necessidade de se evitar contato do preso com membros de sua organização criminosa, associação criminosa ou milícia privada, ou de grupos rivais.

Parágrafo acrescentado pela Lei n. 13.964, de 24.12.2019.

§ 6º A visita de que trata o inciso III do *caput* deste artigo será gravada em sistema de áudio ou de áudio e vídeo e, com autorização judicial, fiscalizada por agente penitenciário.

Parágrafo acrescentado pela Lei n. 13.964, de 24.12.2019.

§ 7º Após os primeiros 6 (seis) meses de regime disciplinar diferenciado, o preso que não receber a visita de que trata o inciso III do *caput* deste artigo poderá, após prévio agendamento, ter contato telefônico, que será gravado, com uma pessoa da família, 2 (duas) vezes por mês e por 10 (dez) minutos.

Parágrafo acrescentado pela Lei n. 13.964, de 24.12.2019.

Subseção III
Das Sanções e das Recompensas

Art. 53. Constituem sanções disciplinares:

I – advertência verbal;

II – repreensão;

III – suspensão ou restrição de direitos (art. 41, parágrafo único);

Veja art. 57, parágrafo único, desta Lei.

IV – isolamento na própria cela, ou em local adequado, nos estabelecimentos que possuam alojamento coletivo, observado o disposto no art. 88 desta Lei;

Veja art. 57, parágrafo único, desta Lei.

V – inclusão no regime disciplinar diferenciado.

Inciso acrescentado pela Lei n. 10.792, de 01.12.2003.

Veja art. 57, parágrafo único, desta Lei.

Art. 54. As sanções dos incisos I a IV do art. 53 serão aplicadas por ato motivado do diretor do estabelecimento e a do inciso V, por prévio e fundamentado despacho do juiz competente.

Caput com redação dada pela Lei n. 10.792, de 01.12.2003.

§ 1º A autorização para a inclusão do preso em regime disciplinar dependerá de requerimento circunstanciado elaborado pelo diretor do estabelecimento ou outra autoridade administrativa.

Parágrafo acrescentado pela Lei n. 10.792, de 01.12.2003.

§ 2º A decisão judicial sobre inclusão de preso em regime disciplinar será precedida de manifestação do Ministério Público e da defesa e prolatada no prazo máximo de 15 (quinze) dias.

Parágrafo acrescentado pela Lei n. 10.792, de 01.12.2003.

Art. 55. As recompensas têm em vista o bom comportamento reconhecido em favor do condenado, de sua colaboração com a disciplina e de sua dedicação ao trabalho.

Art. 56. São recompensas:

I – o elogio;

II – a concessão de regalias.

Parágrafo único. A legislação local e os regulamentos estabelecerão a natureza e a forma de concessão de regalias.

Subseção IV
Da Aplicação das Sanções

Art. 57. Na aplicação das sanções disciplinares, levar-se-ão em conta a natureza, os motivos, as circunstâncias e as consequências do fato, bem como a pessoa do faltoso e seu tempo de prisão.

Caput com redação dada pela Lei n. 10.792, de 01.12.2003.

Parágrafo único. Nas faltas graves, aplicam-se as sanções previstas nos incisos III a V do art. 53 desta Lei.

Parágrafo com redação dada pela Lei n. 10.792, de 01.12.2003.

Art. 58. O isolamento, a suspensão e a restrição de direitos não poderão exceder a trinta dias, ressalvada a hipótese do regime disciplinar diferenciado.

Caput com redação dada pela Lei n. 10.792, de 01.12.2003.

Parágrafo único. O isolamento será sempre comunicado ao juiz da execução.

Subseção V
Do Procedimento Disciplinar

Art. 59. Praticada a falta disciplinar, deverá ser instaurado o procedimento para sua apuração, conforme regulamento, assegurado o direito de defesa.

Parágrafo único. A decisão será motivada.

Art. 60. A autoridade administrativa poderá decretar o isolamento preventivo do faltoso pelo prazo de até dez dias. A inclusão do preso no regime disciplinar diferenciado, no interesse da disciplina e da averiguação do fato, dependerá de despacho do juiz competente.

Caput com redação dada pela Lei n. 10.792, de 01.12.2003.

Parágrafo único. O tempo de isolamento ou inclusão preventiva no regime disciplinar diferenciado será computado no período de cumprimento da sanção disciplinar.

Parágrafo com redação dada pela Lei n. 10.792, de 01.12.2003.

TÍTULO III
DOS ÓRGÃOS DA EXECUÇÃO PENAL

CAPÍTULO I
DISPOSIÇÕES GERAIS

Art. 61. São órgãos da execução penal:

I – o Conselho Nacional de Política Criminal e Penitenciária;

II – o Juízo da Execução;

III – o Ministério Público;

Veja art. 15, *caput*, Decreto n. 12.338, de 23.12.2024.

IV – o Conselho Penitenciário;

Veja art. 15, *caput*, Decreto n. 12.338, de 23.12.2024.

V – os Departamentos Penitenciários;

Veja art. 15, *caput*, Decreto n. 12.338, de 23.12.2024.

VI – o Patronato;

Veja art. 15, *caput*, Decreto n. 12.338, de 23.12.2024.

VII – o Conselho da Comunidade;

Veja art. 15, *caput*, Decreto n. 12.338, de 23.12.2024.

VIII – a Defensoria Pública.

Inciso acrescentado pela Lei n. 12.313, de 19.08.2010.

Veja art. 15, *caput*, Decreto n. 12.338, de 23.12.2024.

CAPÍTULO II
DO CONSELHO NACIONAL DE POLÍTICA CRIMINAL E PENITENCIÁRIA

Art. 62. O Conselho Nacional de Política Criminal e Penitenciária, com sede na Capital da República, é subordinado ao Ministério da Justiça.

Art. 63. O Conselho Nacional de Política Criminal e Penitenciária será integrado por 13 (treze) membros designados através de ato do Ministério da Justiça, dentre professores e profissionais da área do Direito Penal, Processual Penal, Penitenciário e ciências correlatas, bem como por representantes da comunidade e dos Ministérios da área social.

Parágrafo único. O mandato dos membros do Conselho terá duração de 2 (dois) anos, renovado um terço em cada ano.

Art. 64. Ao Conselho Nacional de Política Criminal e Penitenciária, no exercício de suas atividades, em âmbito federal ou estadual, incumbe:

I – propor diretrizes da política criminal quanto a prevenção do delito, administração da justiça criminal e execução das penas e das medidas de segurança;

II – contribuir na elaboração de planos nacionais de desenvolvimento, sugerindo as metas e prioridades da política criminal e penitenciária;

III – promover a avaliação periódica do sistema criminal para a sua adequação às necessidades do País;

IV – estimular e promover a pesquisa criminológica;

V – elaborar programa nacional penitenciário de formação e aperfeiçoamento do servidor;

VI – estabelecer regras sobre a arquitetura e construção de estabelecimentos penais e casas de albergados;

VII – estabelecer os critérios para a elaboração da estatística criminal;

VIII – inspecionar e fiscalizar os estabelecimentos penais, bem assim informar-se, mediante relatórios do Conselho Penitenciário, requisições, visitas ou outros meios, acerca do desenvolvimento da execução penal nos Estados, Territórios e Distrito Federal, propondo às autoridades dela incumbidas as medidas necessárias ao seu aprimoramento;

IX – representar ao juiz da execução ou à autoridade administrativa para instauração de sindicância ou procedimento administrativo, em caso de violação das normas referentes à execução penal;

X – representar à autoridade competente para a interdição, no todo ou em parte, de estabelecimento penal.

CAPÍTULO III
DO JUÍZO DA EXECUÇÃO

Art. 65. A execução penal competirá ao juiz indicado na lei local de organização judiciária e, na sua ausência, ao da sentença.

Art. 66. Compete ao juiz da execução:

Veja art. 8º, Lei n. 11.671, de 08.05.2008.

I – aplicar aos casos julgados lei posterior que de qualquer modo favorecer o condenado;

II – declarar extinta a punibilidade;

III – decidir sobre:

a) soma ou unificação de penas;

b) progressão ou regressão nos regimes;

Veja Súmula vinculante n. 26, STF.

c) detração e remição da pena;

d) suspensão condicional da pena;

e) livramento condicional;

f) incidentes da execução;

IV – autorizar saídas temporárias;

V – determinar:

a) a forma de cumprimento da pena restritiva de direitos e fiscalizar sua execução;

b) a conversão da pena restritiva de direitos e de multa em privativa de liberdade;

A Lei n. 9.268, de 01.04.1996, altera o art. 51, CP, extinguindo a conversão da pena de multa em pena privativa de liberdade.

c) a conversão da pena privativa de liberdade em restritiva de direitos;

d) a aplicação da medida de segurança, bem como a substituição da pena por medida de segurança;

e) a revogação da medida de segurança;

f) a desinternação e o restabelecimento da situação anterior;

g) o cumprimento de pena ou medida de segurança em outra comarca;

h) a remoção do condenado na hipótese prevista no § 1º do art. 86 desta Lei;

i) (*vetado*)

Alínea acrescentada pela Lei n. 12.258, de 15.06.2010.

j) a utilização do equipamento de monitoração eletrônica pelo condenado nas hipóteses legais;

Alínea acrescentada pela Lei n. 14.843, de 11.04.2024.

VI – zelar pelo correto cumprimento da pena e da medida de segurança;

VII – inspecionar, mensalmente, os estabelecimentos penais, tomando providências para o adequado funcionamento e promovendo, quando for o caso, a apuração de responsabilidade;

VIII – interditar, no todo ou em parte, estabelecimento penal que estiver funcionando em condições inadequadas ou com infringência aos dispositivos desta Lei;

IX – compor e instalar o Conselho da Comunidade;

X – emitir anualmente atestado de pena a cumprir.

Inciso acrescentado pela Lei n. 10.713, de 13.08.2003.

CAPÍTULO IV
DO MINISTÉRIO PÚBLICO

Art. 67. O Ministério Público fiscalizará a execução da pena e da medida de segurança, oficiando no processo executivo e nos incidentes da execução.

Art. 68. Incumbe, ainda, ao Ministério Público:

Veja art. 8º, Lei n. 11.671, de 08.05.2008.

I – fiscalizar a regularidade formal das guias de recolhimento e de internamento;

II – requerer:

a) todas as providências necessárias ao desenvolvimento do processo executivo;

b) a instauração dos incidentes de excesso ou desvio de execução;

c) a aplicação de medida de segurança, bem como a substituição da pena por medida de segurança;

d) a revogação da medida de segurança;

e) a conversão de penas, a progressão ou regressão nos regimes e a revogação da suspensão condicional da pena e do livramento condicional;

f) a internação, a desinternação e o restabelecimento da situação anterior;

III – interpor recursos de decisões proferidas pela autoridade judiciária, durante a execução.

Parágrafo único. O órgão do Ministério Público visitará mensalmente os estabelecimentos penais, registrando a sua presença em livro próprio.

CAPÍTULO V
DO CONSELHO PENITENCIÁRIO

Art. 69. O Conselho Penitenciário é órgão consultivo e fiscalizador da execução da pena.

§ 1º O Conselho será integrado por membros nomeados pelo governador do Estado, do Distrito Federal e dos Territórios, dentre professores e profissionais da área de Direito Penal, Processual Penal, Penitenciário e ciências correlatas, bem como por representantes da comunidade. A legislação federal e estadual regulará o seu funcionamento.

§ 2º O mandato dos membros do Conselho Penitenciário terá a duração de 4 (quatro) anos.

Art. 70. Incumbe ao Conselho Penitenciário:

I – emitir parecer sobre indulto e comutação de pena, excetuada a hipótese de pedido de indulto com base no estado de saúde do preso;

Inciso com redação dada pela Lei n. 10.792, de 01.12.2003.

II – inspecionar os estabelecimentos e serviços penais;

III – apresentar, no primeiro trimestre de cada ano, ao Conselho Nacional de Política Criminal e Penitenciária, relatório dos trabalhos efetuados no exercício anterior;

IV – supervisionar os patronatos, bem como a assistência aos egressos.

CAPÍTULO VI
DOS DEPARTAMENTOS PENITENCIÁRIOS

Seção I
Do Departamento Penitenciário Nacional

Veja art. 59, Lei n. 14.600, de 19.06.2023, que passa a denominar o "Departamento Penitenciário Nacional" de "Secretaria Nacional de Políticas Penais".

Art. 71. O Departamento Penitenciário Nacional, subordinado ao Ministério da Justiça, é órgão executivo da Política Penitenciária Nacional e de apoio administrativo e financeiro do Conselho Nacional de Política Criminal e Penitenciária.

Art. 72. São atribuições do Departamento Penitenciário Nacional:

I – acompanhar a fiel aplicação das normas de execução penal em todo o território nacional;

II – inspecionar e fiscalizar periodicamente os estabelecimentos e serviços penais;

III – assistir tecnicamente as unidades federativas na implementação dos princípios e regras estabelecidos nesta Lei;

IV – colaborar com as unidades federativas, mediante convênios, na implantação de estabelecimentos e serviços penais;

V – colaborar com as unidades federativas para a realização de cursos de formação de pessoal penitenciário e de ensino profissionalizante do condenado e do internado;

VI – estabelecer, mediante convênios com as unidades federativas, o cadastro nacional das vagas existentes em estabelecimentos locais destinadas ao cumprimento de penas privativas de liberdade aplicadas pela justiça de outra unidade federativa, em especial para presos sujeitos a regime disciplinar;

Inciso acrescentado pela Lei n. 10.792, de 01.12.2003.

VII – acompanhar a execução da pena das mulheres beneficiadas pela progressão especial de que trata o § 3º do art. 112 desta Lei, monitorando sua integração social e a ocorrência de reincidência, específica ou não, mediante a realização de avaliações periódicas e de estatísticas criminais.

Inciso acrescentado pela Lei n. 13.769, de 19.12.2018.

Veja art. 74, parágrafo único, desta Lei.

§ 1º Incumbem também ao Departamento a coordenação e supervisão dos estabelecimentos penais e de internamento federais.

Antigo parágrafo único renumerado pela Lei n. 13.769, de 19.12.2018.

§ 2º Os resultados obtidos por meio do monitoramento e das avaliações periódicas previstas no inciso VII do *caput* deste artigo serão utilizados para, em função da efetividade da progressão especial para a ressocialização das mulheres de que trata o § 3º do art. 112 desta Lei, avaliar eventual desnecessidade do regime fechado de cumprimento de pena para essas mulheres nos casos de crimes cometidos sem violência ou grave ameaça.

Parágrafo acrescentado pela Lei n. 13.769, de 19.12.2018.

Seção II
Do Departamento Penitenciário Local

Art. 73. A legislação local poderá criar Departamento Penitenciário ou órgão similar, com as atribuições que estabelecer.

Art. 74. O Departamento Penitenciário local, ou órgão similar, tem por finalidade supervisionar e coordenar os estabelecimentos penais da unidade da Federação a que pertencer.

Parágrafo único. Os órgãos referidos no *caput* deste artigo realizarão o acompanhamento de que trata o inciso VII do *caput* do art. 72 desta Lei e encaminharão ao Departamento Penitenciário Nacional os resultados obtidos.

Parágrafo acrescentado pela Lei n. 13.769, de 19.12.2018.

Seção III
Da Direção e do Pessoal dos Estabelecimentos Penais

Art. 75. O ocupante do cargo de diretor de estabelecimento deverá satisfazer os seguintes requisitos:

I – ser portador de diploma de nível superior de Direito, ou Psicologia, ou Ciências Sociais, ou Pedagogia, ou Serviços Sociais;

II – possuir experiência administrativa na área;

III – ter idoneidade moral e reconhecida aptidão para o desempenho da função.

Parágrafo único. O diretor deverá residir no estabelecimento, ou nas proximidades, e dedicará tempo integral à sua função.

Art. 76. O Quadro do Pessoal Penitenciário será organizado em diferentes categorias funcionais, segundo as necessidades do serviço, com especificação de atribuições relativas às funções de direção, chefia e assessoramento do estabelecimento e às demais funções.

Art. 77. A escolha do pessoal administrativo, especializado, de instrução técnica e de vigilância atenderá a vocação, preparação profissional e antecedentes pessoais do candidato.

§ 1º O ingresso do pessoal penitenciário, bem como a progressão ou a ascensão funcional dependerão de cursos específicos de formação, procedendo-se à reciclagem periódica dos servidores em exercício.

§ 2º No estabelecimento para mulheres somente se permitirá o trabalho de pessoal do sexo feminino, salvo quando se tratar de pessoal técnico especializado.

CAPÍTULO VII
DO PATRONATO

Art. 78. O Patronato público ou particular destina-se a prestar assistência aos albergados e aos egressos (art. 26).

Art. 79. Incumbe também ao Patronato:

I – orientar os condenados à pena restritiva de direitos;

II – fiscalizar o cumprimento das penas de prestação de serviço à comunidade e de limitação de fim de semana;

III – colaborar na fiscalização do cumprimento das condições da suspensão e do livramento condicional.

CAPÍTULO VIII
DO CONSELHO DA COMUNIDADE

Art. 80. Haverá, em cada comarca, um Conselho da Comunidade composto, no mínimo, por 1 (um) representante de associação comercial ou industrial, 1 (um) advogado indicado pela Seção da Ordem dos Advogados do Brasil, 1 (um) Defensor Público indicado pelo Defensor Público Geral e 1 (um) assistente social escolhido pela Delegacia Seccional do Conselho Nacional de Assistentes Sociais.

Caput com redação dada pela Lei n. 12.313, de 19.08.2010.

Parágrafo único. Na falta da representação prevista neste artigo, ficará a critério do juiz da execução a escolha dos integrantes do Conselho.

Art. 81. Incumbe ao Conselho da Comunidade:

I – visitar, pelo menos mensalmente, os estabelecimentos penais existentes na comarca;

II – entrevistar presos;

III – apresentar relatórios mensais ao juiz da execução e ao Conselho Penitenciário;

IV – diligenciar a obtenção de recursos materiais e humanos para melhor assistência ao preso ou internado, em harmonia com a direção do estabelecimento.

CAPÍTULO IX
DA DEFENSORIA PÚBLICA

Capítulo acrescentado pela Lei n. 12.313, de 19.08.2010.

Art. 81-A. A Defensoria Pública velará pela regular execução da pena e da medida de segurança, oficiando, no processo executivo e nos incidentes da execução, para a defesa dos necessitados em todos os graus e instâncias, de forma individual e coletiva.

Artigo acrescentado pela Lei n. 12.313, de 19.08.2010.

Art. 81-B. Incumbe, ainda, à Defensoria Pública:

Artigo acrescentado pela Lei n. 12.313, de 19.08.2010.

I – requerer:

a) todas as providências necessárias ao desenvolvimento do processo executivo;

b) a aplicação aos casos julgados de lei posterior que de qualquer modo favorecer o condenado;

c) a declaração de extinção da punibilidade;

d) a unificação de penas;

e) a detração e remição da pena;

f) a instauração dos incidentes de excesso ou desvio de execução;

g) a aplicação de medida de segurança e sua revogação, bem como a substituição da pena por medida de segurança;

h) a conversão de penas, a progressão nos regimes, a suspensão condicional da pena, o livramento condicional, a comutação de pena e o indulto;

i) a autorização de saídas temporárias;

j) a internação, a desinternação e o restabelecimento da situação anterior;

k) o cumprimento de pena ou medida de segurança em outra comarca;

I) a remoção do condenado na hipótese prevista no § 1º do art. 86 desta Lei;

II – requerer a emissão anual do atestado de pena a cumprir;

III – interpor recursos de decisões proferidas pela autoridade judiciária ou administrativa durante a execução;

IV – representar ao Juiz da execução ou à autoridade administrativa para instauração de sindicância ou procedimento administrativo em caso de violação das normas referentes à execução penal;

V – visitar os estabelecimentos penais, tomando providências para o adequado funcionamento, e requerer, quando for o caso, a apuração de responsabilidade;

VI – requerer à autoridade competente a interdição, no todo ou em parte, de estabelecimento penal.

Parágrafo único. O órgão da Defensoria Pública visitará periodicamente os estabelecimentos penais, registrando a sua presença em livro próprio.

TÍTULO IV
DOS ESTABELECIMENTOS PENAIS

CAPÍTULO I
DISPOSIÇÕES GERAIS

Art. 82. Os estabelecimentos penais destinam-se ao condenado, ao submetido à medida de segurança, ao preso provisório e ao egresso.

§ 1º A mulher e o maior de 60 (sessenta) anos, separadamente, serão recolhidos a estabelecimento próprio e adequado à sua condição pessoal.

Parágrafo com redação dada pela Lei n. 9.460, de 04.06.1997.

§ 2º O mesmo conjunto arquitetônico poderá abrigar estabelecimentos de destinação diversa desde que devidamente isolados.

Art. 83. O estabelecimento penal, conforme a sua natureza, deverá contar em suas dependências com áreas e serviços destinados a dar assistência, educação, trabalho, recreação e prática esportiva.

§ 1º Haverá instalação destinada a estágio de estudantes universitários.

Parágrafo renumerado pela Lei n. 9.046, de 18.05.1995.

§ 2º Os estabelecimentos penais destinados a mulheres serão dotados de berçário, onde as condenadas possam cuidar de seus filhos, inclusive amamentá-los, no mínimo, até 6 (seis) meses de idade.

Parágrafo com redação dada pela Lei n. 11.942, de 28.05.2009.

§ 3º Os estabelecimentos de que trata o § 2º deste artigo deverão possuir, exclusivamente, agentes do sexo feminino na segurança de suas dependências internas.

Parágrafo acrescentado pela Lei n. 12.121, de 15.12.2009.

§ 4º Serão instaladas salas de aulas destinadas a cursos do ensino básico e profissionalizante.

Parágrafo acrescentado pela Lei n. 12.245, de 24.05.2010.

§ 5º Haverá instalação destinada à Defensoria Pública.

Parágrafo acrescentado pela Lei n. 12.313, de 19.08.2010.

Art. 83-A. Poderão ser objeto de execução indireta as atividades materiais acessórias, instrumentais ou complementares desenvolvidas em estabelecimentos penais, e notadamente:

Artigo acrescentado pela Lei n. 13.190, de 19.11.2015.

I – serviços de conservação, limpeza, informática, copeiragem, portaria, recepção, reprografia, telecomunicações, lavanderia e manutenção de prédios, instalações e equipamentos internos e externos;

II – serviços relacionados à execução de trabalho pelo preso.

§ 1º A execução indireta será realizada sob supervisão e fiscalização do poder público.

§ 2º Os serviços relacionados neste artigo poderão compreender o fornecimento de materiais, equipamentos, máquinas e profissionais.

Art. 83-B. São indelegáveis as funções de direção, chefia e coordenação no âmbito do sistema penal, bem como todas as atividades que exijam o exercício do poder de polícia, e notadamente:

Artigo acrescentado pela Lei n. 13.190, de 19.11.2015.

I – classificação de condenados;

II – aplicação de sanções disciplinares;

III – controle de rebeliões;

IV – transporte de presos para órgãos do Poder Judiciário, hospitais e outros locais externos aos estabelecimentos penais.

Art. 84. O preso provisório ficará separado do condenado por sentença transitada em julgado.

§ 1º Os presos provisórios ficarão separados de acordo com os seguintes critérios:

Parágrafo com redação dada pela Lei n. 13.167, de 06.10.2015.

I – acusados pela prática de crimes hediondos ou equiparados;

Inciso acrescentado pela Lei n. 13.167, de 06.10.2015.

II – acusados pela prática de crimes cometidos com violência ou grave ameaça à pessoa;

Inciso acrescentado pela Lei n. 13.167, de 06.10.2015.

III – acusados pela prática de outros crimes ou contravenções diversos dos apontados nos incisos I e II.

Inciso acrescentado pela Lei n. 13.167, de 06.10.2015.

§ 2º O preso que, ao tempo do fato, era funcionário da administração da justiça criminal ficará em dependência separada.

§ 3º Os presos condenados ficarão separados de acordo com os seguintes critérios:

Parágrafo acrescentado pela Lei n. 13.167, de 06.10.2015.

I – condenados pela prática de crimes hediondos ou equiparados;

Inciso acrescentado pela Lei n. 13.167, de 06.10.2015.

II – reincidentes condenados pela prática de crimes cometidos com violência ou grave ameaça à pessoa;

Inciso acrescentado pela Lei n. 13.167, de 06.10.2015.

III – primários condenados pela prática de crimes cometidos com violência ou grave ameaça à pessoa;

Inciso acrescentado pela Lei n. 13.167, de 06.10.2015.

IV – demais condenados pela prática de outros crimes ou contravenções em situação diversa das previstas nos incisos I, II e III.

Inciso acrescentado pela Lei n. 13.167, de 06.10.2015.

§ 4º O preso que tiver sua integridade física, moral ou psicológica ameaçada pela convivência com os demais presos ficará segregado em local próprio.

Parágrafo acrescentado pela Lei n. 13.167, de 06.10.2015.

Art. 85. O estabelecimento penal deverá ter lotação compatível com a sua estrutura e finalidade.

Parágrafo único. O Conselho Nacional de Política Criminal e Penitenciária determinará o limite máximo de capacidade do estabelecimento, atendendo a sua natureza e peculiaridades.

Art. 86. As penas privativas de liberdade aplicadas pela justiça de uma unidade federativa podem ser executadas em outra unidade, em estabelecimento local ou da União.

§ 1º A União Federal poderá construir estabelecimento penal em local distante da condenação para recolher os condenados, quando a medida se justifique no interesse da segurança pública ou do próprio condenado.

Parágrafo com redação dada pela Lei n. 10.792, de 01.12.2003.

Veja art. 81-B, *I*, desta Lei.

§ 2º Conforme a natureza do estabelecimento, nele poderão trabalhar os liberados ou egressos que se dediquem a obras públicas ou ao aproveitamento de terras ociosas.

§ 3º Caberá ao juiz competente, a requerimento da autoridade administrativa definir o estabelecimento prisional adequado para abrigar o preso provisório ou condenado, em atenção ao regime e aos requisitos estabelecidos.

Parágrafo acrescentado pela Lei n. 10.792, de 01.12.2003.

§ 4º Será transferido para estabelecimento penal distante do local de residência da vítima, ainda que localizado em outra unidade federativa, inclusive da União, o condenado ou preso provisório que, tendo cometido crime de violência doméstica e familiar contra a mulher, ameace ou pratique violência contra a vítima ou seus familiares durante o cumprimento da pena.

Parágrafo acrescentado pela Lei n. 14.994, de 09.10.2024.

CAPÍTULO II
DA PENITENCIÁRIA

Art. 87. A penitenciária destina-se ao condenado à pena de reclusão, em regime fechado.

Parágrafo único. A União Federal, os Estados, o Distrito Federal e os Territórios poderão construir Penitenciárias destinadas, exclusivamente, aos presos provisórios e condenados que estejam em regime fechado, sujeitos ao regime disciplinar diferenciado, nos termos do art. 52 desta Lei.

Parágrafo acrescentado pela Lei n. 10.792, de 01.12.2003.

Art. 88. O condenado será alojado em cela individual que conterá dormitório, aparelho sanitário e lavatório.

Parágrafo único. São requisitos básicos da unidade celular:

a) salubridade do ambiente pela concorrência dos fatores de aeração, insolação e condicionamento térmico adequado à existência humana;

b) área mínima de 6 m^2 (seis metros quadrados).

Art. 89. Além dos requisitos referidos no art. 88, a penitenciária de mulheres será dotada de seção para gestante e parturiente e de creche para abrigar crianças maiores de 6 (seis) meses e menores de 7 (sete) anos, com a finalidade de assistir a criança desamparada cuja responsável estiver presa.

Caput com redação dada pela Lei n. 11.942, de 28.05.2009.

Parágrafo único. São requisitos básicos da seção e da creche referidas neste artigo:

Parágrafo acrescentado pela Lei n. 11.942, de 28.05.2009.

I – atendimento por pessoal qualificado, de acordo com as diretrizes adotadas pela legislação educacional e em unidades autônomas; e

Inciso acrescentado pela Lei n. 11.942, de 28.05.2009.

II – horário de funcionamento que garanta a melhor assistência à criança e à sua responsável.

Inciso acrescentado pela Lei n. 11.942, de 28.05.2009.

Art. 90. A penitenciária de homens será construída em local afastado do centro urbano a distância que não restrinja a visitação.

CAPÍTULO III
DA COLÔNIA AGRÍCOLA, INDUSTRIAL OU SIMILAR

Art. 91. A Colônia Agrícola, Industrial ou similar destina-se ao cumprimento da pena em regime semiaberto.

Art. 92. O condenado poderá ser alojado em compartimento coletivo, observados os requisitos da letra *a* do parágrafo único do art. 88 desta Lei.

Parágrafo único. São também requisitos básicos das dependências coletivas:

a) a seleção adequada dos presos;

b) o limite de capacidade máxima que atenda os objetivos de individualização da pena.

CAPÍTULO IV
DA CASA DO ALBERGADO

Art. 93. A Casa do Albergado destina-se ao cumprimento de pena privativa de liberdade, em regime aberto, e da pena de limitação de fim de semana.

Art. 94. O prédio deverá situar-se em centro urbano, separado dos demais estabelecimentos, e caracterizar-se pela ausência de obstáculos físicos contra a fuga.

Art. 95. Em cada região haverá, pelo menos, uma Casa de Albergado, a qual deverá conter, além dos aposentos para acomodar os presos, local adequado para cursos e palestras.

Parágrafo único. O estabelecimento terá instalações para os serviços de fiscalização e orientação dos condenados.

CAPÍTULO V
DO CENTRO DE OBSERVAÇÃO

Art. 96. No Centro de Observação realizar-se-ão os exames gerais e o criminológico, cujos resultados serão encaminhados à Comissão Técnica de Classificação.

Parágrafo único. No Centro poderão ser realizadas pesquisas criminológicas.

Art. 97. O Centro de Observação será instalado em unidade autônoma ou em anexo a estabelecimento penal.

Veja art. 101 desta Lei.

Art. 98. Os exames poderão ser realizados pela Comissão Técnica de Classificação, na falta do Centro de Observação.

CAPÍTULO VI
DO HOSPITAL DE CUSTÓDIA E TRATAMENTO PSIQUIÁTRICO

Art. 99. O Hospital de Custódia e Tratamento Psiquiátrico destina-se aos inimputáveis e semi-imputáveis referidos no art. 26 e seu parágrafo único do Código Penal.

Parágrafo único. Aplica-se ao Hospital, no que couber, o disposto no parágrafo único do art. 88 desta Lei.

Art. 100. O exame psiquiátrico e os demais exames necessários ao tratamento são obrigatórios para todos os internados.

Art. 101. O tratamento ambulatorial, previsto no art. 97, segunda parte, do Código Penal, será realizado no Hospital de Custódia e Tratamento Psiquiátrico ou em outro local com dependência médica adequada.

CAPÍTULO VII
DA CADEIA PÚBLICA

Art. 102. A Cadeia Pública destina-se ao recolhimento de presos provisórios.

Art. 103. Cada comarca terá, pelo menos, uma Cadeia Pública a fim de resguardar o interesse da administração da justiça criminal e a permanência do preso em local próximo ao seu meio social e familiar.

Art. 104. O estabelecimento de que trata este Capítulo será instalado próximo de centro urbano, observando-se na construção as exigências mínimas referidas no art. 88 e seu parágrafo único desta Lei.

TÍTULO V
DA EXECUÇÃO DAS PENAS EM ESPÉCIE

CAPÍTULO I
DAS PENAS PRIVATIVAS DE LIBERDADE

Seção I
Disposições Gerais

Art. 105. Transitando em julgado a sentença que aplicar pena privativa de liberdade, se o réu estiver ou vier a ser preso, o juiz ordenará a expedição de guia de recolhimento para a execução.

Art. 106. A guia de recolhimento, extraída pelo escrivão, que a rubricará em todas as folhas e a assinará com o juiz, será remetida à autoridade administrativa incumbida da execução e conterá:

I – o nome do condenado;

II – a sua qualificação civil e o número do registro geral no órgão oficial de identificação;

III – o inteiro teor da denúncia e da sentença condenatória, bem como certidão do trânsito em julgado;

IV – a informação sobre os antecedentes e o grau de instrução;

V – a data da terminação da pena;

VI – outras peças do processo reputadas indispensáveis ao adequado tratamento penitenciário.

§ 1º Ao Ministério Público se dará ciência da guia de recolhimento.

§ 2º A guia de recolhimento será retificada sempre que sobrevier modificação quanto ao início da execução, ou ao tempo de duração da pena.

§ 3º Se o condenado, ao tempo do fato, era funcionário da administração da justiça criminal, far-se-á, na guia, menção dessa circunstância, para fins do disposto no § 2º do art. 84 desta Lei.

Art. 107. Ninguém será recolhido, para cumprimento de pena privativa de liberdade, sem a guia expedida pela autoridade judiciária.

§ 1º A autoridade administrativa incumbida da execução passará recibo da guia de recolhimento, para juntá-la aos autos do processo, e dará ciência dos seus termos ao condenado.

§ 2º As guias de recolhimento serão registradas em livro especial, segundo a ordem cronológica do recebimento, e anexadas ao prontuário do condenado, aditando-se, no curso da execução, o cálculo das remições e de outras retificações posteriores.

Art. 108. O condenado a quem sobrevier doença mental será internado em Hospital de Custódia e Tratamento Psiquiátrico.

Art. 109. Cumprida ou extinta a pena, o condenado será posto em liberdade, mediante alvará do juiz, se por outro motivo não estiver preso.

Seção II
Dos Regimes

Art. 110. O juiz, na sentença, estabelecerá o regime no qual o condenado iniciará o cumprimento da pena privativa de liberdade, observado o disposto no art. 33 e seus parágrafos do Código Penal.

Art. 111. Quando houver condenação por mais de um crime, no mesmo processo ou em processos distintos, a determinação do regime de cumprimento será feita pelo resultado da soma ou unificação das penas, observada, quando for o caso, a detração ou remição.

Parágrafo único. Sobrevindo condenação no curso da execução, somar-se-á pena ao restante da que está sendo cumprida, para determinação do regime.

Art. 112. A pena privativa de liberdade será executada em forma progressiva com a transferência para regime menos rigoroso, a ser determinada pelo juiz, quando o preso tiver cumprido ao menos:

Caput com redação dada pela Lei n. 13.964, de 24.12.2019.

I – 16% (dezesseis por cento) da pena, se o apenado for primário e o crime tiver sido cometido sem violência à pessoa ou grave ameaça;

Inciso acrescentado pela Lei n. 13.964, de 24.12.2019.

II – 20% (vinte por cento) da pena, se o apenado for reincidente em crime cometido sem violência à pessoa ou grave ameaça;

Inciso acrescentado pela Lei n. 13.964, de 24.12.2019.

III – 25% (vinte e cinco por cento) da pena, se o apenado for primário e o crime tiver sido cometido com violência à pessoa ou grave ameaça;

Inciso acrescentado pela Lei n. 13.964, de 24.12.2019.

IV – 30% (trinta por cento) da pena, se o apenado for reincidente em crime cometido com violência à pessoa ou grave ameaça;

Inciso acrescentado pela Lei n. 13.964, de 24.12.2019.

V – 40% (quarenta por cento) da pena, se o apenado for condenado pela prática de crime hediondo ou equiparado, se for primário;

Inciso acrescentado pela Lei n. 13.964, de 24.12.2019.

VI – 50% (cinquenta por cento) da pena, se o apenado for:

Inciso acrescentado pela Lei n. 13.964, de 24.12.2019.

a) condenado pela prática de crime hediondo ou equiparado, com resultado morte, se for primário, vedado o livramento condicional;

Alínea acrescentada pela Lei n. 13.964, de 24.12.2019.

b) condenado por exercer o comando, individual ou coletivo, de organização criminosa estruturada para a prática de crime hediondo ou equiparado; ou

Alínea acrescentada pela Lei n. 13.964, de 24.12.2019.

c) condenado pela prática do crime de constituição de milícia privada;

Alínea acrescentada pela Lei n. 13.964, de 24.12.2019.

VI-A – 55% (cinquenta e cinco por cento) da pena, se o apenado for condenado pela prática de feminicídio, se for primário, vedado o livramento condicional;

Inciso acrescentado pela Lei n. 14.994, de 09.10.2024.

VII – 60% (sessenta por cento) da pena, se o apenado for reincidente na prática de crime hediondo ou equiparado;

Inciso acrescentado pela Lei n. 13.964, de 24.12.2019.

VIII – 70% (setenta por cento) da pena, se o apenado for reincidente em crime hediondo ou equiparado com resultado morte, vedado o livramento condicional.

Inciso acrescentado pela Lei n. 13.964, de 24.12.2019.

§ 1º Em todos os casos, o apenado somente terá direito à progressão de regime se ostentar boa conduta carcerária, comprovada pelo diretor do estabelecimento, e pelos resultados do exame criminológico, respeitadas as normas que vedam a progressão.

Parágrafo com redação dada pela Lei n. 14.843, de 11.04.2024.

§ 2º A decisão do juiz que determinar a progressão de regime será sempre motivada e precedida de manifestação do Ministério Público e do defensor, procedimento que também será adotado na concessão de livramento condicional, indulto e comutação de penas, respeitados os prazos previstos nas normas vigentes.

Parágrafo com redação dada pela Lei n. 13.964, de 24.12.2019.

§ 3º No caso de mulher gestante ou que for mãe ou responsável por crianças ou pessoas com deficiência, os requisitos para progressão de regime são, cumulativamente:

Parágrafo acrescentado pela Lei n. 13.769, de 19.12.2018.

I – não ter cometido crime com violência ou grave ameaça a pessoa;

Inciso acrescentado pela Lei n. 13.769, de 19.12.2018.

II – não ter cometido o crime contra seu filho ou dependente;

Inciso acrescentado pela Lei n. 13.769, de 19.12.2018.

III – ter cumprido ao menos 1/8 (um oitavo) da pena no regime anterior;

Inciso acrescentado pela Lei n. 13.769, de 19.12.2018.

IV – ser primária e ter bom comportamento carcerário, comprovado pelo diretor do estabelecimento;

Inciso acrescentado pela Lei n. 13.769, de 19.12.2018.

V – não ter integrado organização criminosa.

Inciso acrescentado pela Lei n. 13.769, de 19.12.2018.

§ 4º O cometimento de novo crime doloso ou falta grave implicará a revogação do benefício previsto no § 3º deste artigo.

Parágrafo acrescentado pela Lei n. 13.769, de 19.12.2018.

§ 5º Não se considera hediondo ou equiparado, para os fins deste artigo, o crime de tráfico de drogas previsto no § 4º do art. 33 da Lei n. 11.343, de 23 de agosto de 2006.

Parágrafo acrescentado pela Lei n. 13.964, de 24.12.2019.

§ 6º O cometimento de falta grave durante a execução da pena privativa de liberdade interrompe o prazo para a obtenção da progressão no regime de cumprimento da pena, caso em que o reinício da contagem do requisito objetivo terá como base a pena remanescente.

Parágrafo acrescentado pela Lei n. 13.964, de 24.12.2019.

§ 7º O bom comportamento é readquirido após 1 (um) ano da ocorrência do fato, ou antes, após o cumprimento do requisito temporal exigível para a obtenção do direito.

Parágrafo acrescentado pela Lei n. 13.964, de 24.12.2019.

Art. 113. O ingresso do condenado em regime aberto supõe a aceitação de seu programa e das condições impostas pelo juiz.

Art. 114. Somente poderá ingressar no regime aberto o condenado que:

I – estiver trabalhando ou comprovar a possibilidade de fazê-lo imediatamente;

II – apresentar, pelos seus antecedentes e pelos resultados do exame criminológico, fundados indícios de que irá ajustar-se, com autodisciplina, baixa periculosidade e senso de responsabilidade, ao novo regime.

Inciso com redação dada pela Lei n. 14.843, de 11.04.2024.

Parágrafo único. Poderão ser dispensadas do trabalho as pessoas referidas no art. 117 desta Lei.

Art. 115. O juiz poderá estabelecer condições especiais para a concessão de regime aberto, entre as quais, a fiscalização por monitoramento eletrônico, sem prejuízo das seguintes condições gerais e obrigatórias:

Caput com redação dada pela Lei n. 14.843, de 11.04.2024.

I – permanecer no local que for designado, durante o repouso e nos dias de folga;

II – sair para o trabalho e retornar, nos horários fixados;

III – não se ausentar da cidade onde reside, sem autorização judicial;

IV – comparecer a juízo, para informar e justificar as suas atividades, quando for determinado.

Art. 116. O juiz poderá modificar as condições estabelecidas, de ofício, a requerimento do Ministério Público, da autoridade administrativa ou do condenado, desde que as circunstâncias assim o recomendem.

Art. 117. Somente se admitirá o recolhimento do beneficiário de regime aberto em residência particular quando se tratar de:

Veja arts. 317 e 318, CPP.

I – condenado maior de 70 (setenta) anos;

II – condenado acometido de doença grave;

III – condenada com filho menor ou deficiente físico ou mental;

IV – condenada gestante.

Art. 118. A execução da pena privativa de liberdade ficará sujeita à forma regressiva, com a transferência para qualquer dos regimes mais rigorosos, quando o condenado:

I – praticar fato definido como crime doloso ou falta grave;

II – sofrer condenação, por crime anterior, cuja pena, somada ao restante da pena em execução, torne incabível o regime (art. 111).

§ 1º O condenado será transferido do regime aberto se, além das hipóteses referidas nos incisos anteriores, frustrar os fins da execução ou não pagar, podendo, a multa cumulativamente imposta.

§ 2º Nas hipóteses do inciso I e do parágrafo anterior, deverá ser ouvido, previamente, o condenado.

Art. 119. A legislação local poderá estabelecer normas complementares para o cumprimento da pena privativa de liberdade em regime aberto (art. 36, § 1º, do Código Penal).

Seção III
Das Autorizações de Saída

Subseção I
Da Permissão de Saída

Art. 120. Os condenados que cumprem pena em regime fechado ou semiaberto e os presos provisórios poderão obter permissão para sair do estabelecimento, mediante escolta, quando ocorrer um dos seguintes fatos:

I – falecimento ou doença grave do cônjuge, companheira, ascendente, descendente ou irmão;

II – necessidade de tratamento médico (parágrafo único do art. 14).

O correto parece ser art. 14, § 2º, em vez de art. 14, parágrafo único.

Parágrafo único. A permissão de saída será concedida pelo diretor do estabelecimento onde se encontra o preso.

Art. 121. A permanência do preso fora do estabelecimento terá duração necessária à finalidade da saída.

Subseção II
Da Saída Temporária

Art. 122. Os condenados que cumprem pena em regime semiaberto poderão obter autorização para saída temporária do estabelecimento, sem vigilância direta, nos seguintes casos:

Veja art. 9º, XI, Decreto n. 12.338, de 23.12.2024.

I – (*Revogado pela Lei n. 14.843, de 11.04.2024.*)

II – frequência a curso supletivo profissionalizante, bem como de instrução do segundo grau ou superior, na comarca do Juízo da Execução;

III – (*Revogado pela Lei n. 14.843, de 11.04.2024.*)

§ 1º A ausência de vigilância direta não impede a utilização de equipamento de monitoração eletrônica pelo condenado, quando assim determinar o juiz da execução.

Antigo parágrafo único renumerado pela Lei n. 13.964, de 24.12.2019.

§ 2º Não terá direito à saída temporária de que trata o *caput* deste artigo ou a trabalho externo sem vigilância direta o condenado que cumpre pena por praticar crime hediondo ou com violência ou grave ameaça contra pessoa.

Parágrafo com redação dada pela Lei n. 14.843, de 11.04.2024.

§ 3º Quando se tratar de frequência a curso profissionalizante ou de instrução de ensino médio ou superior, o tempo de saída será o necessário para o cumprimento das atividades discentes.

Parágrafo acrescentado pela Lei n. 14.843, de 11.04.2024.

Art. 123. A autorização será concedida por ato motivado do juiz da execução, ouvidos o Ministério Público e a administração penitenciária, e dependerá da satisfação dos seguintes requisitos:

I – comportamento adequado;

II – cumprimento mínimo de um sexto da pena, se o condenado for primário, e um quarto, se reincidente;

III – compatibilidade do benefício com os objetivos da pena.

Art. 124. (*Revogado pela Lei n. 14.843, de 11.04.2024.*)

Art. 125. O benefício será automaticamente revogado quando o condenado praticar fato definido como crime doloso, for punido por falta grave, desatender as condições impostas na autorização ou revelar baixo grau de aproveitamento do curso.

Veja art. 48, parágrafo único, desta Lei.

Parágrafo único. A recuperação do direito à saída temporária dependerá da absolvição no processo penal, do cancelamento da punição disciplinar ou da demonstração do merecimento do condenado.

Seção IV
Da Remição

Art. 126. O condenado que cumpre a pena em regime fechado ou semiaberto poderá remir, por trabalho ou por estudo, parte do tempo de execução da pena.

Caput com redação dada pela Lei n. 12.433, de 29.06.2011.

Veja arts. 5º, 9º, XII e XIII, e 13, § 2º, Decreto n. 12.338, de 23.12.2024.

Veja Súmula n. 341, STJ.

§ 1º A contagem de tempo referida no *caput* será feita à razão de:

Parágrafo com redação dada pela Lei n. 12.433, de 29.06.2011.

I – 1 (um) dia de pena a cada 12 (doze) horas de frequência escolar – atividade de ensino fundamental, médio, inclusive profissionalizante, ou superior, ou ainda de requalificação profissional – divididas, no mínimo, em 3 (três) dias;

Inciso acrescentado pela Lei n. 12.433, de 29.06.2011.

II – 1 (um) dia de pena a cada 3 (três) dias de trabalho.

Inciso acrescentado pela Lei n. 12.433, de 29.06.2011.

§ 2º As atividades de estudo a que se refere o § 1º deste artigo poderão ser desenvolvidas de forma presencial ou por metodologia de ensino a distância e deverão ser certificadas pelas autoridades educacionais competentes dos cursos frequentados.

Parágrafo com redação dada pela Lei n. 12.433, de 29.06.2011.

§ 3º Para fins de cumulação dos casos de remição, as horas diárias de trabalho e de estudo serão definidas de forma a se compatibilizarem.

Parágrafo com redação dada pela Lei n. 12.433, de 29.06.2011.

§ 4º O preso impossibilitado, por acidente, de prosseguir no trabalho ou nos estudos continuará a beneficiar-se com a remição.

Parágrafo acrescentado pela Lei n. 12.433, de 29.06.2011.

§ 5º O tempo a remir em função das horas de estudo será acrescido de 1/3 (um terço) no caso de conclusão do ensino fundamental, médio ou superior durante o cumprimento da pena, desde que certificada pelo órgão competente do sistema de educação.

Parágrafo acrescentado pela Lei n. 12.433, de 29.06.2011.

§ 6º O condenado que cumpre pena em regime aberto ou semiaberto e o que usufrui liberdade condicional poderão remir, pela frequência a curso de ensino regular ou de educação profissional, parte do tempo de execução da pena ou do período de prova, observado o disposto no inciso I do § 1º deste artigo.

Parágrafo acrescentado pela Lei n. 12.433, de 29.06.2011.

§ 7º O disposto neste artigo aplica-se às hipóteses de prisão cautelar.

Parágrafo acrescentado pela Lei n. 12.433, de 29.06.2011.

§ 8º A remição será declarada pelo juiz da execução, ouvidos o Ministério Público e a defesa.

Parágrafo acrescentado pela Lei n. 12.433, de 29.06.2011.

Art. 127. Em caso de falta grave, o juiz poderá revogar até 1/3 (um terço) do tempo remido, observado o disposto no art. 57, recomeçando a contagem a partir da data da infração disciplinar.

Artigo com redação dada pela Lei n. 12.433, de 29.06.2011.

Veja art. 48, parágrafo único, desta Lei.

Veja Súmula vinculante n. 9, STF.

Art. 128. O tempo remido será computado como pena cumprida, para todos os efeitos.

Artigo com redação dada pela Lei n. 12.433, de 29.06.2011.

Art. 129. A autoridade administrativa encaminhará mensalmente ao juízo da execução cópia do registro de todos os condenados que estejam trabalhando ou estudando, com informação dos dias de trabalho ou das horas de frequência escolar ou de atividades de ensino de cada um deles.

Caput com redação dada pela Lei n. 12.433, de 29.06.2011.

§ 1º O condenado autorizado a estudar fora do estabelecimento penal deverá comprovar mensalmente, por meio de declaração da respectiva unidade de ensino, a frequência e o aproveitamento escolar.

Parágrafo acrescentado pela Lei n. 12.433, de 29.06.2011.

§ 2º Ao condenado dar-se-á a relação de seus dias remidos.

Antigo parágrafo único renumerado e com redação dada pela Lei n. 12.433, de 29.06.2011.

Art. 130. Constitui o crime do art. 299 do Código Penal declarar ou atestar falsamente prestação de serviço para fim de instruir pedido de remição.

Seção V
Do Livramento Condicional

Art. 131. O livramento condicional poderá ser concedido pelo juiz da execução, presentes os requisitos do art. 83, incisos e parágrafo único, do Código Penal, ouvidos o Ministério Público e o Conselho Penitenciário.

Veja Súmula n. 715, STF.

Veja Súmula n. 441, STJ.

Art. 132. Deferido o pedido, o juiz especificará as condições a que fica subordinado o livramento.

§ 1º Serão sempre impostas ao liberado condicional as obrigações seguintes:

a) obter ocupação lícita, dentro de prazo razoável se for apto para o trabalho;

b) comunicar periodicamente ao juiz sua ocupação;

c) não mudar do território da comarca do Juízo da Execução, sem prévia autorização deste.

§ 2º Poderão ainda ser impostas ao liberado condicional, entre outras obrigações, as seguintes:

a) não mudar de residência sem comunicação ao juiz e à autoridade incumbida da observação cautelar e de proteção;

b) recolher-se à habitação em hora fixada;

c) não frequentar determinados lugares.

d) (*vetado*)

Alínea acrescentada pela Lei n. 12.258, de 15.06.2010.

e) utilizar equipamento de monitoração eletrônica.

Alínea acrescentada pela Lei n. 14.843, de 11.04.2024.

Art. 133. Se for permitido ao liberado residir fora da comarca do Juízo da Execução, remeter-se-á cópia da sentença do livramento ao juízo do lugar para onde ele se houver transferido e à autoridade incumbida da observação cautelar e de proteção.

Art. 134. O liberado será advertido da obrigação de apresentar-se imediatamente às autoridades referidas no artigo anterior.

Art. 135. Reformada a sentença denegatória do livramento, os autos baixarão ao Juízo da Execução, para as providências cabíveis.

Art. 136. Concedido o benefício, será expedida a carta de livramento com a cópia integral da sentença em duas vias, remetendo-se uma à autoridade administrativa incumbida da execução e outra ao Conselho Penitenciário.

Art. 137. A cerimônia do livramento condicional será realizada solenemente no dia marcado pelo presidente do Conselho Penitenciário, no estabelecimento onde está sendo cumprida a pena, observando-se o seguinte:

I – a sentença será lida ao liberando, na presença dos demais condenados, pelo presidente do Conselho Penitenciário ou membro por ele designado, ou, na falta, pelo juiz;

II – a autoridade administrativa chamará a atenção do liberando para as condições impostas na sentença de livramento;

III – o liberando declarará se aceita as condições.

§ 1º De tudo, em livro próprio, será lavrado termo subscrito por quem presidir a cerimônia e pelo liberando, ou alguém a seu rogo, se não souber ou não puder escrever.

§ 2º Cópia desse termo deverá ser remetida ao juiz da execução.

Art. 138. Ao sair o liberado do estabelecimento penal, ser-lhe-á entregue, além do saldo de seu pecúlio e do que lhe pertencer, uma caderneta, que exibirá à autoridade judiciária ou administrativa, sempre que lhe for exigida.

§ 1º A caderneta conterá:

a) a identificação do liberado;

b) o texto impresso do presente Capítulo;

c) as condições impostas.

§ 2º Na falta de caderneta, será entregue ao liberado um salvo-conduto, em que constem as condições do livramento, podendo substituir-se a ficha de identificação ou o seu retrato pela descrição dos sinais que possam identificá-lo.

§ 3º Na caderneta e no salvo-conduto deverá haver espaço para consignar-se o cumprimento das condições referidas no art. 132 desta Lei.

Art. 139. A observação cautelar e a proteção realizadas por serviço social penitenciário, Patronato ou Conselho da Comunidade terão a finalidade de:

I – fazer observar o cumprimento das condições especificadas na sentença concessiva do benefício;

II – proteger o beneficiário, orientando-o na execução de suas obrigações e auxiliando-o na obtenção de atividade laborativa.

Parágrafo único. A entidade encarregada da observação cautelar e da proteção do liberado apresentará relatório ao Conselho Penitenciário, para efeito da representação prevista nos arts. 143 e 144 desta Lei.

Art. 140. A revogação do livramento condicional dar-se-á nas hipóteses previstas nos arts. 86 e 87 do Código Penal.

Parágrafo único. Mantido o livramento condicional, na hipótese da revogação facultativa, o juiz deverá advertir o liberado ou agravar as condições.

Art. 141. Se a revogação for motivada por infração penal anterior à vigência do livramento, computar-se-á como tempo de cumprimento da pena o período de prova, sendo permitida, para a concessão de novo livramento, a soma do tempo das duas penas.

Art. 142. No caso de revogação por outro motivo, não se computará na pena o tempo em que esteve solto o liberado, e tampouco se concederá, em relação à mesma pena, novo livramento.

Art. 143. A revogação será decretada a requerimento do Ministério Público, mediante representação do Conselho Penitenciário, ou de ofício, pelo juiz, ouvido o liberado.

Art. 144. O Juiz, de ofício, a requerimento do Ministério Público, da Defensoria Pública ou mediante representação do Conselho Penitenciário, e ouvido o liberado, poderá modificar as condições especificadas na sentença, devendo o respectivo ato decisório ser lido ao liberado por uma das autoridades ou funcionários indicados no inciso I do *caput* do art. 137 desta Lei, observado o disposto nos incisos II e III e §§ 1º e 2º do mesmo artigo.

Artigo com redação dada pela Lei n. 12.313, de 19.08.2010.

Art. 145. Praticada pelo liberado outra infração penal, o juiz poderá ordenar a sua prisão, ouvidos o Conselho Penitenciário e o Ministério Público, suspendendo o curso do livramento condicional, cuja revogação, entretanto, ficará dependendo da decisão final.

Art. 146. O juiz, de ofício, a requerimento do interessado, do Ministério Público ou mediante representação do Conselho Penitenciário, julgará extinta a pena privativa de liberdade, se expirar o prazo do livramento sem revogação.

Seção VI
Da Monitoração Eletrônica

Seção acrescentada pela Lei n. 12.258, de 15.06.2010.

Veja Decreto n. 7.627, de 24.11.2011 (regulamentação).

Art. 146-A. (*Vetado.*)

Artigo acrescentado pela Lei n. 12.258, de 15.06.2010.

Art. 146-B. O juiz poderá definir a fiscalização por meio da monitoração eletrônica quando:

Caput acrescentado pela Lei n. 12.258, de 15.06.2010.

I – (*vetado*)

Inciso acrescentado pela Lei n. 12.258, de 15.06.2010.

II – autorizar a saída temporária no regime semiaberto;

Inciso acrescentado pela Lei n. 12.258, de 15.06.2010.

III – (*vetado*)

Inciso acrescentado pela Lei n. 12.258, de 15.06.2010.

IV – determinar a prisão domiciliar;

Inciso acrescentado pela Lei n. 12.258, de 15.06.2010.

V – (*vetado*)

Inciso acrescentado pela Lei n. 12.258, de 15.06.2010.

VI – aplicar pena privativa de liberdade a ser cumprida nos regimes aberto ou semiaberto, ou conceder progressão para tais regimes;

Inciso acrescentado pela Lei n. 14.843, de 11.04.2024.

VII – aplicar pena restritiva de direitos que estabeleça limitação de frequência a lugares específicos;

Inciso acrescentado pela Lei n. 14.843, de 11.04.2024.

VIII – conceder o livramento condicional.

Inciso acrescentado pela Lei n. 14.843, de 11.04.2024.

Parágrafo único. (*Vetado.*)

Parágrafo acrescentado pela Lei n. 12.258, de 15.06.2010.

Art. 146-C. O condenado será instruído acerca dos cuidados que deverá adotar com o equipamento eletrônico e dos seguintes deveres:

Caput acrescentado pela Lei n. 12.258, de 15.06.2010.

I – receber visitas do servidor responsável pela monitoração eletrônica, responder aos seus contatos e cumprir suas orientações;

Inciso acrescentado pela Lei n. 12.258, de 15.06.2010.

II – abster-se de remover, de violar, de modificar, de danificar de qualquer forma o dispositivo de monitoração eletrônica ou de permitir que outrem o faça;

Inciso acrescentado pela Lei n. 12.258, de 15.06.2010.

III – (*vetado*)

Inciso acrescentado pela Lei n. 12.258, de 15.06.2010.

Parágrafo único. A violação comprovada dos deveres previstos neste artigo poderá acarretar, a critério do juiz da execução, ouvidos o Ministério Público e a defesa:

Parágrafo acrescentado pela Lei n. 12.258, de 15.06.2010.

I – a regressão do regime;

Inciso acrescentado pela Lei n. 12.258, de 15.06.2010.

II – a revogação da autorização de saída temporária;

Inciso acrescentado pela Lei n. 12.258, de 15.06.2010.

III a V – (*vetados*)

Incisos acrescentados pela Lei n. 12.258, de 15.06.2010.

VI – a revogação da prisão domiciliar;

Inciso acrescentado pela Lei n. 12.258, de 15.06.2010.

VII – advertência, por escrito, para todos os casos em que o juiz da execução decida não aplicar alguma das medidas previstas nos incisos de I a VI deste parágrafo;

Inciso acrescentado pela Lei n. 12.258, de 15.06.2010.

VIII – a revogação do livramento condicional;

Inciso acrescentado pela Lei n. 14.843, de 11.04.2024.

IX – a conversão da pena restritiva de direitos em pena privativa de liberdade.

Inciso acrescentado pela Lei n. 14.843, de 11.04.2024.

Art. 146-D. A monitoração eletrônica poderá ser revogada:

Artigo acrescentado pela Lei n. 12.258, de 15.06.2010.

I – quando se tornar desnecessária ou inadequada;

II – se o acusado ou condenado violar os deveres a que estiver sujeito durante a sua vigência ou cometer falta grave.

Art. 146-E. O condenado por crime contra a mulher por razões da condição do sexo feminino, nos termos do § 1º do art. 121-A do Decreto-lei n. 2.848, de 7 de dezembro de 1940 (Código Penal), ao usufruir de qualquer benefício em que ocorra a sua saída de estabelecimento penal, será fiscalizado por meio de monitoração eletrônica.

Artigo acrescentado pela Lei n. 14.994, de 09.10.2024.

CAPÍTULO II
DAS PENAS RESTRITIVAS DE DIREITOS

Veja art. 43, CP.

Veja Lei n. 9.714, de 25.11.1998.

Seção I
Disposições Gerais

Art. 147. Transitada em julgado a sentença que aplicou a pena restritiva de direitos, o juiz de execução, de ofício ou a requerimento do Ministério Público, promoverá a execução, podendo, para tanto, requisitar, quando necessário, a colaboração de entidades públicas ou solicitá-la a particulares.

Art. 148. Em qualquer fase da execução, poderá o juiz, motivadamente, alterar a forma de cumprimento das penas de prestação de serviços à comunidade e de limitação de fim de semana, ajustando-as às condições pessoais do condenado e às características do estabelecimento, da entidade ou do programa comunitário ou estatal.

Seção II
Da Prestação de Serviços à Comunidade

Art. 149. Caberá ao juiz da execução:

I – designar a entidade ou programa comunitário ou estatal, devidamente credenciado ou convencionado, junto ao qual o condenado deverá trabalhar gratuitamente, de acordo com as suas aptidões;

II – determinar a intimação do condenado, cientificando-o da entidade, dias e horário em que deverá cumprir a pena;

III – alterar a forma de execução, a fim de ajustá-la às modificações ocorridas na jornada de trabalho.

§ 1º O trabalho terá a duração de 8 (oito) horas semanais e será realizado aos sábados, domingos e feriados, ou em dias úteis, de modo a não prejudicar a jornada normal de trabalho, nos horários estabelecidos pelo juiz.

§ 2º A execução terá início a partir da data do primeiro comparecimento.

Art. 150. A entidade beneficiada com a prestação de serviços encaminhará mensalmente, ao juiz da execução, relatório circunstanciado das atividades do condenado, bem como, a qualquer tempo, comunicação sobre ausência ou falta disciplinar.

Seção III
Da Limitação de Fim de Semana

Art. 151. Caberá ao juiz da execução determinar a intimação do condenado, cientificando-o do local, dias e horário em que deverá cumprir a pena.

Parágrafo único. A execução terá início a partir da data do primeiro comparecimento.

Art. 152. Poderão ser ministrados ao condenado, durante o tempo de permanência, cursos e palestras, ou atribuídas atividades educativas.

Parágrafo único. Nos casos de violência doméstica e familiar contra a criança, o adolescente e a mulher e de tratamento cruel ou degradante, ou de uso de formas violentas de educação, correção ou disciplina contra a criança e o adolescente, o juiz poderá determinar o comparecimento obrigatório do agressor a programas de recuperação e reeducação.

Parágrafo com redação dada pela Lei n. 14.344, de 24.05.2022.

Art. 153. O estabelecimento designado encaminhará, mensalmente, ao juiz da execução, relatório, bem assim comunicará, a qualquer tempo, a ausência ou falta disciplinar do condenado.

Seção IV
Da Interdição Temporária de Direitos

Art. 154. Caberá ao juiz da execução comunicar à autoridade competente a pena aplicada, determinada a intimação do condenado.

§ 1º Na hipótese de pena de interdição do art. 47, I, do Código Penal, a autoridade deverá, em 24 (vinte e quatro) horas, contadas do recebimento do ofício, baixar ato, a partir do qual a execução terá seu início.

§ 2º Nas hipóteses do art. 47, II e III, do Código Penal, o Juízo da Execução determinará a apreensão dos documentos, que autorizam o exercício do direito interditado.

Art. 155. A autoridade deverá comunicar imediatamente ao juiz da execução o descumprimento da pena.

Parágrafo único. A comunicação prevista neste artigo poderá ser feita por qualquer prejudicado.

CAPÍTULO III
DA SUSPENSÃO CONDICIONAL

Art. 156. O juiz poderá suspender, pelo período de 2 (dois) a 4 (quatro) anos, a execução da pena privativa de liberdade, não superior a 2 (dois) anos, na forma prevista nos arts. 77 a 82 do Código Penal.

Art. 157. O juiz ou tribunal, na sentença que aplicar pena privativa de liberdade, na situação determinada no artigo anterior, deverá pronunciar-se, motivadamente, sobre a suspensão condicional, quer a conceda, quer a denegue.

Art. 158. Concedida a suspensão, o juiz especificará as condições a que fica sujeito o condenado, pelo prazo fixado, começando este a correr da audiência prevista no art. 160 desta Lei.

§ 1º As condições serão adequadas ao fato e à situação pessoal do condenado, devendo ser incluída entre as mesmas a de prestar serviços à comunidade, ou limitação de fim de semana, salvo hipótese do art. 78, § 2º, do Código Penal.

§ 2º O juiz poderá, a qualquer tempo, de ofício, a requerimento do Ministério Público ou mediante proposta do Conselho Penitenciário, modificar as condições e regras estabelecidas na sentença, ouvido o condenado.

§ 3º A fiscalização do cumprimento das condições, regulada nos Estados, Territórios e Distrito Federal por normas supletivas, será atribuída a serviço social penitenciário, Patronato, Conselho da Comunidade ou instituição beneficiada com a prestação de serviços, inspecionados pelo Conselho Penitenciário, pelo Ministério Público, ou ambos, devendo o juiz da execução suprir, por ato, a falta das normas supletivas.

§ 4º O beneficiário, ao comparecer periodicamente à entidade fiscalizadora, para comprovar a observância das condições a que está sujeito, comunicará, também, a sua ocupação e os salários ou proventos de que vive.

§ 5º A entidade fiscalizadora deverá comunicar imediatamente ao órgão de inspeção, para os fins legais, qualquer fato capaz de acarretar a revogação do benefício, a prorrogação do prazo ou a modificação das condições.

§ 6º Se for permitido ao beneficiário mudar-se, será feita comunicação ao juiz e à entidade fiscalizadora do local da nova residência, aos quais o primeiro deverá apresentar-se imediatamente.

Art. 159. Quando a suspensão condicional da pena for concedida por tribunal, a este caberá estabelecer as condições do benefício.

§ 1º De igual modo proceder-se-á quando o tribunal modificar as condições estabelecidas na sentença recorrida.

§ 2º O tribunal, ao conceder a suspensão condicional da pena, poderá, todavia, conferir ao Juízo da Execução a incumbência de estabelecer as condições do benefício, e, em qualquer caso, a de realizar a audiência admonitória.

Art. 160. Transitada em julgado a sentença condenatória, o juiz a lerá ao condenado, em audiência, advertindo-o das consequências de nova infração penal e do descumprimento das condições impostas.

Art. 161. Se, intimado pessoalmente ou por edital com prazo de 20 (vinte) dias, o réu não comparecer injustificadamente à audiência admonitória, a suspensão ficará sem efeito e será executada imediatamente a pena.

Art. 162. A revogação da suspensão condicional da pena e a prorrogação do período de prova dar-se-ão na forma do art. 81 e respectivos parágrafos do Código Penal.

Art. 163. A sentença condenatória será registrada, com a nota de suspensão, em livro especial do juízo a que couber a execução da pena.

§ 1º Revogada a suspensão ou extinta a pena, será o fato averbado à margem do registro.

§ 2º O registro e a averbação serão sigilosos, salvo para efeito de informações requisitadas por órgão judiciário ou pelo Ministério Público, para instruir processo penal.

CAPÍTULO IV
DA PENA DE MULTA

Art. 164. Extraída certidão da sentença condenatória com trânsito em julgado, que valerá como título executivo judicial, o Ministério Público requererá, em autos apartados, a citação do condenado para, no prazo de 10 (dez) dias, pagar o valor da multa ou nomear bens à penhora.

§ 1º Decorrido o prazo sem o pagamento da multa, ou o depósito da respectiva importância, proceder-se-á à penhora de tantos bens quantos bastem para garantir a execução.

§ 2º A nomeação de bens à penhora e a posterior execução seguirão o que dispuser a lei processual civil.

Veja art. 51, CP.

Art. 165. Se a penhora recair em bem imóvel, os autos apartados serão remetidos ao juízo cível para prosseguimento.

Art. 166. Recaindo a penhora em outros bens, dar-se-á prosseguimento nos termos do § 2º do art. 164 desta Lei.

Art. 167. A execução da pena de multa será suspensa quando sobrevier ao condenado doença mental (art. 52 do Código Penal).

Art. 168. O juiz poderá determinar que a cobrança da multa se efetue mediante desconto no vencimento ou salário do condenado, nas hipóteses do art. 50, § 1º, do Código Penal, observando-se o seguinte:

Veja art. 170 desta Lei.

I – o limite máximo do desconto mensal será o da quarta parte da remuneração e o mínimo o de um décimo;

II – o desconto será feito mediante ordem do juiz a quem de direito;

III – o responsável pelo desconto será intimado a recolher mensalmente, até o dia fixado pelo juiz, a importância determinada.

Art. 169. Até o término do prazo a que se refere o art. 164 desta Lei, poderá o condenado requerer ao juiz o pagamento da multa em prestações mensais, iguais e sucessivas.

§ 1º O juiz, antes de decidir, poderá determinar diligências para verificar a real situação econômica do condenado e, ouvido o Ministério Público, fixará o número de prestações.

§ 2º Se o condenado for impontual ou se melhorar de situação econômica, o juiz, de ofício ou a requerimento do Ministério Público, revogará o benefício executando-se a multa, na forma prevista neste Capítulo, ou prosseguindo-se na execução já iniciada.

Art. 170. Quando a pena de multa for aplicada cumulativamente com pena privativa da liberdade, enquanto esta estiver sendo executada, poderá aquela ser cobrada mediante desconto na remuneração do condenado (art. 168).

§ 1º Se o condenado cumprir a pena privativa de liberdade ou obtiver livramento condicional, sem haver resgatado a multa, far-se-á a cobrança nos termos deste Capítulo.

§ 2º Aplicar-se-á o disposto no parágrafo anterior aos casos em que for concedida a suspensão condicional da pena.

TÍTULO VI
DA EXECUÇÃO DAS MEDIDAS DE SEGURANÇA

CAPÍTULO I
DISPOSIÇÕES GERAIS

Art. 171. Transitada em julgado a sentença que aplicar medida de segurança, será ordenada a expedição de guia para a execução.

Art. 172. Ninguém será internado em Hospital de Custódia e Tratamento Psiquiátrico, ou submetido a tratamento ambulatorial, para cumprimento de medida de segurança, sem a guia expedida pela autoridade judiciária.

Art. 173. A guia de internamento ou de tratamento ambulatorial, extraída pelo escrivão, que a rubricará em todas as folhas e a subscreverá com o juiz, será remetida à autoridade administrativa incumbida da execução e conterá:

I – a qualificação do agente e o número do registro geral do órgão oficial de identificação;

II – o inteiro teor da denúncia e da sentença que tiver aplicado a medida de segurança, bem como a certidão do trânsito em julgado;

III – a data em que terminará o prazo mínimo de internação, ou do tratamento ambulatorial;

IV – outras peças do processo reputadas indispensáveis ao adequado tratamento ou internamento.

§ 1º Ao Ministério Público será dada ciência da guia de recolhimento e de sujeição a tratamento.

§ 2º A guia será retificada sempre que sobrevier modificação quanto ao prazo de execução.

Art. 174. Aplicar-se-á, na execução da medida de segurança, naquilo que couber, o disposto nos arts. 8º e 9º desta Lei.

CAPÍTULO II
DA CESSAÇÃO DA PERICULOSIDADE

Art. 175. A cessação da periculosidade será averiguada no fim do prazo mínimo de duração da medida de segurança, pelo exame das condições pessoais do agente, observando-se o seguinte:

I – a autoridade administrativa, até 1 (um) mês antes de expirar o prazo de duração mínima da medida, remeterá ao juiz minucioso relatório que o habilite a resolver sobre a revogação ou permanência da medida;

II – o relatório será instruído com o laudo psiquiátrico;

III – juntado aos autos o relatório ou realizadas as diligências, serão ouvidos, sucessivamente, o Ministério Público e o curador ou defensor, no prazo de 3 (três) dias para cada um;

IV – o juiz nomeará curador ou defensor para o agente que não o tiver;

V – o juiz, de ofício ou a requerimento de qualquer das partes, poderá determinar novas diligências, ainda que expirado o prazo de duração mínima da medida de segurança;

VI – ouvidas as partes ou realizadas as diligências a que se refere o inciso anterior, o juiz proferirá a sua decisão, no prazo de 5 (cinco) dias.

Art. 176. Em qualquer tempo, ainda no decorrer do prazo mínimo de duração da medida de segurança, poderá o juiz da execução, diante de requerimento fundamentado do Ministério Público ou do interessado, seu procurador ou defensor, ordenar o exame para que se verifique a cessação da periculosidade, procedendo-se nos termos do artigo anterior.

Art. 177. Nos exames sucessivos para verificar-se a cessação da periculosidade, observar-se-á, no que lhes for aplicável, o disposto no artigo anterior.

Art. 178. Nas hipóteses de desinternação ou de liberação (art. 97, § 3°, do Código Penal), aplicar-se-á o disposto nos arts. 132 e 133 desta Lei.

Art. 179. Transitada em julgado a sentença, o juiz expedirá ordem para a desinternação ou a liberação.

TÍTULO VII
DOS INCIDENTES DE EXECUÇÃO

CAPÍTULO I
DAS CONVERSÕES

Art. 180. A pena privativa de liberdade, não superior a 2 (dois) anos, poderá ser convertida em restritiva de direitos, desde que:

I – o condenado a esteja cumprindo em regime aberto;

II – tenha sido cumprido pelo menos um quarto da pena;

III – os antecedentes e a personalidade do condenado indiquem ser a conversão recomendável.

Art. 181. A pena restritiva de direitos será convertida em privativa de liberdade nas hipóteses e na forma do art. 45 e seus incisos do Código Penal.

A referência atual do art. 45 e incisos, CP, é o art. 44, § 4°, CP.

§ 1° A pena de prestação de serviços à comunidade será convertida quando o condenado:

a) não for encontrado por estar em lugar incerto e não sabido, ou desatender a intimação por edital;

b) não comparecer, injustificadamente, à entidade ou programa em que deva prestar serviço;

c) recusar-se, injustificadamente, a prestar o serviço que lhe foi imposto;

d) praticar falta grave;

e) sofrer condenação por outro crime à pena privativa de liberdade, cuja execução não tenha sido suspensa.

§ 2° A pena de limitação de fim de semana será convertida quando o condenado não comparecer ao estabelecimento designado para o cumprimento da pena, recusar-se a exercer a atividade determinada pelo juiz ou se ocorrer qualquer das hipóteses das letras *a*, *d* e *e* do parágrafo anterior.

§ 3º A pena de interdição temporária de direitos será convertida quando o condenado exercer, injustificadamente, o direito interditado ou se ocorrer qualquer das hipóteses das letras *a* e *e* do § 1º deste artigo.

Art. 182. (*Revogado pela Lei n. 9.268, de 01.04.1996.*)

Art. 183. Quando, no curso da execução da pena privativa de liberdade, sobrevier doença mental ou perturbação da saúde mental, o Juiz, de ofício, a requerimento do Ministério Público, da Defensoria Pública ou da autoridade administrativa, poderá determinar a substituição da pena por medida de segurança.

Artigo com redação dada pela Lei n. 12.313, de 19.08.2010.

Veja art. 41, CP.

Art. 184. O tratamento ambulatorial poderá ser convertido em internação se o agente revelar incompatibilidade com a medida.

Parágrafo único. Nesta hipótese, o prazo mínimo de internação será de 1 (um) ano.

CAPÍTULO II
DO EXCESSO OU DESVIO

Art. 185. Haverá excesso ou desvio de execução sempre que algum ato for praticado além dos limites fixados na sentença, em normas legais ou regulamentares.

Art. 186. Podem suscitar o incidente de excesso ou desvio de execução:

I – o Ministério Público;

II – o Conselho Penitenciário;

III – o sentenciado;

IV – qualquer dos demais órgãos da execução penal.

CAPÍTULO III
DA ANISTIA E DO INDULTO

Art. 187. Concedida a anistia, o juiz, de ofício, a requerimento do interessado ou do Ministério Público, por proposta da autoridade administrativa ou do Conselho Penitenciário, declarará extinta a punibilidade.

Art. 188. O indulto individual poderá ser provocado por petição do condenado, por iniciativa do Ministério Público, do Conselho Penitenciário, ou da autoridade administrativa.

Art. 189. A petição do indulto, acompanhada dos documentos que a instruírem, será entregue ao Conselho Penitenciário, para a elaboração de parecer e posterior encaminhamento ao Ministério da Justiça.

Art. 190. O Conselho Penitenciário, à vista dos autos do processo e do prontuário, promoverá as diligências que entender necessárias e fará, em relatório, a narração do ilícito penal e dos fundamentos da sentença condenatória, a exposição dos antecedentes do condenado e do procedimento deste depois da prisão, emitindo seu parecer sobre o mérito do pedido e esclarecendo qualquer formalidade ou circunstâncias omitidas na petição.

Art. 191. Processada no Ministério da Justiça com documentos e o relatório do Conselho Penitenciário, a petição será submetida a despacho do Presidente da República, a quem serão presentes os autos do processo ou a certidão de qualquer de suas peças, se ele o determinar.

Art. 192. Concedido o indulto e anexada aos autos cópia do decreto, o juiz declarará extinta a pena ou ajustará a execução aos termos do decreto, no caso de comutação.

Veja art. 11, parágrafo único, Decreto n. 12.338, de 23.12.2024.

Art. 193. Se o sentenciado for beneficiado por indulto coletivo, o juiz, de ofício, a requerimento do interessado, do Ministério Público, ou por iniciativa do Conselho Penitenciário ou da autoridade administrativa, providenciará de acordo com o disposto no artigo anterior.

TÍTULO VIII
DO PROCEDIMENTO JUDICIAL

Art. 194. O procedimento correspondente às situações previstas nesta Lei será judicial, desenvolvendo-se perante o Juízo da Execução.

Art. 195. O procedimento judicial iniciar-se-á de ofício, a requerimento do Ministério Público, do interessado, de quem o represente, de seu cônjuge, parente ou descendente, mediante proposta do Conselho Penitenciário, ou, ainda, da autoridade administrativa.

Art. 196. A portaria ou petição será autuada ouvindo-se, em 3 (três) dias, o condenado e o Ministério Público, quando não figurem como requerentes da medida.

§ 1º Sendo desnecessária a produção de prova, o juiz decidirá de plano, em igual prazo.

§ 2º Entendendo indispensável a realização de prova pericial ou oral, o juiz a ordenará, decidindo após a produção daquela ou na audiência designada.

Art. 197. Das decisões proferidas pelo juiz caberá recurso de agravo, sem efeito suspensivo.

TÍTULO IX
DAS DISPOSIÇÕES FINAIS E TRANSITÓRIAS

Art. 198. É defesa ao integrante dos órgãos da execução penal, e ao servidor, a divulgação de ocorrência que perturbe a segurança e a disciplina dos estabelecimentos, bem como exponha o preso a inconveniente notoriedade, durante o cumprimento da pena.

Art. 199. O emprego de algemas será disciplinado por decreto federal.

Art. 200. O condenado por crime político não está obrigado ao trabalho.

Art. 201. Na falta de estabelecimento adequado, o cumprimento da prisão civil e da prisão administrativa se efetivará em seção especial da Cadeia Pública.

Art. 202. Cumprida ou extinta a pena, não constarão da folha corrida, atestados ou certidões fornecidas por autoridade policial ou por auxiliares da Justiça, qualquer notícia ou referência à condenação, salvo para instruir processo pela prática de nova infração penal ou outros casos expressos em lei.

Art. 203. No prazo de 6 (seis) meses, a contar da publicação desta Lei, serão editadas as normas complementares ou regulamentares, necessárias à eficácia dos dispositivos não autoaplicáveis.

§ 1º Dentro do mesmo prazo deverão as unidades federativas, em convênio com o Ministério da Justiça, projetar a adaptação, construção e equipamento de estabelecimentos e serviços penais previstos nesta Lei.

§ 2º Também, no mesmo prazo, deverá ser providenciada a aquisição ou desapropriação de prédios para instalação de casas de albergados.

§ 3º O prazo a que se refere o *caput* deste artigo poderá ser ampliado, por ato do Conselho Nacional de Política Criminal e Penitenciária, mediante justificada solicitação, instruída com os projetos de reforma ou de construção de estabelecimentos.

§ 4º O descumprimento injustificado dos deveres estabelecidos para as unidades federativas implicará na suspensão de qualquer ajuda financeira a elas destinada pela União, para atender às despesas de execução das penas e medidas de segurança.

Art. 204. Esta Lei entra em vigor concomitantemente com a lei de reforma da Parte Geral do Código Penal, revogadas as disposições em contrário, especialmente a Lei n. 3.274, de 02 de outubro de 1957.

Brasília, 11 de julho de 1984;
163º da Independência e 96º da República.

JOÃO FIGUEIREDO

ANOTAÇÕES

ANOTAÇÕES

ANOTAÇÕES

ANOTAÇÕES